全国未检创新基地成果

南浔试验

检校合作与未检制度的探索和创新

姚建龙 毕　琳◎主　编

章春燕　沈澄　刘　悦　樊志美◎副主编

中国政法大学出版社

2021·北京

图书在版编目（ＣＩＰ）数据

南浔试验：检校合作与未检制度的探索和创新/姚建龙，毕琳主编.—北京：中国政法大学出版社，2021.10
　ISBN 978-7-5764-0148-6

　Ⅰ.①南… Ⅱ.①姚… ②毕… Ⅲ.①青少年犯罪－司法制度－研究－中国
Ⅳ.①D926.84

中国版本图书馆 CIP 数据核字(2021)第 219434 号

出　版　者　中国政法大学出版社
地　　　址　北京市海淀区西土城路 25 号
邮寄地址　北京 100088 信箱 8034 分箱　邮编 100088
网　　　址　http://www.cuplpress.com (网络实名：中国政法大学出版社)
电　　　话　010-58908586(编辑部) 58908334(邮购部)
编辑邮箱　zhengfadch@126.com
承　　　印　固安华明印业有限公司
开　　　本　787mm×1092mm　　1/16
印　　　张　14.5
字　　　数　300 千字
版　　　次　2021 年 10 月第 1 版
印　　　次　2021 年 10 月第 1 次印刷
定　　　价　69.00 元

主 编 简 介

姚建龙，现为上海社会科学院法学研究所所长、研究员、博士生导师，《政治与法律》主编。兼任中国预防青少年犯罪研究会副会长、上海市预防青少年犯罪研究会会长、上海市法学会未成年人法研究会会长等，受聘为国务院妇女儿童工作委员会办公室、最高人民法院、最高人民检察院、团中央等部委相关领域咨询专家。曾任重庆市劳教戒毒所民警、上海市长宁区人民检察院副检察长、华东政法大学教授、《青少年犯罪问题》杂志主编、团中央权益部副部长、上海政法学院党委常委、副校长等。

毕琳，浙江衢州人，中共党员，1985 年 9 月参加工作，大学学历。曾任湖州市吴兴区人民检察院党组副书记、副检察长。2017 年 2 月任湖州市南浔区人民检察院党组书记、检察长。任职以来，推动南浔区人民检察院实现从新到优的跨越发展，先后获评"全国未检创新实践基地""全国检察宣传先进单位""全省政法系统先进集体""全省先进基层检察院""检察工作成绩突出基层检察院"等多项荣誉。2018 年 10 月，南浔区人民检察院与姚建龙教授团队工作室开展"检校合作"，期间在检察理论研究、人才培育、工作创新和业务建设上取得良好成效，涌现出在全省乃至全国有影响力的先进集体和人物，多项工作获得创新成果。

副 主 编 简 介

章春燕，浙江德清人，高级检察官，第五批浙江省检察业务专家。历任湖州市南浔区人民检察院公诉科副科长、未检科科长、公诉部主任、党组成员、检察委员会专职委员、湖州市人民检察院第六检察部主任。十六年来，始终坚守在刑事检察、未成年人检察第一线，共指导、办理各类案件 1600 余件，涉案人数 2800 余人，无一错案；近三年，指导、办理、撰写 9 件案例分获全省未成年人司法保护、全省刑事检察、全省刑事执行检察精品案例，探索工作机制获批全国未检创新实践基地，全省检察机关年度创新成果。先后荣获"守望正义——新时代最美检察官""CCTV2020 年度法治人物""法治浙江建设十五周年法治人物""全国三八红旗手""全国模范检察官"等荣誉称号。

沈澄，浙江湖州人，现任浙江省湖州市南浔区人民检察院党组成员、副检察长，一级检察官，分管第三检察部、第四检察部、办公室。历任南浔区人民检察院侦查监督科科长、公诉科科长、政治部主任等职，两次被浙江省湖州市人民检察院记三等功，曾获"全省明星公诉人""全市优秀公诉人""市政法系统人民满意政法干警""社会管理综合治理先进个人"等多项称号。分管未检工作以来，高度重视姚建龙教授学术团队工作室的工作，依托工作室这个理论研究平台，以数字化为抓手，持续推进"智童工程"，谋划"智童工程"全方位预防未成年人犯罪系统，屡获赞誉，多次与姚建龙教授及其工作室专家学者进行对接，持续推进深化合作。

刘悦，鲁东大学教育科学学院博士研究生，任姚建龙教授学术团队工作室协调员。曾在救助儿童会、国际计划等国际儿童保护机构工作 5 年。目前从事青少年犯罪问题、少年司法、青少年教育法学等领域的研究。曾在《中国青年社会科学》《青少年犯罪问题》等刊物发表论文十余篇，参与共青团中央、最高人民检察院等省部级课题近十项。

樊志美，法学硕士，参编《反恐学导论》《未成年人审前羁押》《中小学安全风险防控机制研究》三部。参与《未成年人学校保护规定》《预防未成年人犯罪法（专家建议稿）》，教育部、司法部等多项课题研究。所撰写的论文《未成年被害人"一站式"办案模式专家论证会会议综述》《"四大检察"全面协调充分发展背景下的未成年人检察监督研讨会综述》发表于《青少年犯罪问题》。所撰写的论文《"人格甄别"前置与未成年人分类观护的探索》荣获 2018 年浙江省未成年人司法优秀研究成果二等奖。2018 年 7 月至 2020 年 8 月就职于浙江省湖州市南浔区人民检察院，负责第三检察部内勤和部分文字撰写工作，兼任姚建龙教授学术团队工作室协调员，现为浙江省金华市磐安县第二中学教师。

▲ 2018年10月18日上午，未检专业化与社会支持体系建设研讨会暨姚建龙教授学术团队工作室挂牌仪式在南浔举行。

▲ 2018 年 10 月 18 日上午，姚建龙教授在未检专业化与社会支持体系建设研讨会上就未检工作的创新、专业化、分类观护等方面提出指导性意见。

▲ 2019 年 3 月 22 日，姚建龙教授学术团队工作室就如何进一步提升未检工作的专业化水平，最大限度地提升未成年人司法保护的效果与湖州市人民检察院、南浔区人民检察院相关负责人进行座谈。

▲ 座谈会后，工作室成员实地了解南浔区人民检察院未检办案工作区和青年法治教育基地，并参观南浔区人民检察院院史馆。

▲ 2019 年 12 月 10 日上午，樊志美在南浔镇适园路移动公司门口和南浔区人民检察院各业务部门干警，通过摆放宣传展板、发放宣传资料、接受现场咨询等方式，向群众介绍公益损害与诉讼违法举报中心受理范围及举报方式，并对群众提出的疑惑和问题进行现场答疑。

　　▲ 2020 年 4 月 9 日，南浔区人民检察院与姚建龙教授学术团队工作室召开 2020 年度检校合作交流会，上海社会科学院法学研究所所长姚建龙，湖州市人民检察院党组成员、副检察长戴立新，南浔区人民检察院党组书记、检察长毕琳等参加会议。

　　▲ 2020 年 7 月 3 日，南浔区人民检察院举办"浔溪论道"检察业务专题培训班，上海社会科学院法学研究所研究员、法学博士陈庆安，上海社会科学院法学研究所民商法室副主任、副研究员、法学博士孙大伟受邀为全体浔检干警专题授课。南浔区人民检察院党组书记、检察长毕琳主持会议。

▲ 上海社会科学院法学研究所研究员、法学博士陈庆安以《中国网络安全的刑法保障》为主题为全体浔检干警授课。

▲ 上海社会科学院法学研究所民商法室副主任、副研究员、法学博士孙大伟以《民法典的创新以及对检察工作的影响》为主题为全体浔检干警授课。

▲ 2020 年 7 月 31 日，上海市预防青少年犯罪研究会副秘书长郗培植在南浔区人民检察院举行"春燕学堂·南浔检察体验之旅"系列活动之走进《民法典》暨南浔区亲青帮"青春护苗　阳光成长"主题活动上为同学们讲解《民法典》中的未成年人保护内容。

▲ 2020 年 9 月 18 日，浙江省检察机关检校合作工作推进会在绍兴举行。来自北京大学、中国人民大学、浙江大学、武汉大学、吉林大学、中国政法大学、西南政法大学、华东政法大学、中南财经政法大学、西北政法大学、上海政法学院等全国各大法学院校领导和专家学者参加会议。

▲ 姚建龙教授在浙江省检察机关检校合作工作推进会上以《深化检校合作要有新思维》为题，在会上发言，提出了"两点感受""三点思考""一点建议"。

▲ 2020 年 12 月 14 日下午，南浔区人民检察院聘请 8 名专家作为南浔区人民检察院首届专家咨询委员会委员。浙江省人民检察院综合指导处处长裘菊红，湖州市人民检察院党组副书记、常务副检察长戴立新，上海市法学会未成年人法研究会会长、上海社会科学院法学研究所所长姚建龙等参加聘任仪式。南浔区人民检察院党组书记、检察长毕琳主持会议。

▲ 会上，姚建龙教授介绍了上海社会科学院法学研究所及专家团队的基本情况，认为此次聘任专家咨询团队是法学教育与检察实务的良性互动，实现了资源共享、优势互补、互助双赢。姚建龙教授表示专家咨询团队也将以此为契机，与南浔区人民检察院一起，进一步完善沟通机制，深化合作关系，创新合作模式，推动法学教育与检察工作的共同创新发展，打造检校合作的"南浔模式"。

▲ 陈庆安，刑法学博士、诉讼法学博士后，上海社会科学院法学研究所研究员，硕士研究生导师。兼任中国犯罪学研究会理事、中国廉政法制研究会理事、上海市刑法学研究会理事、最高人民检察院检察理论研究所法治前海研究基地学术委员会委员；曾挂职担任上海市普陀区人民检察院副检察长、检委会委员、检察员。

▲ 何卫东，法学博士，上海社会科学院法学研究所副研究员，中国法学会环境资源法学研究会理事，生态环境部环境执法大练兵评审专家，上海东方讲坛优秀讲师，上海市崇明区人民法院环境资源审判专家导师。主要研究领域为环境资源法学，含中国环境法学与国际环境法学。

▲ 江锴，法学博士，上海社会科学院法学研究所助理研究员。复旦大学法学学士，上海社会科学院民商法学硕士，华东政法大学经济法学博士，华东政法大学在站博士后研究人员。主要研究方向为民商法学、社会法学。

▲ 孙大伟，法学博士，上海社会科学院法学研究所副研究员、民商法室副主任，主要研究方向为民法总则、侵权法及比较民法。

▲ 王佩芬，法学博士，上海社会科学院法学研究所助理研究员。主要研究方向为经济刑法、刑事立法、税收犯罪。

▲ 尹琳，日本国立一桥大学法学博士，上海社会科学院法学研究所副研究员，九三学社社员。主要研究领域为刑法学、少年司法和未成年人法学。

▲ 主力军，德国奥格斯堡大学法学博士，上海社会科学院法学研究所副研究员，主要研究经济法和资本市场法。

▲ 2020年12月14日，南浔区人民检察院组织召开了南浔区罪错分级干预区域治理专家论证会。南浔区人民检察院党组书记、检察长毕琳，湖州市人民检察院第六检察部主任魏冠卿，南浔区政法委常务副书记朱建学，中国预防青少年犯罪研究会副会长、上海市法学会未成年人法研究会会长、上海社会科学院法学研究所所长姚建龙，华东政法大学《青少年犯罪问题》编务主任、上海市专门教育研究与评估中心副主任田相夏，鲁东大学副教授滕洪昌等知名专家以及南浔区政法委、司法局、人民法院、公安分局分管负责人等参加了论证会。南浔区人民检察院党组成员、检委会专职委员章春燕主持会议。

▲ 田相夏，华东政法大学《青少年犯罪问题》编务主任、上海市专门教育研究与评估中心副主任。

▲ 滕洪昌，鲁东大学副教授。

▲ 郗培植，上海市预防青少年犯罪研究会副秘书长。

▲ 林需需，西南政法大学刑法学博士研究生。

▲ 申长征，北京师范大学刑法学博士研究生。

▲ 朱冬卿，浙江扬理律师事务所律师。

以上与会专家各抒己见、畅所欲言，高度肯定了南浔区罪错分级干预区域治理的创新价值和实践意义，认为南浔区人民检察院对该制度的探索理念先进、逻辑清晰、机制明确、举措得当扎实。各位专家还从合法性、程序性等方面提出自己的意见和建议。

▲ 丁明洋、陆越、陈子航、陈静等工作室成员就涉未刑事案件的案情处置与南浔区人民检察院案件办理检察官交流，并研究南浔未检工作的创新工作文件。

部分获奖证书

荣誉证书

毕琳、章春燕、刘悦 的文章

《以检察机关为主导的未成年人罪错行为分级干预体系的建立》

获2019年浙江省未成年人刑事司法优秀研究成果 **一等奖**。

浙江省人民检察院   浙江省未成年人刑事司法研究会

2019年12月

荣誉证书

沈劲儿、李璟儒同志：

你们的论文《智慧未检体系构建的理论基础与实践开展——以南浔区人民检察院智慧未检工作探索为例》荣获2019年度未成年人检察理论征文优秀奖，特发此证。

中国女检察官协会   最高人民检察院第九检察厅   最高人民检察院检察理论研究所

2019年6月28日

荣誉证书

CERTIFICATE OF HONOR

陆佳丽、杨天宇、申长征 同志：

你们的论文《未成年被害人"一站式"
询问机制研究》荣获 2020 年度全市检察机关
优秀理论研究成果

二等奖

特发此状，以资鼓励。

湖州市检察学会
二〇二一年一月二十一日

浙江省人民检察院

浙检九部〔2020〕26号

关于 2020 年浙江省未成年人司法
优秀研究成果的通报

各市、县（市、区）人民检察院未检部门：

为贯彻落实全国全省未检工作会议精神，进一步加强新时代未成年人司法基础理论和实务应用研究，以理论创新推动实践创新和制度创新，助推我省未成年人司法工作创新发展，经组织评审，以下 31 篇论文为 2020 年浙江省未成年人司法优秀研究成果。

一等奖（5 篇）

1. 《未成年人罪错行为保护处分处置制度构建探究——以南浔未检的实践探索为基础》

作者：上海社会科学院法学研究所　　姚建龙

湖州市南浔区人民检察院　　毕琳　幸春燕

上海政法学院　　丁明洋　黄煜秦

领导批示

浙江省人民检察院文件
呈 阅 单

呈报部门	办公室	
密　级	呈送时间	2019.9.25
公文名	南浔区检察院设立"教授工作室"探索检校合作新模式取得实效	
检察长阅批意见	从外省专家看挂职挂身机关工作上认识得理论下,"教授工作室"也是一个好的形式。 转发各市县收参考。 9.30.	
分管检察长（纪检组长、政治部主任）阅批意见	请综合指导处按贾检批示精神办理,并注意跟进,总结提炼经验做法,深化完善检校合作。	
部门领导呈报意见	拟报贾检阅示。 新报胡总化阅	
承办人意见	报送请院领导阅。	

▲ 2019 年 9 月 30 日，浙江省人民检察院党组书记、检察长贾宇对姚建龙教授学术团队工作室作出批示。

序　一

　　建设德才兼备的高素质法治工作队伍是习近平法治思想的重要内容，也是全面依法治国的基础性工程。党的十八大以来，习近平总书记多次对法学理论实践和法治人才培养作出重要指示。2017年5月3日，总书记在考察中国政法大学时强调，要打破高校和社会之间的体制壁垒，将实际工作部门的优质实践教学资源引进高校，加强法学教育、法学研究工作者和法治实际工作者之间的交流。2018年8月，总书记在中央全面依法治国委员会第一次会议上强调，要加强法治工作队伍建设和法治人才培养，确保立法、执法、司法工作者信念过硬、政治过硬、责任过硬、能力过硬、作风过硬。

　　为贯彻落实习近平总书记重要指示精神，笔者赴任浙江省人民检察院党组书记、检察长后，积极推动检察机关与高校的合作交流。2018年9月，争取中央政法委、中央组织部、最高人民检察院、教育部以及浙江省委等相关领导的支持，与北京大学等全国18所高校签订协议，搭建常态化互聘互派、高层次教育培训、全覆盖实践教学、开放式理论研究"四大平台"，打破司法实务部门与高校的体制壁垒、距离障碍，推动法学理论研究与司法实践融合发展，探索法治人才联合培养路径模式。三年来，检校合作硕果累累，检校双方都深刻感受到了合作带来的"红利"，这部凝练姚建龙教授学术团队与浙江省湖州市南浔区人民检察院三年合作成果的著作《南浔试验：检校合作与未检制度的探索和创新》就是生动鲜活的样本。

　　姚建龙教授是一位有着丰富司法实务工作经历、深厚法学理论功底及富有人文情怀的学者，在未成年人司法领域深耕二十余年，对于姚建龙教授学术团队与浙江省湖州市南浔区人民检察院的合作，笔者充满期待。三年来，双方创新合作形式，探索以专家团队工作室入驻检察机关的模式，致力于打造"学术研究的样本""未检改革的试验田"和"人才培养的基地"，成果斐然。这部著作是姚建龙教授学术团队与南浔区人民检察院三年合作的"实录"，所呈现的不仅是未检理论与实践有机结合的"南浔经验"，也可以说是我省检校合作"引智入检"多元模式探索的"南浔样本"。

　　全书总共分为五个部分，从不同角度、不同层面全面而详实地展示了这三年合作实践的过程、成果和经验。在我看来，具有以下鲜明的特色：一是直观的成果展示。三年来，双方在学术理论研究、未检创新发展、法治人才培育等方面都取得了显著的成效。本书选取收录了部分重要论文、典型案例和会议综述，直观地呈现合作所产出的理论成果及成果的实践转化，使检校合作在疑难案件瓶颈问题被"破解"、基层探索创新被"看见"方面的优势可视可感。二是实在的经验分享。从开篇的掠影至结尾的记录，本书详细展示了检校合作过程中每一个重要节点和关键动作，分享了专家团队工作室的运行规则和双方合作的互动模式，具有很强的可推广、可复制性。三是鲜活的心得体会。本书在第四辑感悟部分收录了参与检校合作项目部分专家、检察官和实习学生的个人感悟，这些鲜活而有温度的文字润物无声，既有吸引力和感染力，也颇具思想性。

本书不仅是姚建龙教授学术团队与湖州市南浔区人民检察院的合作小结，也是浙江省检校合作三年探索实践的缩影，对于进一步深化完善检校合作具有借鉴意义。希望浙江检校合作能够在习近平法治思想引领下，不断深化拓展，碰撞出新的火花，创造新的经验，也祝愿姚建龙教授学术团队与浙江省检察机关的合作结出更加丰硕的成果！

浙江省人民检察院党组书记、检察长

贾　宇

2021 年 8 月 9 日

序 二

自 2018 年 10 月 18 日，姚建龙教授学术团队工作室在浙江湖州南浔区人民检察院揭牌，三年的时间倏然消逝，一千余个日夜，仿佛一切却没有改变，但一切已悄然改变。建龙教授从上海政法学院副校长转任上海社会科学院法学研究所所长，我也从最高检临时机构未检办的副主任转任到单独序列的第九检察厅厅长再到如今的未检厅"原厅长"，变换的是时空、是岗位、是称谓，但不变的是对未成年人司法保护那份发自内心的热爱，是对未成年人健康成长那份难以抑制的牵挂，是与建龙教授携手推进未检理论与实践融合发展不谋而合的追求。

就在这变与不变之间，建龙教授学术团队工作室各项工作在南浔区人民检察院生根、发芽、开花、结果。一切本在意料之中，这种意料既是对南浔区人民检察院这个基层先进的信赖有加，更是对建龙教授深厚学养、坦荡情怀和务实品格的笃信不疑。然而，一切又在意料之外，在短短的三年里，没想到他们取得了如此丰硕的理论研究成果：1 项课题获最高检检察应用理论经费资助，1 项课题获省重点课题立项，多篇论文在省级以上刊物发表、获奖；没想到未检创新发展取得了如此可喜的进步，有效推动了当地"智慧未检"成为办案模式升级的新动能、"罪错分级干预"成为未检探索的新引领、"人格甄别"成为精细化办案的新模式，南浔区人民检察院也被中央文明委确定为首批重点工作项目基层联系点；没想到人才建设培养取得如此骄人的成绩，章春燕同志荣获 2020 年全国"守望正义——新时代最美检察官"称号，3 名检察官入选全省检察机关人才库，7 名干警被评为全省、全市优秀人才，学术团队的 17 名硕博生在工作室完成实践学习，并有效推动了理论成果的转化……工作室成立之初，致力于打造成为"学术研究的样本""未检改革的试验田""人才培养的基地"的目标如期实现。今年 5 月 8 日，建龙专家团队工作室在江苏省昆山市人民检察院再次揭牌，意味着专家团队工作室这样一种在法律界首创的检校合作方式，已然在江浙大地呈星火燎原之势。

回顾未检工作 35 年发展历程，在实践中不断创新，在创新中不断总结，在总结中不断完善，是一条肖然不动的主线。为推动未检工作创新发展，2018 年 4 月，最高人民检察院根据未检工作发展需要，首批确定了 30 家全国未成年人检察工作创新实践基地，赋予创新工作机制、积累工作经验、形成可复制推广制度做法的职责任务。南浔区人民检察院承担的"未成年犯罪嫌疑人'人格甄别'分类帮教"创新项目凭借较强的创新性、实用性以及扎实的工作基础、完备的工作方案成功入选。三年前参加建龙教授学术团队工作室揭牌仪式时，同时也给这个创新实践基地挂了牌，播下希望的种子。建龙教授学术团队工作室的成立对创新实践基地的发展起到巨大促进作用，依托学术团队工作室，创新实践基地接连推出一些有分量的研究成果，顺利完成创新任务，我当初提出建立未检创新实践基地的想法与设计在南浔得到很好的实现。基于对南浔创新的肯定，"探索运用人格甄别、心理干预等科学有效帮教手段"被写入最高人民检察院 2020 年度未检工作要点。同时，创新实践基地以"人格甄别"分类帮教为基础，探索对罪错未成年人分级干预以及少年司法"先议权"等重点问题理论研究，进一步丰富了学术团队工作成果，对于推动构建中国特色社会主义未成年人司法制度特别是未检制度具有重大意义。

建龙教授在未成年人司法领域深耕二十余年，不论是未成年人保护制度设计，还是未成年人司法理论研究，抑或策划制作未成年人法治教育品牌节目《守护明天》，我们都进行了广泛而密切的合作，合作过程是愉快的，成效也是丰硕的。从一定意义上讲，与建龙教授的合作，实现了法学教育与未检实务的良性互动，促进了资源共享、优势互补、互助双赢，也使我致力于未成年人司法保护的诸多理想得以实现。回望与建龙教授相遇、相识、相知的一个个瞬间，有关未成年人司法保护的无数认知，竟是那么心有灵犀，于我心有戚戚焉！

本书出版，是建龙教授学术团队工作室与南浔区人民检察院合作取得的阶段性成果，是建龙教授"无心而用心"的智慧结晶，对于开展未成年人司法理论研究、促进未检司法办案实践具有重要借鉴意义，也期待其为发展完善我国未成年人保护和预防未成年人犯罪法律制度提供实践样本和重要参考！

是为序。

最高人民检察院检察委员会委员、第三检察厅厅长

史卫忠

2021 年 8 月

前　言

打造检校合作教授工作室模式　助推未成年人司法理论与实践新发展*

近年来，随着人民群众对未成年人司法保护工作的需求与关切的不断提升，检察监督新格局转型重塑的发展背景亦对新时期未检工作提出了新要求。如何用好南浔区人民检察院在未检领域的先发优势，科学履职推动涉未治理创新，更好回应群众关切是新时期南浔区人民检察院未检急需破解的工作难题。利用先进理论指导推动实践创新是破解上述难题的重要路径之一，为此南浔区人民检察院与少年司法领域知名专家姚建龙教授多次对接、磋商，以优势互补、共同发展、互利共赢为原则，于2018年10月挂牌成立了"姚建龙教授学术团队工作室"。引入知名专家学术团队以工作室形式入驻检察机关，是南浔区人民检察院与上海政法学院探索的检校合作新模式，也是在学者赴检察机关挂职政策收紧背景下进行的检校合作新尝试。

工作室以专家个人名义命名，合作双方均高度重视。为推动实现互利共赢，双方明确了"学术研究样本""未检改革试验田""人才培养基地"为总体定位；为切实突显工作实效，双方以合作协议的方式明确权利义务，并用项目化管理推进年度工作目标，有效避免形式化弊端；为保障常态化运行，姚建龙教授定期带队参与南浔区人民检察院专题研讨并以轮训模式选派硕士、博士研究生常驻区院开展实践研究，南浔区人民检察院为专家团队配备专门办公和住宿场所，并对交通、差旅等费用进行全面保障。具体工作成效如下：

一是实现优势互补，在检察理论研究提质上见成效。充分发挥"工作室"的平台作用，实现理论研究和检察实践之间的优势互补，合作完成多个研究课题，获最高人民检察院应用理论经费资助课题1项，省级重点课题立项1项，1篇论文获国家级理论征文优秀奖，1篇论文获省级理论研究一等奖，3篇论文分获市级理论研究一、二、三等奖，研究成果多篇发表在综合性知名刊物上。

二是联合协同发展，在法治人才培育上见成效。南浔区人民检察院以专人指导、以案促训等方式对在工作室轮岗实习的硕士、博士研究生提供实践指导，为后续协同优化推荐选拔提供基础条件。同时以工作室为牵引不定期邀请专家学者来院进行专题

---

* 本文系提交浙江省检察机关检校合作工作推进会（2020年9月18日）经验交流材料。

培训，提升干警法治素养，推动基层法治人才培养。目前共有 10 名博士、硕士研究生在工作室完成实践学习，有的已经取得学位进入相应的工作单位。南浔区人民检察院 3 名检察官入选全省检察机关人才库，7 名干警被评为全省/全市优秀人才。

三是搭建样板平台，在服务立法与司法改革上见成效。南浔区人民检察院未检工作的基础为专家的科研活动搭建了良好的调研样板平台，先后被确立为少年司法罪错先议制度试点地区、司法部课题少年收容教养制度改革试点地区、教育部《未成年人学校保护规定》起草调研地区、《预防未成年人犯罪法》专家建议稿调研地区等。通过工作室这一平台，南浔区人民检察院在服务国家立法与司法改革方面亦发挥了积极作用。

四是推行成果转化，在推动未检履职创新上见成效。依托"工作室"的有力支持，南浔区人民检察院聚焦检察先议与临界预防、"一号检察建议"助推校园文明建设等涉未核心治理问题，有效推动各项机制创新成为涉未履职升级的新动能，南浔区人民检察院未检品牌影响力持续提升。在专家团队的支持下推出《罪错未成年人分级处遇区域治理实施办法》，科学厘定四项分级标准，创新推行分级处遇专业化措施，实践案例获评 2020 年度浙江省全省检察机关未成年人司法保护精品案例；工作成果获得最高人民检察院、浙江省人民检察院充分肯定，做专题交流 6 次，并被确定为中央文明委首批重点工作项目基层联系点。

南浔区人民检察院立足未检创新发展的实际需求，在检校合作领域率先试行以"专家个人名义命名的团队工作室"，探索规范化、实效化和常态化的检校合作战略模式，具有形式灵活、引智务实、效益明显等特点，在借力"外脑"助力检察工作不断创新发展的同时，也在理论研究提质、协力培育人才、服务立法司法改革等方面取得积极成效，探索了"检校合作"新的路径与模式，具备推广价值和意义。

目 录
ONTENTS

◇ 第二辑　综　述

◇ 第三辑　案　例

◇ 第四辑　感　悟

◇ 第五辑　记　录

第一辑　论　文

先议权概念的演进和中国化适用[*]

屈　琳　沈勋儿[**]

少年法院设立的初衷是给罪错青少年提供康复服务，带有福利机构色彩，但随着少年法院的发展，少年法院被蒙上了一层刑事法院的色彩。为了对抗少年法院转向"小刑事法庭化"的趋势，少年司法的改革势在必行，改革家们开始探索罪错未成年人进入法院之前的干预措施，这种发生在法院之外的正规性早期干预措施，后来被称为先议程序，大大降低了未成年人被污名化的可能性。[1]对先议权的探索实践，为少年司法改革开辟了新道路，为实现罪错未成年人分级干预奠定了坚实的基础，进一步实现了少年司法教育矫治未成年人的根本目的。先议权历史演进带来的借鉴经验将成为中国少年司法改革的重要推动力。

一、先议权：一个概念的界定

在少年司法体系中，先议权决定"未成年人的不法及危害社会的罪错行为，最早该由哪个机构进行实质审查并决定怎么处理"。[2]加拿大法官麦鲁尔对行使先议权的少年法官做出了绝妙的注解，他认为少年法官应当承担"负责诊断和开具处方的社会医生"[3]的角色。先议权天然的"诊断性"决定了其在少年司法体系中的超前地位，从而实现对罪错未成年人先行决议并予以针对性干预，最终降低罪错未成年人再犯率，实现社会控制的效果。

---

[*] 本文主要参考姚建龙：国家社会科学基金项目申请书《未成年人司法规律研究——以未成年人罪错"先议权"为中心》撰写，收录于《〈上海法学研究〉集刊（2019年第18卷）——上海市法学会未成年人法研究会文集》。

[**] 屈琳：姚建龙教授学术团队工作室成员；沈勋儿：浙江省湖州市南浔区人民检察院第三检察部主任。

[1] Henri Giller, "From Center Stage to Spear Carrier: the Repositioning of the English Juvenile Court", *European Journal on Criminal Policy and Research*, Vol. 7, pp. 395~403 (1999).

[2] 姚建龙："少年法庭如何成长壮大"，载《人民法院报》2018年1月2日。

[3] Jeffrey S. Leon, "New and Old Themes in Canadian Juvenile Justice: the Origins of Delinquency Legislation and the Prospects for Recognition of Children's Rights", *Interchange*, Vol. 8, pp. 151~175 (1997).

（一）先议权概念的起源

未成年人作为幼儿与成年人之间的过渡概念，未成年人与成年人之间最直观的差异在于年龄，根本差异来自于年龄增长带来的阅历及人生观、价值观的成熟，为此划定恰当的年龄界限以区分未成年人与成年人显得尤为重要。以年龄界限为核心的刑事责任年龄制度由此产生，少年法院正式拥有明确的管辖范围。原本属于刑事法院管辖范围的未成年人案件被转移至少年法院，管辖未成年人的权力集中于少年法院，由此确立了未成年人案件的管辖主体，为先议权的有效行使奠定了最初的基础。

尽管少年司法的初衷是为未成年人提供司法保护，但在司法进程中，惩罚、拘留等举措不可避免地将未成年人带入到了特定环境中，因此对未成年人造成的恐吓、威慑等不利因素难以避免。为了解决这一现象，各国的刑法学家开始探讨一项可行性措施：将有可能进入到司法程序的涉罪未成年人提前分流，将不必要进入司法程序的未成年人提前分流至少年管教所、工读学校等机构，避免这部分的未成年人因进入到司法程序而被标签化。这项对未成年人案件提前分流的制度性设计，在程序上要求有一个明确的责任主体，该主体有权将部分无须进入司法程序的罪错未成年人群体分流至非监禁化的教育矫正场所内，并且对矫正过程中违反矫正要求的罪错未成年人实施惩罚。

（二）先议权定义的雏形

20世纪标签理论的兴起，给少年司法改革造成了深远影响，这时期的少年司法改革呈现"正当程序、分流、非犯罪化、非机构化四大运动"[1]的特征。人们开始认识到罪错未成年人被标签化之后的不良影响，并谋求减少罪错未成年人被标签化。对罪错未成年人的早期干预成了少年司法改革的重心，通过程序化的分流措施将未成年人提前从司法程序中排除，根据罪错未成年人的社会危害性程度大小，将不同危害程度的未成年人分流至不同的专门矫正机构。这种发生在法院之外的干预措施，改变了普通刑事法院通过定罪后施加刑罚手段的传统矫治模式，针对未成年人的特殊性重塑了适用于未成年人的"非犯罪化"矫治措施，使得罪错未成年人能够在法院之外完成再社会化，减少了未成年人因为进入到法院而被标签化的可能性。

在美国的少年司法改革中，美国"少年法院之父"林齐法官及其所在的科罗拉多州丹佛少年法院为先议权的形成做出了巨大的贡献。林齐认为对未成年人的矫治罪错工作"需要尽量避免将少年投入刑事司法机构"[2]，法官应当扮演罪错未成年人的观护人与诊治医生角色，针对罪错未成年人的不同犯罪原因，实施高度个性化的矫治措施。具有林齐特色的少年法院在20世纪前半叶的少年司法改革进程中得到了广泛推广，通过少年法院对罪错未成年人施加司法程序外的早期干预，大大降低了未成年人被标签

---

〔1〕 姚建龙："福利、惩罚与少年控制——美国少年司法的起源与变迁"，华东政法学院2006年博士学位论文，第109页。

〔2〕 姚建龙："美国少年法院运动的起源与展开"，载《法学评论》2008年第1期。

化的可能性，同时对罪错未成年人的再社会化具有正面意义。被分流的罪错未成年人进入到专门的矫正机构中，通过有针对性的矫正措施，顺利完成再社会化进程，同时通过矫正机构重塑未成年人的社会关系，从社会层面降低了罪错未成年人再犯罪的可能。

（三）先议权概念的形成及延伸

美国于 1974 年国会通过《少年司法与犯罪预防法》（Juvenile Justice and Delinquency Prevention Act 1974），以成文法的形式明确将部分罪错未成年人脱离司法系统。先议权正是在此背景下形成的，由少年法院享有未成年人案件先行决议之权力，其他任何机关不能享有或者干预该机关行使决议权，当少年法院对未成年人案件实施具体决定以后，其他机关才能根据少年法院的决定将罪错未成年人带入司法程序，或者对未成年人实施其他处遇措施。

在早期的司法实践中，先议权主要由少年法院行使，少年法院以一种非司法化的提前分流措施，将一些不必要进入到司法程序的未成年人提前分流至少年管教所、工读学校等专门机构，这些机构负责对罪错未成年人进行教育改造；当少年法院认为案件性质足够恶劣时，由少年法院接收该案件中的涉罪未成年人，使之进入正常的司法程序并接受少年法院的审理。在此后的司法实践中，先议权的分流功能逐渐获得认可，少年法院正式成为先议权的行使主体。

日本在借鉴了其他国家少年司法体系的基础上，发展出了早期的检察官先议主义，由检察院优先裁量未成年人案件是否移送（图 1 所示），当检察院认为未成年人应当适用保安处分时，则会将未成年人案件转交至少年审判所[1]；当检察院认为未成年人案件达到"刑事处罚相当性"[2]程度时，则由检察院直接向普通刑事法院提起公诉。

图 1 旧《日本少年法》下的检察官先议主义

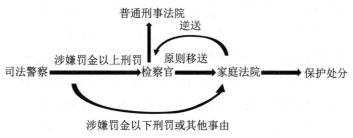

图 2 新《日本少年法》下的家庭法院先议主义

---

〔1〕 1948 年《日本少年法》将少年审判所调整为家庭法院。

〔2〕 刘仁海、周舟："日本少年检察制度及其对我国的启示"，载《青少年犯罪问题》2016 年第 3 期。

自 1949 年新《日本少年法》实施以后，日本少年司法在程序上确立了早期的家庭法院先议主义，在实体上确立了对未成年人实施保护处分优先主义的原则。家庭法院拥有对未成年人案件的优先裁量权，司法警察、检察官必须将受理的未成年人案件移送给家庭法院，由家庭法院通过调查对未成年人作出不处分、保护处分以及移送检察官等的决定。如果家庭法院经审理查明后认为未成年人达到了"刑事处罚相当性"，则由家庭法院将未成年人案件移交给检察院，由检察院向普通法院提起公诉，未成年人案件进入普通刑事司法程序（图 2 所示）。换而言之，日本未成年人案件遵循"由家庭法院主导的少年保护司法程序以及由检察院和普通法院共同主导的普通刑事司法程序"[1]的双轨制。

简而言之，先议权经过了多年的发展，成了对未成年人案件的先行决议之权力，属于法定先议权行使机关的排他性权力，权力内容其一为对未成年人案件的先行裁量权，确定未成年人案件是否适用司法程序；其二为对认定无须进入司法程序的涉罪未成年人进行提前干预，决定对未成年人判处保护处分措施或者其他处遇措施。

（四）先议权与法官自由裁量权、检察官自由裁量权的区分

赋予先议权作为未成年人案件的优先裁量权，与法官及检察官的自由裁量权主要在行使主体、权利性质、权利内容、行使阶段四个方面存在差异，具体表现为：

在行使主体方面，法官的自由裁量权独属于法官或者审判组织行使。"法官或者审判组织根据自己的认识、经验、态度、价值观，以及对法律规范的理解而选择司法行为和对案件作出裁判的权利。"[2]检察官的自由裁量权由检察官享有，是"一种在特定制度框架内，受到规范约束而酌定行使的一种权力"。[3]先议权作为未成年人案件的前置裁量权，并非由法院或者检察院固定享有，在各国的司法实践中，先议权可以由检察院或者少年法院行使，但是当法律赋予某一机关行使先议权时，该机关就有权排除其他机关干涉，对未成年人案件进行优先裁量。

在权利性质方面，法官自由裁量权属于一种判断权或者选择权，带有程序性与实体性的双重色彩，法官根据法规规范、法律原则等对法律事实进行判断，并选择合适的司法手段处理实体问题或者程序问题；检察官自由裁量权同样带有判断权的属性，同时拥有程序性兼实体性的权力属性，实质上是指检察官处断案件是否适用法律并在必要情况下提起追诉的权力；先议权作为一种"诊断"性质的裁量权，在某种程度上带有判断权的属性，以及程序法兼部分实体法的性质，先议权的行使主体有权决定未成年人案件进入何种程序以及适用何种干预措施，但不能代替法院对未成年人提前作出司法判决。

---

〔1〕 刘仁海、周舟："日本少年检察制度及其对我国的启示"，载《青少年犯罪问题》2016 年第 3 期。
〔2〕 江必新："论司法自由裁量权"，载《法律适用》2006 年第 11 期。
〔3〕 龙宗智："检察官自由裁量权论纲"，载《人民检察》2005 年第 15 期。

在权利内容方面，法官自由裁量权的范围较为广泛，在整个司法过程中均有所体现，具体到对案件当事人给予何种处罚，处罚的轻重如何，对参与案件的当事人有何要求，如果妨碍了诉讼过程又会有何种处罚等。概括而言，法官自由裁量权是"选择司法行为和对案件进行裁判的权力"。[1]检察官自由裁量权是检察官行使的"对具备起诉条件的案件允许斟酌情节不予起诉"[2]的权力，即检察官有权对所有进入检察阶段的案件作出提起公诉、不起诉或者变更起诉的权力。先议权的权利内容是由法律规定的，裁量未成年人案件进入何种司法程序的权力，范围被限定在以未成年人为当事人的案件中，有权行使先议权的机关可以适用先议程序对未成年人作出先行分流与干预。

在行使阶段方面，法官自由裁量权存在于审判阶段，检察官自由裁量权存在于批准逮捕阶段、检察官直接受理案件的侦查阶段、提起公诉阶段等检察阶段。先议权的行使阶段在未成年人案件进入审判阶段之前，先议权的法定行使机关有权在罪错未成年人进入诉讼阶段之前对未成年人提前实施干预，并施以合适的处遇措施。

二、先议权的演进：行使主体走向分歧

在先议权诞生之初，少年法院自动地承担行使先议权的职能，由少年法官独立裁量是否受理未成年人案件以及对涉罪未成年人采取何种处分措施。基于各国的国情差异，由家庭法院行使先议权的做法遭到了质疑，先议权的行使主体走向分歧，某些国家将先议权赋予了检察院。

（一）起源：美国模式——以少年法院为先议权的行使主体

美国伊利诺伊州1899年通过的《伊利诺伊州少年法庭法》是为了回应当时社会普遍认可的一种观点："家庭以及国家应当对问题儿童承担应尽的责任，国家应当对儿童的不良行为做出充分和有益的回应。"[3]19世纪末工业革命的兴起，使得越来越多的未成年人进入城市，家庭在青少年成长中的地位与功能逐渐被削弱，以家庭为单位的传统模式无法有效控制未成年人，国家开始代替家庭的角色承担控制罪错未成年人的责任。随着少年司法的发展，少年司法中的缺陷逐渐显露，以少年司法为唯一控制手段显然难以真正控制未成年人的罪错行为，改革者开始探索更多的途径以安置罪错未成年人。基于未成年人案件的特殊性，解决未成年人的犯罪问题往往要涉及除刑事司法以外的其他领域，例如民法领域、行政法领域等。在少年司法的多年实践中，人们发现少年法院在处理未成年人案件的过程中更多地倾向于寻求民法意义上的帮助，其中一个典型就是工读学校（Industrial School）的诞生。亨利·吉勒（Henri

---

〔1〕 刘仁海、周舟："日本少年检察制度及其对我国的启示"，载《青少年犯罪问题》2016年第3期。

〔2〕 江必新："论司法自由裁量权"，载《法律适用》2006年第11期。

〔3〕 Ido Weijers, "The Double Paradox of Juvenile Justice", *European Journal on Criminal Policy and Research*, Vol. 7, pp. 329~351（1999）.

Giller）提出：“在少年法庭开始运作时，在工读学校就读的儿童人数是因犯罪而被关进管教所的儿童的人数的三倍。”[1]

1967 年，美国提倡在少年犯罪中适用“审前阶段处理”（Pre-judicial Disposition）的刑事政策，要求在未成年人案件中推广适用非正式程序的分流措施（Diversion）。1974 年美国国会通过的《少年司法与犯罪预防法》提出了“非犯罪化、非监禁化、转处和正当程序”四大诉求，先议权逐渐走上程序化道路。通过行使先议权，一方面使得罪错未成年人被分流至带有福利性质的少年管教专门机构，最大限度地避免司法程序给罪错未成年人带来的负面影响；另一方面节约了司法资源，也使得少年法院能够以更严谨的司法程序处理进入司法程序的未成年人。美国的少年法院享有对未成年人案件的绝对裁量权，少年法院优先对罪错未成年人进行审查，此时罪错未成年人进入少年司法保护程序，少年法院以儿童利益最大化为出发点，在这一过程中决定是否对未成年人判处保护处分措施。当程序执行终结时，如果少年法院认为未成年人案件不适用保护处分措施而应当进入普通刑事司法程序或者由未成年人主动申请进入普通刑事司法程序，少年法院可将未成年人案件直接移送至普通刑事法院。

美国的少年法院有权管辖所有关涉未成年人的案件，少年法院寄希望于教育手段矫治罪错未成年人，犯罪的个别预防成了少年法院的首要目标，先行区分不同类型的未成年人成了对涉罪未成年人“对症下药”的必要环节，如此将特定权力赋予少年法院行使成了解决未成年人犯罪的关键问题，少年法院的先议权由此产生。而到了 20 世纪 90 年代，由于未成年人犯罪形势日趋严峻，美国少年司法改革逐渐走向严厉化，少年法院通过先议将罪错未成年人划分为虞犯以及少年暴力犯罪、累犯、重罪少年，对虞犯少年提供保护优先理念下的干预矫治措施，而对其他罪错未成年人实施严厉的惩罚。[2]

（二）发展：德国模式——检察官参与少年法院先议

作为典型的大陆法系国家，德国于 1908 年在科隆设立了第一家少年法院，1923 年出台的《德国少年法院法》以成文法的形式塑造了少年司法体系。德国的少年法官由普通法院内的刑事法官担任。从刑事诉讼的整体出发，德国实行以少年法院为主导的先议权行使模式，德国检察官在少年司法制度中的地位受到法院的制约，例如检察官行使强制措施必须征求法官的意见，“检察机关的机构设置、案件受理范围，诉讼措施与进程”[3]均不同程度地受到法官的制约。但检察官享有的公诉权有权决定是否对未成年人案件提起公诉。根据《德国少年法院法》的有关规定，检察官可以对满足《德

---

〔1〕 Henri Giller, "From Center Stage To Spear Carrier: The Repositioning Of The English Juvenile Court", *European Journal on Criminal Policy and Research*, Vol. 7, pp. 395~403 （1999）.

〔2〕 张知博：“美国少年法院的刑事政策变迁及启示”，载《中国青年社会科学》2017 年第 2 期。

〔3〕 樊荣庆：“德国少年司法制度研究”，载《青少年犯罪问题》2007 年第 3 期。

国刑事诉讼法》第 153 条规定[1]的未成年人案件不予起诉；对于已经被实施教育处分的涉罪未成年人，检察官认为法官没有必要再判处刑罚时可以不予起诉；检察官有权对涉罪未成年人命令教育处分；当涉罪未成年人承认自己的犯罪事实，检察官认为没有起诉必要时，可以建议法官对未成年人予以训诫或指示。[2]

德国的先议权运行模式本质上仍属于法院主导，但在少年司法的运行过程中，相较于美国模式下以法院为绝对主导的先议权运行模式，检察官的角色更为突出。根据《德国少年法院法》的授权，检察官享有的起诉裁量权实质上分流了一部分未成年人案件。对于进入到司法程序的未成年人案件，检察官也拥有一定程度的建议权。简言之，检察官享有的起诉裁量权先行分流了一部分未成年人案件，起到了事实上先议权的实施效果。

（三）演进：日本模式——"检察官先议"转向"家庭法院先议"

日本 1922 年制定的旧《日本少年法》第 62 条赋予了检察官先议权，该条规定原则上检察官负责对未成年人案件提起公诉，在例外情况下，检察官如果认为采取保护处分的措施更有利于罪错未成年人，检察官可以将未成年人案件移送至少年审判所（图 1 所示），由少年审判所对罪错未成年人判处保安处分措施。这种带有刑事处分优先色彩的检察官先议程序，事实上导致由检察官决定家庭法院的受案范围。

出于未成年人保护优先的目的，日本于 1948 年制定了新《日本少年法》，该法取消了"检察官先议主义"，代以"家庭法院先议主义"的刑事裁量模式，在实体上达到对未成年人保护处分优先的效果。1948 年新《日本少年法》出台不久，就有日本学者对"家庭法院先议主义"提出了质疑，到了 20 世纪 80 年代，日本社会出现了大量性质极为恶劣的未成年人犯罪事件，社会各界要求检察官参与少年司法的呼声日益高涨。

在各方的努力下，1999 年通过的《为进一步谋求少年审判事实认定程序的正当化而对少年法进行完善的要点（案）》"导入了检察官参与家庭法院审理的制度，授予检察官对家庭法院事实认定以及法令适用等问题进行抗诉的权限"。[3]到了 21 世纪初，为了应对当时日本社会上频繁发生的恶性青少年犯罪事件，自 2001 年 4 月开始，日本国会依据《少年法等部分修改的法律案》修改的新《日本少年法》开始正式施行，此次修改的《日本少年法》确立了原则移送制度、检察官参与家庭法院审理制度以及抗

---

[1]《德国刑事诉讼法》第 153 条规定："（一）程序处理轻罪的时候，如果行为人责任轻微，不存在追究责任的公众利益的，经负责开始审判程序的法院同意，检察院可以不予追究。对于尚未受到最低刑罚威胁，行为所造成的后果显著轻微的罪决定不予追究时无需法院同意。（二）已经提起公诉时，在前款先决条件下，经检察院、被诉人同意法院可以在程序的任何一个阶段停止程序。"第 153 条 a 款规定："经负责开始审理程序的法院和被指控人同意，检察院可以对轻微犯罪暂时不予提起公诉，同时要求被告人：1. 作出一定的给付，弥补行为造成的损害；2. 向某公益设施或者国库交付一笔款额；3. 作出其他公益给付；或者 4. 承担一定数额的赡养义务……被告人履行要求、责令时，对行为人不能再作为轻罪予以追究。"

[2] 樊荣庆："德国少年司法制度研究"，载《青少年犯罪问题》2007 年第 3 期。

[3] 因为 2000 年日本众议院解散，《为进一步谋求少年审判事实认定程序的正当化而对少年法进行完善的要点（案）》成了一部废止法案。

诉受理申请制度。[1]原则移送制度要求家庭法院必须将涉嫌死刑、徒刑或者监禁刑罚的 16 周岁以上的未成年人移送至检察院，而检察官有权出席家庭法院审理的"少年涉嫌故意实施犯罪行为导致被害人死亡之罪或者涉嫌可能被判处死刑、无期徒刑、法定最低刑为 2 年以上惩役或者禁锢之罪的案件"。[2]至 2014 年，日本国会根据《少年法部分修改的法案》完成了对《日本少年法》的又一次修改，此次修改将检察官参与家庭法院审理的案件范围扩大至"少年涉嫌可能被判处死刑、无期徒刑、法定最高刑超过 3 年惩役或者禁锢之罪的案件"[3]，从受案范围上进一步扩大了检察官参与家庭法院审理的权限。[4]

纵观《日本少年法》的历次修改，我们可以看出日本在"检察官先议主义"规则废除后，仍致力于提升检察官在"家庭法院先议主义"中的角色与地位。

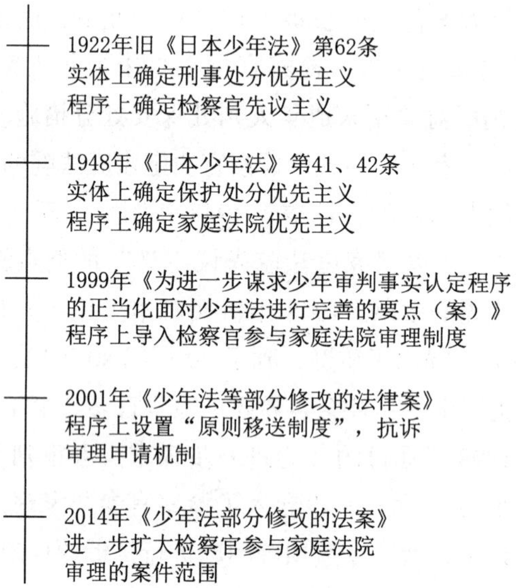

— 1922年旧《日本少年法》第62条
实体上确定刑事处分优先主义
程序上确定检察官先议主义

— 1948年《日本少年法》第41、42条
实体上确定保护处分优先主义
程序上确定家庭法院优先主义

— 1999年《为进一步谋求少年审判事实认定程序
的正当化面对少年法进行完善的要点（案）》
程序上导入检察官参与家庭法院审理制度

— 2001年《少年法等部分修改的法律案》
程序上设置"原则移送制度"，抗诉
审理申请机制

— 2014年《少年法部分修改的法案》
进一步扩大检察官参与家庭法院
审理的案件范围

图 3　《日本少年法》的历次修改

（四）先议权的行使之争：美国模式、德国模式与日本模式

先议权作为少年司法中的专有概念，随着美国的少年司法改革不断成型，以法院为主导的先议权运行模式成为主流。在德国以及日本的先议权形成历史中，我们均能看到美国的影响。

在美国双轨制的先议权行使模式下，少年法院享有的收案权（intake）决定着先议

---

〔1〕　陶建国："日本少年法与检察官参与制度"，载《国家检察官学院学报》2007 年第 6 期。
〔2〕　陶建国："日本少年法与检察官参与制度"，载《国家检察官学院学报》2007 年第 6 期。
〔3〕　刘仁海、周舟："日本少年检察制度及其对我国的启示"，载《青少年犯罪问题》2016 年第 3 期。
〔4〕　日本的刑罚体系从轻到重依次排列为：科料、拘留、罚金、禁锢、惩役、死刑。禁锢细分为有期监禁和无期监禁；惩役细分为有期徒刑和无期徒刑。

权独属于少年法院，未成年人案件由少年法院优先审查并决定是否在这一环节对涉罪未成年人判处保护处分措施。在法院认为未成年人不适用保安处分，或者由未成年人主动提出申请的情况下，少年法院可将未成年人案件直接移送普通刑事法院审理。在美国模式下，检察官在少年司法中的地位被边缘化，少年法院的先议权决定着涉罪未成年人在司法程序中的具体走向。

德国单轨制的先议权行使模式将先议权赋予少年法院行使，少年法院可以依次选择教育处分、惩戒处分、刑罚等手段对未成年人予以干预。在德国一元化的少年司法体系中，"少年司法的诉讼程序与普通的刑事诉讼程序差异并不明显，而且所有少年犯罪案件都在同一个少年司法程序中完成，少年法院并不能将少年犯罪案件移送给普通刑事法院审理"。[1]在实践中，德国检察官的起诉裁量权代为行使了先议权的部分权力，削弱了少年法院的先议权功能。

日本的少年司法制度选择了双轨制的先议权行使模式，未成年人案件首先交于家庭法院裁决，家庭法院对未成年人案件进行审查以后，可以决定不处分、保护处分或者移送给检察官。家庭法院将未成年人案件移交给检察院的程序被称为"逆送"程序，此时由检察官向普通刑事法院提起公诉，由此日本少年司法呈现出了家庭法院决定保安处分、普通刑事法院决定刑罚的"双轨制"运行模式。在"双轨制"运行模式下，检察官不享有对未成年人案件的优先裁量权，起诉与否由家庭法院决定，因此日本法学家称之为"家庭法院先议主义"。但上文中也提到，日本确定"家庭法院先议主义"后不久，就引进检察官参与家庭法院审理制度，此后《日本少年法》的多次修改仍不断增强检察官在少年司法体系中的参与地位。

美、德、日的少年法院在未成年人案件中均居主导者地位，但德国、日本的检察官仍然在少年司法中起到一定的作用，德国单轨制少年司法模式下的检察官的起诉裁量权、日本双轨制少年司法模式下的检察官参与制度均在一定程度上削弱了少年法院的先议权功能。

三、先议权的中国化适用——中国视野中的先议权理论研究与实践

我国少年司法的建立以1984年上海长宁区人民法院少年法庭的成立为起点，此后少年司法、未检、少年警务等关涉未成年人的法律制度逐渐确立并规范。在少年司法改革不断深化的当下，如何进一步完善少年司法，落脚点在于明确先议权的权力归属。而选择中国视野中的先议权行使模式则必须从中国的实践出发，理论联系实际，最终实现先议权的中国化适用。

（一）中国视野中先议权理论研究的发展

中国视野中的先议权理论研究，主要分为介绍性、探讨性以及论争性三种类型，

---

[1] 刘灿华："德国、日本少年司法制度的变迁及其启示"，载《时代法学》2011年第6期。

早期的先议权研究主要以介绍性研究为主，研究成果较为单一；到 2010 年左右，先议权理论研究聚焦于中国司法实践中的问题，又结合域外经验而进一步深化；到 2015年，先议权的系统性理论研究井喷式出现，这时期的先议权理论研究开始具备中国化视野，探讨先议权在少年司法体系中的适用问题，呈现出以人民法院、人民检察院为主导的先议权适用分歧。

先议权作为一个舶来词，本是美国、日本等国家少年司法制度中的专有名词，在介绍美国、德国、日本的少年司法时被广泛提及。在早期的先议权研究中，研究亚洲地区的先议权理论较为丰富。从研究成果的数量上看，日本的先议权是学者早期研究的重心。从 1980 年第一篇《论现代少年法的几个问题》笼统地介绍日本的少年司法的立法现状开始，很长一段时间内关于先议权的理论研究均以介绍性、比较性为主。[1]代表性文章有《日本少年法的现状与展望》[2]《青少年保护法的理论与实践》[3]等。这部分的先议权研究主要以介绍性的方式论述域外先议权的发展历史，以期给中国少年司法改革带来积极的借鉴意义。

先议权理论的探讨性研究分散在审前羁押、少年关护、个性化处遇、分级矫治等少年司法特殊制度中，先议权在少年司法体系构建过程中的重要性逐渐显现，先议权研究成了引领少年司法改革的重要方向。姚建龙教授首次在《犯罪后的第三种法律后果：保安处分》一文中提出实现先议权的中国化适用，通过"先议"划分犯罪少年、严重不良行为少年与一般不良行为少年，实现对不同罪错未成年人的先行干预。探讨性的先议权理论研究广泛存在于少年司法体系构建的各个方面，代表性文章有《美国少年司法变迁中的正当法律程序改革及其借鉴》[4]《中国未成年人刑事司法制度的完善》[5]《德国、日本少年司法制度的变迁及其启示》[6]，基本观点可以概括为通过先议对不同类型的罪错未成年人进行先行划分，根据不同未成年人的特点进行矫治教育，实现少年司法的进一步完善。

如何实现先议权的中国化适用是现阶段先议权理论研究的聚焦领域，以人民法院为主导行使先议权，或以人民检察院为主导行使先议权成了论争先议权理论研究的主流观点。赞成以人民法院为主导行使先议权的代表性文章有《中国未成年人罪错行为司法处遇制度的完善》[7]《司法改革背景下的少年家事审判融合发展路径探索》。[8]赞成

〔1〕 ［日］菊田幸一："论现代少年法的几个问题"，康树华编译，载《国外法学》1980 年第4 期。
〔2〕 ［日］瀬川晃："日本少年法的现状与展望"，卜二译，载《国外法学》1986 年第 6 期。
〔3〕 罗耀培："青少年保护法的理论与实践"，载《法学研究》1989 年第 1 期。
〔4〕 姚建龙："美国少年司法变迁中的正当法律程序改革及其借鉴"，载《求是学刊》2009 年第 3 期。
〔5〕 姚建龙等："中国未成年人刑事司法制度的完善"，载《国家检察官学院学报》2011 年第 4 期。
〔6〕 刘灿华："德国、日本少年司法制度的变迁及其启示"，载《时代法学》2011 年第 6 期。
〔7〕 马丽亚："中国未成年人罪错行为司法处遇制度的完善"，载《云南社会科学》2017 年第 4 期。
〔8〕 褚宁："司法改革背景下的少年家事审判融合发展路径探索"，载《法律适用》2019 年第 11 期。

以人民检察院为主导行使先议权的代表性文章有《中国未成年人刑事检察政策》[1]《中国少年司法的历史、现状与未来》[2]《检察改革的三重维度——以最高检内设机构改革及未检厅的设立为视角》。[3]赞成以人民法院为主导行使先议权的学者认为：其一，以"审判为中心""未成年人保护优先"的少年司法改革理念应当继续维持；其二，未成年人案件的指定管辖与少年法庭收案量的现状需要以人民法院为主导行使先议权的运行模式。[4]其三，人民法院的中立性能够避免先议权在行使过程中产生严刑化倾向。赞成以人民检察院为主导行使先议权的学者认为：其一，中国语境下"强检察模式"决定着由检察机关行使先议权有其存在的必要性与合理性；其二，中国少年司法的一元化体系决定着检察机关在未成年人刑事司法体系中的核心地位难以被取代，实践中人民检察院适用的附条件不起诉、相对不起诉的审查起诉方式已经在实际意义上起到了先议权的作用；其三，司法改革必须循序渐进，在先议权已实际由人民检察院行使的现状下，剥夺人民检察院的先议权而将之赋予人民法院，不利于少年司法改革的顺利开展。

（二）中国视野中的先议权实践

我国的少年司法改革一直秉持着实践先行的中国特色，虽然先议权理论尚未完成系统化构建，中国的先议权实践却早已悄然开始，呈现以少年人民法院为主导的先议权运行模式、"强检察模式"下以人民检察院为主导的先议权行使模式、探索实践下以公安为主导的先议权行使模式三种模式分头并行的先议权中国化实践。

1. 以人民法院为主导行使先议权

在我国的少年司法体系中，"少年法院"的角色主要由人民法院内的少年法庭承担，在各地的实践中，少年法庭主要有三种类型的机构设置：第一种为少年刑事案件审判庭，专门受理未成年人刑事犯罪案件；第二种为少年刑事案件合议庭，为附设于刑事审判庭的一个专门机构，受理未成年人刑事案件；第三种为综合性少年案件审判庭，不仅受理未成年人刑事案件，还受理有关未成年人保护的民事案件、行政案件。[5]

从各地的少年法庭实践中，指定管辖成了少年法庭发展的新形势，将某一地区的未成年人案件集中于一个或几个法庭管辖，由此产生了未成年人案件的上下级审判机关的对接难、指导难的问题。此外，少年法庭的审判员主要负责审理未成年人案件，但当前司法机关内部"唯案件量"的法官考核机制使得少年法庭的审判员无法专注于未成年人案件的审理工作。[6]

〔1〕 苗生明、程晓璐："中国未成年人刑事检察政策"，载《国家检察官学院学报》2014 年第 6 期。
〔2〕 姚建龙："中国少年司法的历史、现状与未来"，载《法律适用》2017 年第 19 期。
〔3〕 姚建龙、孙鉴："检察改革的三重维度——以最高检内设机构改革及未检厅的设立为视角"，载《青少年犯罪问题》2019 年第 3 期。
〔4〕 姚建龙等："中国未成年人刑事司法制度的完善"，载《国家检察官学院学报》2011 年第 4 期。
〔5〕 姚建龙："中国少年司法制度发展中的问题与少年法院的创设"，载《青年研究》2001 年第 12 期。
〔6〕 褚宁："我国少年法庭组织形态的发展模式——基于法院内设机构改革背景下的考察"，载《山东法官培训学院学报》2019 年第 2 期。

以人民法院为主导的先议权运行模式由法官根据行为的严重性以及刑事责任年龄的大小，分流未成年人案件。一方面通过责令监护人严加管教、训诫、治安处罚、工读教育等行政性干预措施对罪错未成年人进行非司法化干预；另一方面基于"教育、感化、挽救"的方针，法官综合考虑未成年人的认罪悔罪态度、家庭情况等因素后，对进入到司法程序中的未成年人比照成年人标准从轻、减轻或者免除处罚。

以人民法院为主导的先议权的运行模式，其弊端主要体现在三个方面：

第一，在人员配备方面，我国少年司法体系的一元化模式决定着我国少年法官并非是独立的专职法官。我国少年法官主要受理未成年人案件，但也会受理其他普通案件。受限于现行人民法院业务考核制度，少年法庭的法官无法全身心投入未成年人案件，导致了对罪错未成年人的后续帮教"有心而无力"的少年司法现状。

第二，在干预措施方面，由于我国的"少年司法制度呈现出行政干预体系与刑事司法体系二元结构的特点"[1]，少年司法制度内的行政干预由责令父母严加管教、训诫、治安处罚、工读教育、强制性戒毒措施组成，其中责令父母严加管教、工读教育作为类似"保安处分"措施在司法实务中予以适用。少年刑事司法体系受到我国一元化刑罚体系的影响，进入刑事司法程序中的未成年人面临着与成年人一样的刑罚类型，只不过在具体适用时罪错未成年人受到的刑罚在参照成年人的标准上得到从轻、减轻或者免除。整体的少年干预体系呈现行政机关与司法机关两极分化的特点，刑事司法体系与行政干预体系无法做到有效衔接，因而导致行政性的早期干预措施无法真正起到教育矫治罪错未成年人的效果。

第三，在实施效果方面，有限的干预措施难以遏制日益严重的未成年人犯罪形势，造成了未成年人犯罪的"养猪困局"，中国的少年司法面临着对罪错未成年人"养大了再打""养肥了再杀"[2]的窘境。有限的干预措施一方面造成涉罪未成年人得不到真正有效的矫治，另一方面也造成了群众对司法公信力的质疑。

综合以上原因分析，在我国由于客观条件的制约——尚未设立适用于未成年人的保护处分措施——以人民法院为主导行使先议权存在诸多限制，此外少年司法程序的"泛成人化"倾向也不利于对未成年人的教育矫正。因此，在现阶段，由人民法院行使先议权的效果并不理想。

2. 以人民检察院为主导行使先议权

我国以人民检察院为主导行使先议权的模式在某种程度上类似于德国单轨制的先议权行使模式，检察官行使起诉裁量权，通过适用相对不起诉、附条件不起诉对未成年人案件进行分流，将罪错未成年人排除出司法程序，从而达到先议权的分流

---

〔1〕 姚建龙："中国少年司法的历史、现状与未来"，载《法律适用》2017年第19期。
〔2〕 颜湘颖、姚建龙："'宽容而不纵容'的校园欺凌治理机制研究——中小学校园欺凌现象的法学思考"，载《中国教育学刊》2017年第1期。

效果。

　　以浙江省为例（图4），自2013年来无论是不捕率、不起诉率，还是适用的附条件不起诉占整体的比例都呈现逐年上升趋势。其中，以浙江省湖州市南浔区人民检察院为例，自2015年之后南浔区人民检察院大量适用相对不起诉、附条件不起诉，对未成年人案件进行提前干预；从2016年开始，南浔区人民检察院适用相对不起诉与附条件不起诉的未成年人案件总数超过了人民检察院审查起诉的未成年人案件；从图5中我们可以看出，南浔区人民检察院起诉的未成年人案件逐年下降，相对不起诉与附条件不起诉的未成年人案件逐年上升并渐趋平稳。以浙江省温州市苍南区人民检察院为例（图6）：在2014—2017年间，人民检察院适用相对不起诉、附条件不起诉的未成年人案件占整体未成年人案件的比例逐年上升；到了2018年，相对不起诉、附条件不起诉的适用略有下降，但仍维持在案件总数的35%以上。结合两地人民检察院的整体情况分析，人民检察院对未成年人案件的起诉率呈下降趋势，不起诉率整体上升。

　　由此可见，我国的检察官在审查未成年人案件时，已经通过相对不起诉、附条件不起诉的审查起诉方式对未成年人案件进行了提前裁量。对适用相对不起诉、附条件不起诉的未成年人群体，各地人民检察院通过探索智慧未检、未成年人观护平台、购买社会服务等创新措施，对处于考察期内的未成年人进行针对性干预，通过适用个性化处遇措施，消灭未成年人的潜在犯罪可能性，最终实现控制未成年人犯罪的良好效果。

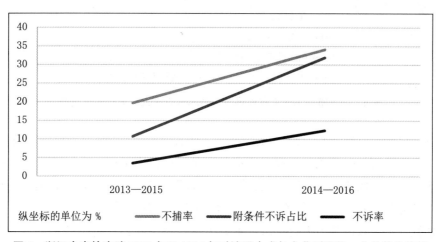

图4　浙江全省检察院2013年至2016年对涉罪未成年人非刑罚化、非监禁化趋势

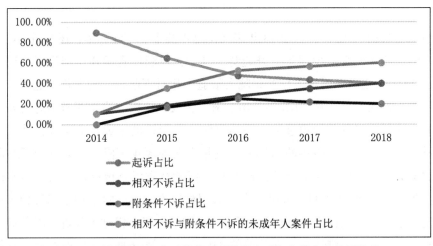

图5 湖州市南浔区人民检察院对涉罪未成年人的审查起诉趋势

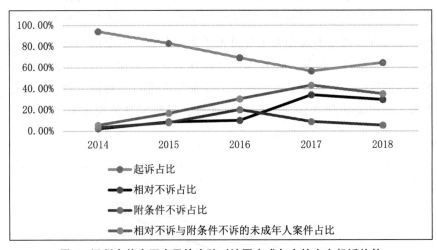

图6 温州市苍南区人民检察院对涉罪未成年人的审查起诉趋势

从刑事诉讼的阶段来看，检察机关处于"承前启后"的公诉阶段。"承前"——检察机关作为法定的批捕机关，决定未成年人是否由公安批捕，秉持"少捕慎捕"的方针作出有利于未成年人的决定；"启后"——检察机关作为法定的公诉机关，检察官享有绝对的起诉裁量权。在检察环节，检察官综合考虑涉罪未成年人的人身危险性、再犯可能性、家庭状况等因素后，通过不起诉、相对不起诉、附条件不起诉等方式尽可能降低涉罪未成年人的起诉率，最大限度地降低未成年人进入司法程序的可能性，将未成年人提前分流，实现检察机关的"阀门"作用。

从诉讼程序对未成年人提供的特殊保护制度来看，各级检察机关已经全面落实合适成年人到场制度、对未成年人刑事案件依法快速审理、法庭教育等考虑到未成年人特殊身心状况的各种特殊制度；通过与各部门协商建立的社会支持机制，给涉罪未成年人提供教育矫正平台等。以人民检察院为主导的先议权行使模式在检察改革中被逐步完善，真正实现了"教育为主，惩罚为辅"的未成年人刑事诉讼的指导原则。

3. 以公安为主导行使先议权

《治安管理处罚法》[1]第12条规定明确公安机关有权干预未成年人的治安违法行为，以公安为主导的先议权行使模式围绕着治安违法行为展开，公安机关通过警告、罚款、行政拘留等措施惩戒实施治安违法行为的未成年人，实现公安阶段的分流与干预。

警察工作的特殊性，能够让警察深入接触未成年人生活的方方面面，通过查处酒吧、网吧、游戏场所、宾馆等不适宜未成年人出入的场所控制未成年人的越轨行为，实现控制未成年人犯罪的社会效果。公安机关对未成年人治安违法行为的干预措施以惩罚为主，缺乏教育环节，导致由公安主导的先议权行使模式侧重于分流功能，忽视了先议权保护未成年人的初衷。

自2015年开始，北京市海淀区、江苏省淮安市、广西壮族自治区钦州市钦南区、云南省昆明市盘龙区、上海市嘉定区等地陆续开展了少年警务的试点工作，委派有责任心的民警对未成年人实施帮教工作。近几年的少年警务的实践经验表明，我国的少年警务制度尚处于萌芽阶段，专业干预手段的缺乏、帮教过程的不连贯使得公安阶段对未成年人的帮教难以收获真正的效果。少年警务难以承担行使先议权的重担。

(三) 中国视野下运行模式的选择：基于不同先议权运行模式的利弊审视

先议权适用对象的特殊性要求先议权的行使始终要秉持谨慎态度，在我国"强检察权能"[2]模式的少年司法背景下，先议权由人民检察院行使优于人民法院行使，主要原因如下：

第一，从干预措施来看，现阶段人民检察院通过相对不起诉、附条件不起诉对未成年人案件提前干预，实际上已经行使了先议权的部分权力。从浙江省湖州市南浔区人民检察院以及浙江省温州市苍南区人民检察院的近五年数据来看，未成年人案件的不起诉率占比较高，南浔区人民检察院的不起诉率甚至超过了起诉率。此外，南浔区人民检察院通过探索智慧未检、帮教基地、观护平台等特色化未成年人处遇措施，对相对不起诉、附条件不起诉案件中的涉罪未成年人进行感化教育。在这一方面，我国人民法院对未成年人的干预措施仅为责令监护人严加管教、工读教育，公安机关的干预措施为警告、罚款、行政拘留，但这些干预措施已无法完全应对日益复杂的未成年人犯罪形势。

第二，从机构设置来看，未检机构设置已经基本完备。2015年12月，最高人民检察院未检办公室的成立，"标志着全国四级未检机构设置基本完备，职责范围基本划

---

〔1〕《治安管理处罚法》即《中华人民共和国治安管理处罚法》，本书中涉及中国法律，除有特别说明外，均省略"中华人民共和国"字样，全书下同，不再赘述。

〔2〕刘仁海、周舟："日本少年检察制度及其对我国的启示"，载《青少年犯罪问题》2016年第3期。

定，制度框架基本搭建，以未成年人这一特殊主体为标准所建立的独立业务类别终于确立"。[1]而在人民法院的机构设置方面，少年法庭作为审理未成年人案件的专门机构得到了普遍的推广，但少年法庭的机构设置尚未得到落实。在人员方面，少年法庭的审判人员往往还兼顾着普通案件的审判工作，时间精力难免有所不及。而目前我国少年警务的发展处于一种"滞后而萌动"[2]的状态，仍处于制度化探索阶段，少年警务尚未实现体系化建设。

第三，从执行效果来看，各地未检工作部门以"儿童最大利益"的核心理念为指导，纷纷开展了未检工作创新实践，各地涌现出了优秀的未检工作经验。例如，郑州市管城区的"未成年人帮教保护平台"、宁波市鄞州区人民检察院的智慧未检数字平台、湖州市南浔区人民检察院的智慧未检 App 等，这些创新帮教措施在矫正涉罪未成年人、帮助未成年人重新回归社会方面成效显著。而少年法庭受限于缺乏有效的干预措施以及刑事审判的"泛成年人化"，难以实现教育矫治未成年人的效果。少年警务的实践表明，各地少年警务的探索依赖于有责任心的民警对未成年人进行帮教，少年警务的执行效果不尽如人意。

四、结语

互联网的迅速发展使得罪错未成年人被标签化的现象日渐严重，如何有效地避免这一现象的发生已成为少年司法改革中的焦点问题。引进先议权并实现先议权的中国化适用，将成为问题解决的关键。因此，厘清中国视野中的先议权概念，实现先议权归属将成为打破中国少年司法改革瓶颈的关键。

---

[1] 陈国庆："砥砺前行的未成年人检察工作——纪念人民检察院恢复重建 40 周年"，载 http://www.spp.gov.cn/spp/jcddldcxfzzq/201812/t2018120 5_ 401653. shtml，访问日期：2019 年 7 月 27 日。

[2] 姚建龙："中国少年司法的历史、现状与未来"，载《法律适用》2017 年第 19 期。

未成年人罪错行为"先议权"与分级干预体系研究

章春燕　　刘金晓*

　　未成年人身心发育未臻成熟，具有区别于成年人群体的典型特征。其对自身行为的辨认和控制能力较弱，易受环境和情绪因素影响。对此，张明楷教授曾有著名的法律格言："幼年人无异于精神错乱者。"[1]未成年人身心的特殊性决定了未成年犯罪群体的特殊性，也决定了法律需要严格区分未成年人犯罪，对未成年犯罪嫌疑人予以特殊处遇和特殊保护。因此，应当将少年司法从普通刑事司法中剥离出来，使其不依附于刑事司法程序，保持必要的独立性。独立的少年司法运行需要适用专门的程序，并以专门的机构、专门的人员为保障。而当前我国少年司法专门机构中最主要的是少年法庭和未检部门。厘清二者之间的职权范围，确定对罪错未成年人行使"先议权"的部门机构，更科学、广泛地适用保护处分措施，建立起对罪错未成年人的分级干预体系，以此实现对罪错未成年人的教育、感化、挽救，这是少年司法的基础性和源头性问题，也是把握我国少年司法规律的核心问题。

一、一个概念的厘定：少年司法"先议权"

　　未成年人罪错行为是未成年人虞犯行为、违警行为、触法行为和犯罪行为之总和，其区别于常用的未成年人犯罪概念。具言之，虞犯行为指有犯罪之虞的行为，如抽烟喝酒、夜不归宿等；"违警行为"即具有一定社会危害性，违反《治安管理处罚法》，但未违反《刑法》，尚不构成刑事犯罪的行为；"触法行为"是指未达刑事责任年龄的未成年人所实行的犯罪行为；"犯罪行为"是指符合犯罪主客观构成诸要件的未成年人犯罪行为。未成年人罪错行为相当于英美法系国家所称的"Juvenile Delinquency"，日本称之为"少年非行"。无论名称作何，发达国家和地区在未成年人罪错行为的处置

---

　　* 章春燕，曾任浙江省湖州市南浔区人民检察院检委会专职委员，现任湖州市人民检察院第六检察部主任；刘金晓，姚建龙教授学术团队工作室成员。本文主要参考姚建龙教授相关著述与观点撰写。

　　[1] 张明楷：《刑法格言的展开》（第3版），北京大学出版社2013年版，第329页。

上，均坚持"提前干预，以教代罚"的保护主义立场。[1]为此，少年司法制度设计的普遍做法是：未成年人罪错行为发生后，均由专门的司法机关（通常为少年法院）进行"先议"，在审理过程中一般排斥其他司法机关的参与，尤其是检察机关的参与；进而决定对罪错未成年人的保护处分措施，只有在情节极为恶劣时，才会将未成年人移送检察机关适用普通刑事司法程序追究未成年人刑事责任。这种"先议权"就好比医生开药方的处方权，具体到少年司法体系中也就是主导权。

（一）少年司法"先议权"理论探究

我国的少年法庭被赋予了特殊的含义，即体现司法的温度，具有重要的影响力和象征性。但我国少年法庭能否与中国特色少年司法制度深度契合，成为中国特色未成年人保护体系的重要一环，是一个关键性的命题。

在建立起独立少年司法制度的大多数国家，少年法院享有未成年人刑事案件的"先议权"。例如美国，所有未成年人案件首先且必须要经过少年法院法官的预先审查，这类案件适用全案移送的管辖原则，如果法官认为可以适用保护处分措施，则由少年法院审理后径行采取相应的保护处分措施并终止诉讼程序，全程排斥检察官的参与；只有在该罪错未成年人罪行极其严重、少年法院难以审理时，才通过"弃权"（放弃管辖权）程序将案件程序倒流，逆向移送给检察机关，由检察机关按照刑事诉讼程序向刑事法庭提起公诉，此即为少年司法"保护优先主义"。检察机关对于这类案件必须径行起诉。从某种程度上剥离了检察机关对未成年人刑事案件的审查起诉权力，将这种权力划归到了少年法院。据实际统计，通过"弃权"程序"逆送"回来的未成年人刑事案件所占比例很小，绝大多数案件由少年法院进行审理。[2]

《日本少年法》规定的"先议权"经历了由检察院向法院过渡的过程，以1948年新《日本少年法》颁布为标志。在旧《日本少年法》时期，主要采取以刑罚为主、保护处分为辅的原则，对未成年人犯罪优先适用刑罚，程序上也是由检察机关对涉罪少年案件提起公诉，实际上行使"先议权"。而在新《日本少年法》时期，对未成年人犯罪采取保护处分为主，刑罚为辅的原则，剥离了检察机关对少年案件的"先议权"，将之赋予少年法院，进而保证优先对涉罪未成年人适用保护处分。[3]

这种程序设计，是因为检察机关作为刑事犯罪的追诉机关，作为打击犯罪的最有力手段，工作重心在于惩治犯罪行为和追求定罪量刑的准确性。如果让其参与对非逆送案件的审理，会与"保护优先主义"相悖，也会影响少年司法的温和与恳切。但其也使检察机关的权力受到了极大限制，甚至边缘化，将之排除出少年案件的受理程序。这种程序设计对于检察机关的影响是深远的，甚至是致命的。因此对"先

〔1〕 姚建龙：国家社会科学基金项目申请书《未成年司法规律研究——以未成年人罪错"先议权"为中心》。
〔2〕 姚建龙："少年法院试点对未检制度的影响——以上海市检察实践为例"，载《法学》2010年第1期。
〔3〕 刘灿华："德国、日本少年司法制度的变迁及启示"，载《时代法学》2011年第6期。

议权"归属进行理论探究是梳理我国少年司法发展历程、引导我国少年司法走向的必由之路。

在域外,部分学者(Timothy D. Hurley)对少年法院建设及其职能设置开展研究,将未成年人案件的"先议权"天然归于少年法院。亦有部分学者(齐藤丰治)在对未成年人司法的发展史研究之中进行"先议权"归属的探讨,得出了"先议权"由检察院过渡至法院的结论。国内对少年司法的探索已经持续了 30 多年,但关于"先议权"的研究却很少,仅在部分论文与发言中少量提及。具体而言,部分学者认为应借鉴域外经验,将"先议权"赋予少年法庭或未来的少年法院。[1]对此,有学者直接将"先议权"定义为"所有的少年事件应当由少年法院进行预先审查",法院"先议权"的实践可以加快少年司法走向独立。[2]但是,也有部分检察官从我国少年司法的实践经验中归纳,提出"先议权"应当由检察机关享有。[3]这种观点与我国《刑事诉讼法》特别程序相承接,即对未成年人犯罪的批捕、审查起诉和提起公诉等司法活动均由检察机关完成,并赋予检察机关酌情排除犯罪的权力,可以根据未成年人犯罪行为及情节适用附条件不起诉或相对不起诉等刑事诉讼程序。

但令人遗憾的是,无论域外还是国内,对少年司法的"先议权"问题均缺乏专门研究,更不要说具体的制度设计了。在比较过程中,"拿来主义"明显,对于"先议权"的赋予较为随意,未对其设置的必要性和可行性进行严谨的论证,也缺乏具有说服力、符合中国特色的少年司法制度的研究结论。对"先议权"赋予的选择,无论人民法院还是人民检察院,均需要厘清其在少年司法中的角色、作用与体系性定位,需要从源头梳理出两者的发展脉络。

(二)我国少年司法制度的体系变迁:从少年法庭到未检部

我国少年司法制度的探索始于 1984 年 10 月,上海市长宁区人民法院设立了我国第一个少年法庭(少年犯合议庭),由此开启了中华人民共和国少年司法的探索历程。在此后的一段时期内,以少年法庭为中心的少年司法改革蓬勃发展,但困境与挑战随即而来,案件量不足成为此后一段时期少年法庭面临的主要问题,甚至一度被认为占用了过多的司法资源。1991 年,江苏省常州市天宁区人民法院进行了少年综合庭模式的初步尝试,即将涉及未成年人犯罪的案件全部纳入少年法庭的受案范围,包括刑事、民事和行政案件。这次的改革尝试在一定程度上解决了少年法庭法官多、案源少的问题,让更多未成年人案件进入司法视野,在理论界被普遍认为是将未成年人从刑事司法保护上升到了全面司法保护的状况。这项改革在今天看来仍然具有极大的前瞻性,但令人遗憾的是,最高人民法院对此次改革并未持肯定态度,而是认为少年法庭仍需

---

〔1〕 姚建龙:国家社会科学基金项目申请书《未成年人司法规律研究——以未成年人罪错"先议权"为中心》。
〔2〕 马丽亚:"中国未成年人罪错行为司法处遇制度的完善",载《云南社会科学》2017 年第 4 期。
〔3〕 荣晓红:"论我国未成年人犯罪刑事检察政策",载《公安学刊(浙江警察学院学报)》2018 年第 2 期。

保持原有的刑事特色。〔1〕

"从90年代后期起，一些地方法院开始了对未成年人案件的指定管辖，将一定范围内的未成年人犯罪案件集中到辖区内某一个少年法庭集中审理。"〔2〕这项举措一方面保证了少年法庭的受案量，节约了司法资源；另一方面也让少年法庭的审理更为专业。此次推行指定管辖改革的省市撤销了大部分少年法庭，由此理论界和实务界纷纷开启了建立少年法院的议题。这种设想初衷非常美好，但是截至目前，依然停留在假设阶段，迟迟无法启动。

真正使少年法庭面临危机的是新一轮司法改革的启动。2016年初，最高人民法院借鉴日本少年审判与家事审判合一的做法，将家事审判与少年审判合并为少年家事法庭。"但是在每年数以百万件的家事案件中每年约为五万件的未成年人刑事案件很快被淹没。本轮家事审判改革中大量的少年法庭被撤销或者名存实亡。"〔3〕人民法院系统对于少年司法的影响力与控制力日益萎缩，面临巨大的困境与障碍。

与之相对应的是未检制度的后发与兴起。我国未检制度的探索始于1986年6月，上海市长宁区人民检察院成立了我国第一个未检机构——"少年犯起诉组"。与同一时期"少年法庭运动"在全国范围内迅速铺开相比，未检制度的发展长期处于曲折探索和滞后状态。直到1992年最高人民检察院才建立了少年犯罪检察处，但旋即就被撤销。此后的很长一段时间，除了在上海各个区县检察机关依然保留未检机构，全国范围内其他地区检察机关的未检机构与配套制度基本处于空白状态。〔4〕

未检制度的曲折探索终于迎来了两次转变。一次转变发生在2012年，《刑事诉讼法》全面修订，在其中增设了未成年人特别程序。由此，全国范围内的省级检察机关均设置了未检部门，北京等省市也在各个基层人民检察院设置了未检部门。遗憾的是，这种少年检察蓬勃发展的势头很快受到了本轮司法改革的冲击。随着员额制、大部制等司法改革措施，各省市新设立的未检机构面临被裁撤的风险。未检制度还未兴起就面临夭折，这种走回头路的隐忧引起了学术领域多位专家和少年司法工作者的广泛关注。为了应对这种状况，由陈卫东教授提议，宋英辉教授在2015年6月代表少年司法各界的同仁起草了一封给最高人民检察院时任首席大检察官曹建明的建议信，在信件的末尾，多位有声望的刑事诉讼法学专家参与并联合署名。曹建明检察长随即作出批示，并于当年8月由最高人民检察院时任副检察长孙谦在无锡召开了"未成年人刑事检察工作座研讨会"专题研究未检工作，并在年底挂牌成立了未检工作办公室，由此未检工作三十年的探索有了初步成果，在全国范围内正式形成了四级未检机构，这可

〔1〕 姚建龙："中国少年司法的历史、现状与未来"，载《法律适用》2017年第19期。
〔2〕 姚建龙："中国少年司法的历史、现状与未来"，载《法律适用》2017年第19期。
〔3〕 姚建龙："中国少年司法的历史、现状与未来"，载《法律适用》2017年第19期。
〔4〕 2009年上海市人民检察院设置了专门的未检处，形成了三级检察机构。

以说是少年司法各界同仁集体努力的成果。[1]

另一次转变发生在 2017 年底,国家进行了重大的监察体制改革,为了配合改革措施,各级检察机关完成了反贪等职能、机构、人员的转隶。2018 年大检察官研讨班在广东深圳举行,最高人民检察院检察长张军表示,过去反贪工作占用检察机关大量的人力、物力,让本应有的法律监督职能实施缺乏足够的保障。使得刑事案件与民事、行政、公益案件的检察工作发展得很不平衡。[2]从当前来看,此次监察体制改革更像是一种契机,迫使检察机关立足宪法,回归并加强法律监督职能,向死而生地寻找职权的发挥空间。

于是,2019 年 1 月 3 日,最高人民检察院第九检察厅设立,专门负责未检工作。这是一项具有里程碑意义的改革措施,标志着我国检察机关对于未检工作三十余年的探索终于开花结果。第九检察厅的设立也是国家机关履行未成年人保护职责,致力构建全社会未成年人保护体系的重要体现。另一项检察措施也成了本次改革的亮点。2018 年 10 月 19 日,最高人民检察院向教育部发送了《中华人民共和国最高人民检察院检察建议书》,因为是检察机关首次以部委单位为对象提出检察建议,被媒体称为"一号建议"。其核心内容是建议教育部在制定《未成年人学校保护规定》时需要进一步健全完善和预防未成年人性侵害的制度机制。探索以检察建议的形式发挥法律监督作用,保证相关法规落实到位是检察机关在未成年人司法保护领域所释放的积极信号,必然会产生推动未成年人保护机制良性运转的"鲇鱼效应",推动我国未成年人保护整体状况的发展。

"截止到 2016 年,在全国范围内设立独立建制的少年检察机构 1027 个,34 个省级检察机关有 19 个设立了少年检察机构,公诉部门下辖的未检办案组 1400 多个,负责未成年人案件的检察官达到 7 千余人。"[3]这种令人惊讶的发展势头在一定程度上表明未检部门正在逐步取代少年法庭,未来将发挥更重要的作用。

但是,未来将少年司法的"先议权"赋予检察机关仍然面临不小的考验。首先就是很多省市的检察机关内设机构改革将来之不易的未检部门并入其他部门,回到了三十多年前长宁区人民检察院的少年起诉组模式。由此,家事案件淹没未成年人案件的少年法庭困局或许将在检察机关重演。面对汹涌刑事案件的冲击,如何保证未成年案件得到特殊的处遇、特殊的程序、特殊的机构和人员仍然是一个严峻的考验。

纵观我国少年司法的发展历程,少年法庭发展的困境与桎梏既有历史条件的制约也有自身的局限。尤其是在当前司法改革的背景下,少年法庭在某种意义上缺乏行使少年司法"先议权"的条件和准备。所以,"我国并不必然需要移植国外排斥检察官参

---

[1] 姚建龙:"中国少年司法的历史、现状与未来",载《法律适用》2017 年第 19 期。

[2] "最高人民检察院在深圳举办大检察官研讨班,最高检党组书记、检察长张军出席会议并讲话",载《检察日报》2018 年 7 月 27 日。

[3] 参见姚建龙:"中国少年司法的历史、现状与未来",载《法律适用》2017 年第 19 期。

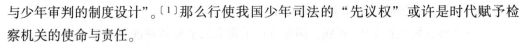

与少年审判的制度设计"。[1]那么行使我国少年司法的"先议权"或许是时代赋予检察机关的使命与责任。

（三）检察机关行使"先议权"理论基础的实践展开

在我国建立少年法院后赋予少年法院（庭）"先议权"，严格限制人民检察院参与少年司法权限的路径选择，就我国现行少年司法运行状况和制度模式来看，可能性微乎其微。因为从国外少年司法的发展历程来看，少年法院转变所带来的"保护主义"和"预防主义"使"惩罚主义"和报应刑观念慢慢走向教育刑观念，这种转变使少年司法独立于刑事司法。这种典型特色在美国20世纪70、80年代出现的"4D"运动（即分流、非犯罪化、非机构化和正当法律程序）中尤为明显。一方面少年司法的受案范围扩大，严重违法行为和有犯罪危险的行为被纳入少年法院的视野范围；另一方面广泛适用的保护处分措施对绝大多数的少年案件都以非刑罚的方式处理，形成了没有检察官参与的少年司法审理程序。少年司法与刑事司法二元分立的模式成了这一时期的典型特征。

我国少年司法模式依附于普通刑事诉讼程序，检察官作为国家公诉人参与，从而形成了一个小的刑事司法系统。在这种少年司法的半独立模式下，检察官从来不是纯粹的犯罪追诉者，并不以惩罚罪错未成年人为首要目标。此外，与国外少年法院制度排斥检察官参与的"弱检察"模式不同的是，我国采用的是"强检察"模式，未检部门在少年司法体系下凸显出更为重要的话语权。检察机关所起到的"慈父"角色与人民法院相仿，其同样坚持"八字方针""六字原则"和"儿童利益最大化原则"，并且将教育挽救理念贯穿于检察工作始终，所体现的"保护主义"和"预防主义"也与中国少年司法实践深度契合。

另外与国外少年司法制度严格限制检察官权力不同的是，我国少年司法对检察官赋予了较大的权力。我国未检部门所形成的"捕诉监防"一体的办案方式显示出的检察权内容之丰富，与其他国家的"法院中心主义"形成鲜明的对比。当前阶段，检察机关对未成年案件进行审查后，可以决定对该未成年人不捕或者不诉，只有在该案件社会危害性较大，需要对未成年人适用刑罚时才"顺送"法院，由人民法院作出审判。因此，相较于人民法院的审判职能，人民检察院对于未成年人案件有预审权和转向处置权，可以运用批捕和审查起诉的权力决定未成年人案件的走向，这实质上就是"先议权"的行使。另外《刑事诉讼法》第180条的规定明显限制了人民法院对未成年人案件的相关职权，即未成年人刑事案件中被害人申诉必须经由检察机关处理。因此，这条法律的规定本身就含有对未成年人的转向处置，也将未成年人案件的"先议权"单独赋予了检察机关。

此外，未检部门还可以全面介入未成年人案件，对其中立案、侦查、审判、刑事

---

[1] 姚建龙："少年法院试点对未检制度的影响——以上海市检察实践为例"，载《法学》2010年第1期。

执行等众多环节进行监督，贯穿于整个未成年人案件的司法进程。并且，广泛适用的附条件不起诉对未成年人予以考察帮教、综合救助、心理干预和犯罪预防等方式对罪错未成年人进行非刑罚化处遇，便于检察机关实现从"国家公诉人"向"国家监护人"的身份转向，逐步淡化刑事强制色彩，成为罪错未成年人的保护者、教育者和帮助者。

当前阶段需要厘清检察机关在我国少年司法体系中"先议权"行使的范围和界限。使其能够对罪错未成年人更广泛地适用"提前干预""以教代刑"的保护处分措施，只对少部分行为极为恶劣、后果极为严重必须承担刑事责任的未成年人提起公诉、适用刑罚。其一方面可以应对当前的未成年人犯罪形势，另一方面也可彰显我国法治化文明进程和对未成年人保护的巨大成就。"先议权"行使的要义在于受案范围的扩大和分流制度的设计，即未成年人之虞犯行为、违警行为、触法行为及犯罪行为均是"先议"的对象，根据审查结果适用相应的处遇措施。[1]

二、"罪错先议"制度下的分级干预体系构建

"罪错先议"制度旨在探索检察机关行使少年司法"先议权"，对少年司法的受案范围进行扩大，建立起对罪错未成年人的分级干预体系，做好对罪错未成年人的超前预防、临界预防和再犯预防，扩大刑罚替代措施——保护处分的适用范围，编织应对罪错未成年人"宽容而不纵容"又不同于普通刑事司法的少年司法保护体系。

（一）司法"入流"——扩大少年司法的干预范围

近些年来，随着现代化的未成年人保护理念在全社会范围内被广泛接受，所带来的是对未成年人犯罪适用宽缓的刑事政策。对罪错未成年人从轻、减轻处罚以及刑事责任方面的限制，使越来越多的罪错未成年人被从刑事司法体系中"分流"出去。对这部分罪错未成年人又缺乏必要的管教措施，所以司法实践中往往一放了之。对于未达刑事责任年龄的未成年人刑事案件，司法机关难以依照刑法去追究刑事责任，相关的收容教养措施又因为劳动教养制度废除后收容教养实际没有了可供执行的场所，公安机关只能在行政拘留后将未成年人予以释放而使得未成年人无法成为未检部门的审查对象。近些年来，类似的未成年人的严重暴力犯罪案件报道充斥互联网环境，所带来的预防犯罪和社会舆情压力影响了我国司法的公信力。这就是我国少年司法的缺位与漏洞所造成的"养猪困局"（"养大了再杀"），难以对未达刑事责任年龄的未成年人进行有效的干预和矫治措施。[2]同时此类案件的应对乏力显示出了少年司法难以缝合的漏洞。

在"罪错先议"制度下，首先将更多的未成年人罪错行为纳入少年司法的管辖范

---

[1] 姚建龙：国家社会科学基金项目申请书《未成年人司法规律研究——以未成年人罪错"先议权"为中心》。
[2] 姚建龙："未成年人法的困境与出路——论《未成年人保护法》与《预防未成年人犯罪法》的修改"，载《青年研究》2019年第1期。

围，使之成为少年司法的干预对象。也即是说将未成年人虞犯行为（严重的）、违警行为和触法行为纳入检察机关的审查范围，从而弥补刑事司法制度所造成的"漏斗效应"。（在侦查阶段，公安机关会基于立案标准及初步调查结果，将部分未成年犯罪嫌疑人"分流"排除出诉讼程序；在审查起诉阶段，检察机关主要通过不起诉又将一部分未成年犯罪嫌疑人分流了出去，造成大量未成年人案件随着刑事司法的进程而被"漏出"。）[1]检察机关决定对上述三种行为的保护处分措施的适用。对于罪行严重且具有刑事责任能力的未成年人依法提起公诉，交由人民法院审判。

"罪错先议"制度下少年司法的"入流"措施的实质在于检察机关对未成年人案件的提前介入，这种提前干预的措施将会扩大检察机关在未成年人案件中的职权，从而压缩公安机关、人民法院的相关职权。与检察机关在未成年人领域的重大机构调整和改革措施相比，公安机关的改革显得困境重重。一项对《预防未成年人犯罪法》修改草案的调研发现，公安机关"4+2"的机构设置很难成立对未成年人的专门办案机制，其带来的必然结果就是少年警务改革进展缓慢。除此之外，公安机关对罪错未成年人进行训诫等干预措施仪式感和专业性不足，难以对罪错未成年人起到震慑作用。综合公安机关、人民法院、检察机关三者的职权范围，检察机关在少年司法程序中跨越时间最长、参与诉讼阶段最多，帮教责任也最重。检察机关的作用和影响是最重要的。兼顾儿童利益和社会利益来应对未成年人犯罪问题，由检察机关特殊的机构、特殊的人员、特殊的程序和特殊的处遇来教育矫治罪错未成年人，或许不失为一种更好的选择。

（二）罪错行为的分级干预体系建构

分级干预体系的实质是保护处分制度，其不同于刑罚的适用，不以刑事责任为前提，而是既要预防其将来实施其他犯罪，又要对罪错未成年人进行保护，兼具社会防卫和未成年人保护的属性。保护处分具有典型的教育刑特征，区别于刑罚的报应刑特征。"二者的区分主要在于将刑罚从'向后看'转化为'向前看'，消解犯罪人的再犯危险，蕴含更为人道的观念，更符合现代刑罚理论的发展方向。"[2]在未成年人犯罪领域保护处分的核心在于以教代刑，通过非刑罚化的措施达到教育和矫治罪错未成年人的目标。对于不同类型的罪错未成年人适用不同种类的保护处分措施，从而实现对少年司法分级干预体系的建构。

1. 虞犯行为的非正式干预

虞犯行为是一种未成年人的身份逾界行为。"该行为违反了成人社会对未成年人行为规范的期待，也被认为是导致更严重越轨行为直至犯罪行为的危险征兆。"[3]因此，根

---

［1］ 2017 年 11 月 25 日姚建龙教授在"第三届中德刑事法论坛暨中德少年司法转处机制研讨会"上所做的报告。

［2］ 姚建龙："转变与革新：论少年刑法的基本立场"，载《现代法学》2006 年第 1 期。

［3］ 转引自姚建龙、李乾："论虞犯行为之早期干预"，载《东南大学学报（哲学社会科学版）》2017 年第 3 期。

据"父爱原则"需要成人社会予以必要的帮助和矫治,防止其产生更为严重的越轨行为。

我国并未采用虞犯行为这一概念,而是沿用"一般不良行为"相指代,与《预防未成年人犯罪法》相承接。其应当包括但不限于下列不良行为:抽烟、喝酒;沉迷网络;不服管教、旷课逃学、夜不归宿;加入不良团伙;收看传播淫秽物品等有害于未成年人身心健康的行为。

在国外,对虞犯行为的规范经历了三个阶段,从全面司法干预到限制干预直至完全废除干预,学术界和理论界对此达成共识,要对该种行为进行必要的早期干预。对于虞犯行为,首先应当坚持"自愈理论",也就是说大多数的孩子在青春期都会有一些越轨行为,甚至犯罪行为,但是大多数的孩子在度过青春期之后会主动放弃这些行为,不会将这些行为带入成人社会。所以,当孩子们在青春期实施一些越轨行为、犯罪行为时,即便不对他们进行干预,在青春期过后他们也会自愈,而不恰当的干预反而会适得其反,所以不必对这些孩子进行过度干预,而是尊重青春期自愈的规律。[1] 因此,对于虞犯行为,如果司法机关以正式干预的措施进行提前介入,可能会使未成年人因产生恐惧或者逆反的心理而适得其反,使得该行为进一步恶化。但是对虞犯行为予以非正式干预却是必要的。

为此,国家应当建立起广泛的监护监督制度、亲职教育制度、不良场所禁入制度等非正式干预体系,由行政机关、公安机关、社会福利部门等机关对虞犯行为进行干预。这种非正式干预有赖于全社会对未成年人的关护体系建设,未检部门作为其中的重要力量将会在涉及未成年人公益诉讼、监护监督等方面发挥作用。具体而言,以检察建议的形式拓展法律监督的路径,纠正各行政主体在未成年人非正式干预中的不当举措;积极探索检察机关支持起诉、配合取证、出席法庭的相关模式,建立起我国未成年人监护权撤销程序的启动机制。

2. 违警行为的保护处分

未成年人的违警行为即违反《治安管理处罚法》的行为,具有一定的社会危害性但没有达到刑事处罚的程度。主要包括两类:一类是触犯《治安管理处罚法》而被处罚的行为;另一类是触犯了《治安管理处罚法》但因未达责任年龄或情节轻微而未予处罚的行为。

我国预防青少年犯罪理论也存在犯罪的一般预防、临界预防和再犯预防三种类型。一般预防针对的对象是普通人群,尽力消除普通人实施犯罪的各种诱因;临界预防则是针对已经出现犯罪危险特征的人,采取有针对性的预防措施,防止其演变为犯罪人;再犯预防是预防犯罪人重新实施犯罪。[2]

---

〔1〕 2017年11月25日姚建龙教授在"第三届中德刑事法论坛暨中德少年司法转处机制研讨会"上所做报告。
〔2〕 姚建龙:"论《预防未成年人犯罪法》的修订",载《法学评论》2014年第5期。

对未成年人违警行为的提前干预就是临界预防的核心问题。《治安管理处罚法》并没有走出"以罚为主"的立法原意，对未成年人与成年人不仅规定了相同的处罚程序，而且设置了相同的处罚措施。

《治安管理处罚法》所规定的警告、罚款、行政拘留三种处罚措施所起到的效果有限，并且这些措施具有较为明显的惩罚性和社会防卫色彩，与"六字"方针和"八字"原则多有相悖，难以收获对未成年人临界预防的效果。此外，行政拘留可以剥夺未成年人数天人身自由，又缺乏必要的程序约束，容易给未成年人身心健康造成伤害。会产生两种负面影响：一是未成年人自我保护能力较弱，在拘留场所中合法权益容易受到侵害；二是拘留场所人员良莠不齐，未成年人交叉感染的可能性极高，未成年人反而更容易变"坏"。此外，由于《治安管理处罚法》同样设置了相关的责任年龄，实践中就造成了大量未达到责任年龄的实施违警行为的未成年人得不到有效的司法干预，对这部分未成年人既没有惩戒措施也缺乏预防性手段，无论是基于道义责任还是防卫社会，这种虚置状况都值得反思。所以将处罚措施从《治安管理处罚法》中剥离出来是有必要的。[1]

应充分考虑未成年人生理、心理和行为的特点，设置明显区别于刑罚的"以教代刑"措施。用非刑罚性、非监禁性的措施来教育、感化未成年人，从而达到矫治和预防犯罪的目的。这种措施，在不同国家或地区称谓不同，如法国、德国等称之为"教育处分"，日本则称之为"保护处分"。我国也应适时构建相应的保护处分措施，[2]并将这种保护处分的决定权赋予司法机关（未检部门），并以司法程序进行适用。

具体而言，针对未成年人违警行为应当设置相应的保护处分措施，避免进行行政处罚，并积极探索多样化的措施（如社会公益服务、社会关护、假日生活辅导、禁止令等）来替代训诫、罚款和拘留措施。训诫一方面弥补警告措施的仪式感不足，另一方面也要对罪错未成年人进行必要的震慑。赔偿损失和赔礼道歉可以修复与重构未成年人与被害人之间被破坏的社会关系，弥补被害人损失，增进未成年人对自身行为的认识。并辅之以社区性处分措施，旨在追求相对平和的环境中对罪错未成年人的教育和矫治，避免其与社会割裂或者隔离。[3]必要的保护处分措施应让未成年人内心和情感上产生强烈的冲击和警醒。既要使实施违警行为的未成年人感受到惩戒的严厉性，也要区别于监禁措施避免交叉感染。

3. 触法行为的收容教养制度重构

触法行为即未成年人实施刑事犯罪行为，因未达刑事责任年龄而不予刑事处罚的行为。未成年人触法行为应当区别于未成年人犯罪，二者都实施了违反《刑法》规定

〔1〕 姚建龙："论《预防未成年人犯罪法》的修订"，载《法学评论》2014年第5期。
〔2〕 董邦俊、王小鹏："未成年人临界行为及预防对策研究"，载《政法论丛》2016年第4期。
〔3〕 姚建龙："《中华人民共和国预防未成年人犯罪法》修订专家建议稿"，载《青少年犯罪问题》2020年第2期。

的行为，都造成了一定程度的社会危害性，都具备一定程度的人身危险性，只是由于刑事责任年龄的差异，在可谴责性上的法律评价不同，因此造成的责任后果也不相同。未成年人犯罪需要直面刑罚的规制，而对触法行为需要沿用保护处分措施。

近年来，湖南沅江 12 岁少年弑母案、衡南 13 岁少年锤杀父母案，都是因为未达刑事责任年龄而不予刑事处罚，只能一放了之。一经媒体披露后，社会公众一片哗然，对司法的公正和权威造成了负面的影响。从中可以看出刑法规定存在一定漏洞。

对于未成年人触法行为，我国法律规定的处遇措施为责令监护人严加管教、收容教养和工读教育三种。此三种措施一方面不是完全的刑罚替代措施，另一方面得不到有效的适用。比如，责令监护人严加管教的本意是通过家庭教育来达到矫治未成年人的目的，但它忽视了家庭因素可能就是导致未成年人触法行为的重要原因。轰轰烈烈的工读教育也在"三自愿"原则的制约下困境重重，始终难以发挥作用。因此保护处分措施的缺失也使我国少年司法面对未成年人触法行为仅有"刑罚"一种惩戒措施，这也是近年来降低刑事责任年龄的呼声甚嚣尘上的重要原因。

针对未成年人触法行为建立保护处分措施的关键在于重构我国的收容教养制度，即明确收容教养的司法审查性质，消除其行政色彩，细化收容教养的对象、条件、期限、程序、执行、监督等相关规定。这项制度作为最严厉的保护处分措施必须由立法严格规定适用范围。

对收容教养的对象和条件应明确为实施触法行为的未成年人，一方面与我国《刑法》刑事责任年龄的规定相符合，另一方面也要设置收容教养的年龄下限，不能使其无限制地适用。对于其适用条件，我国《刑法》规定"在必要时候，依法进行专门矫治教育"，但是对于什么是"必要的时候"没有详细的解释。[1]对此，应当进行明确的规定。收容教养的期限吸收了刑罚理论中不定期刑的原则，通过刑罚的个别化从而达到防卫社会的效果，以消除其人身危险性和达到教育矫治目的为考量。

此外，对收容教养的适用程序要严格限制为司法审查，即由公安机关交由未成年人检察部门进行审查，确定相应的保护处分措施，同时赋予权利受损时的救济方式。对于收容教养的执行场所应当整合当前的专门学校和收容教养所，探索更规范的执行方式和场所。[2]收容教养执行场所的主管部门应为教育行政部门，而非司法行政部门，所开展的职业技术教育也要拓展相应的内容和形式，并做好罪错未成年人的职业规划和就业指导。对于实施触法行为但没有达到需要采取收容教养程度的未成年人可以适用其他相应的保护处分，如禁闭处分、社会公益劳动等。

除了虞犯行为、违警行为和触法行为，对于未成年人实施的犯罪行为则应依照我国《刑法》《刑事诉讼法》《监狱法》及《社区矫正法》进行调整。在刑事政策上坚持

---

〔1〕 吴燕、顾玲琮、黄冬生："我国收容教养制度的重构"，载《预防青少年犯罪研究》2016 年第 4 期。

〔2〕 吴燕、顾玲琮、黄冬生："我国收容教养制度的重构"，载《预防青少年犯罪研究》2016 年第 4 期。

"六字方针"和"八字原则"，保持刑法的谦抑属性，严格遵循对未成年人不适用死刑以及从轻、减轻处罚的规定。在诉讼程序上充分适用未成年人的法律援助辩护、合适成年人在场、犯罪记录封存等制度。从实体到程序实现对未成年犯罪人合法权益的全面保障。

三、结语

我国未成年人领域司法改革方向是建立起以保护处分为核心的独立的少年司法制度。通过教育为主、惩罚为辅的各种措施，在少年司法与刑事司法之间建立起一道以"罪错先议"制度搭建的桥梁，形成少年司法与刑事司法的二元分立结构。以此来全方位探索罪错未成年人分级干预体系，厘清检察机关在少年司法中的地位和价值，平衡于预防犯罪和保护未成年人之间，编织出"宽容而不纵容"的法网。

未成年人罪错行为分级干预体系主导部门的构建[*]

毕　琳　姚建龙　章春燕　刘　悦[**]

我国尚未完全建立科学的未成年人罪错行为分级体系，为此可借鉴日本关于未成年人罪错行为的分级经验，将未成年人罪错由轻到重分为不良行为、一般违法行为、触法行为和犯罪行为四类。对于未成年人的不良行为，我国应建立非司法的间接干预制度；对于未成年人的一般违法行为，除治安管理处罚外，还可由公安机关作出训诫、保护管束等保护处分，同时由检察机关对上述两类行为依法行使监督权；对未成年人的触法行为，检察机关可行使检察先议权对未成年人作出训诫、保护管束和送专门学校等保护处分。

一、未成年人罪错行为：现实之困

当前，我国尚未完全建立科学的未成年人罪错分级干预体系。此外，从当前我国少年司法机构的发展状况来看，主导构建未成年人罪错行为分级体系的司法部门也尚未明确。

（一）未成年人罪错行为缺乏科学分级

构建未成年人罪错行为分级干预体系首先应对未成年人的罪错行为进行科学分类，但当前我国对未成年人不同程度的罪错行为缺乏科学分级。我国未成年人罪错行为的分级散落在《刑法》《预防未成年人犯罪法》和《治安管理处罚法》中，除了《刑法》和《刑事诉讼法》对未成年人的犯罪行为有着清晰的判定标准外，其他法律对未成年人的罪错行为分类并不科学。

依据《预防未成年人犯罪法》和《治安管理处罚法》规定，未成年人的罪错行为还可分为不良行为、严重不良行为、违反治安管理的行为。但《预防未成年人犯罪法》和《治安管理处罚法》规定的这三类未成年人的罪错行为存在交叉和重叠，不具备准

---

* 本文曾发表于《人民检察》2020 年第 19 期。

** 毕琳：浙江省湖州市南浔区人民检察院检察长；姚建龙：上海社会科学院法学研究所所长、研究员、博士生导师；章春燕：浙江省湖州市人民检察院第六检察部主任；刘悦：姚建龙教授学术团队工作室成员、博士研究生。

确性、唯一性。具体体现在以下两个方面：一是《预防未成年人犯罪法》规定的不良行为和严重不良行为的划分标准过于粗疏，未能反映少年司法中青少年违法犯罪的发展规律，仅单纯通过未成年人实施的行为次数等简单粗暴的方式加以区分。如依据《预防未成年人犯罪法》规定，偷窃属于不良行为，多次偷窃属于严重不良行为；强行向他人索要财物属于不良行为，多次强行向他人索要财物属于严重不良行为；携带管制刀具属于不良行为；携带管制刀具屡教不改属于严重不良行为；打架斗殴、辱骂他人属于不良行为，多次拦截殴打他人属于严重不良行为；参与赌博或者变相赌博属于不良行为，参与赌博屡教不改属于严重不良行为；等等。二是《预防未成年人犯罪法》规定的不良行为、严重不良行为和违反《治安管理处罚法》的行为划分标准存在重叠。如《预防未成年人犯罪法》规定的未成年人实施的携带管制刀具、吸食注射毒品、卖淫和赌博等尚不够成刑事处罚的行为不仅属于不良行为或严重不良行为，同时也属于违反《治安管理处罚法》的行为。《预防未成年人犯罪法》和《治安管理处罚法》对未成年人实施的各类罪错行为缺乏科学的分类标准，是造成当前我国未成年人罪错行为分级混乱的重要根源。

（二）未成年人罪错行为缺乏科学干预措施

当前，我国对未成年人实施的罪错行为也缺乏"提前干预，以教代罚"的干预措施。一是当前法律对不达刑事责任年龄的未成年人实施的犯罪行为缺乏有效的矫正措施，司法实践中往往只能"一放了之"。二是对于未成年人违反治安管理的行为"一罚了之"的警告、罚款或行政拘留实施难以起到教育矫治未成年人行为的功能，存在"一罚了之"的问题。

第一，我国对不达刑事责任年龄的未成年人实施的犯罪行为缺乏有效的矫正措施，司法实践中多是"一放了之"。依据我国的相关法律规定，对于不达刑事责任年龄实施犯罪行为的未成年人的处置方式主要有两种：一是由家长或者监护人加以管教，二是收容教养。但在2013年劳动教养制度被废除后，收容教养制度名存实亡。一旦发生恶性案件，只能由公安司法机关批评教育"一放了之"后寄希望于家长严加管教。但这也并非可行之路。触法行为在本质上已属于犯罪行为，矫正难度大，大部分家长或监护人难以管教或者管教收效甚微，有的家长或监护人在"屡战屡败"后早已放弃管教，还有的家长和监护人寄希望于政府或司法部门。此外，也有人寄希望于通过专门教育对这部分未成年人严加管教，但当前我国专门学校普遍采取父母、学生和学校"三自愿"和"申请就读"的入学程序，并且专门学校在全国分布不均，有的省份甚至连一所专门学校都没有。专门教育发展的窘境让其也难以对此部分未成年人的矫正发挥作用。

第二，对于未成年人违反《治安管理处罚法》的行为处以简单的警告、罚款或行政拘留等行政处罚无法对未成年人的行为起到教育矫正的作用。从警告、罚款和行政拘留这三类行政处罚的功能来看，警告对初犯的未成年人可能会起到一定的威慑和教育作用，但对屡犯、惯犯的教育作用却并不显著；而罚款这一行政处罚多是由未成年人的监护人进行缴纳，对未成年人并无实质影响，也难以发挥教育矫治的作用；而行政拘留这一短期人身限制性和隔离性的处罚还存在"标签效应"，被行政拘留的未成年人会被打上"进过局子"的标签，从根本上说不利于未成年人的教育矫正，同时也容易让未成年人在行政拘留期间与其他人员交叉感染，不仅发挥教育矫正的功能，反而会增加教育矫正的难度。

（三）未成年人罪错行为分级干预的主导部门之困

从传统上讲，在少年司法机构中，少年法院对未成年人案件具有绝对的主导权，是未成年人罪错行为分级干预体系的主导部门，享有对未成年人案件先行决议的"先议权"，而检察等司法部门在少年司法中处于边缘地位。以美国为例，未成年人案件均先由少年法院法官预先审查（全件送至原则），如果法官认为案件可以适用保护处分，则法官有权对未成年人径行裁判相应的保护处分措施，检察官不再参与案件审理；法官只有在认为案件过于严重不适宜少年法院审理时，才可通过"弃权"程序将案件逆送回检察机关，检察机关则必须将逆送的案件予以起诉而不能选择放弃起诉。法院的预审实际上将检察机关对未成年人审查起诉的决定权划归给了少年法院。据统计，绝大多数少年案件都由少年法院直接进行审理，逆送案件的比例很低。[1]

但当前我国少年法庭发展处于势微阶段，恐难以承担建立未成年人罪错行为分级干预体系的职责。少年法庭作为我国最先建立的少年司法专业机构曾经一度蓬勃发展，本应作为未成年人罪错行为分级干预体系的主导部门。我国早在 1984 年就在上海市长宁区成立了第一个少年法庭，长宁少年法庭的建立也被视为我国少年司法的开端。此后，我国的少年法庭蓬勃发展，少年法庭的数量不断上升，少年法庭从少年刑事法庭开始走向少年综合法庭。1990 年 10 月"全国法院少年刑事审判工作会议"统计，我国少年法庭数为 862 个[2]。在 1994 年底，少年法庭激增到 3369 个，其中独立建制的少年刑事案件审判庭为 540 个。[3]1991 年 8 月江苏省常州市天宁区人民法院将涉及未成年人权益的民事、行政和经济案件均纳入少年法庭受案范围，开启了少年综合庭的"天宁模式"。[4]但遗憾的是，21 世纪中后期至今，我国少年法庭的发展逐步走向式微，不仅少年法庭的数量骤减，而且少年法庭改革收效甚微。据 1998 年"第四次少年法庭工作会议"统计，全国少年法庭撤并后剩余 2504 个，在三年内萎缩超过 1/4。[5]到 2004 年底，少年法庭减少到 2400 个左右[6]，2015 年减少到 2253 个[7]。在员额制和大部制司法改革的背景下，少年法庭的发展又受到了家事审判改革的冲击。综上，

---

〔1〕 姚建龙："少年法院试点对未检制度的影响——以上海市检察实践为例"，载《法学》2010 年第 1 期。

〔2〕 姚建龙："评最高人民法院少年综合庭试点改革"，载《法学》2007 年第 12 期。

〔3〕 参见"全国法院少年法庭工作会议纪要"，载《中华人民共和国最高人民法院公报》1995 年第 3 期。

〔4〕 参见"全国法院少年法庭工作会议纪要"，载《中华人民共和国最高人民法院公报》1995 年第 3 期。

〔5〕 姚建龙："评最高人民法院少年综合庭试点改革"，载《法学》2007 年第 12 期。

〔6〕 刘瑜："少年法庭：三十而立再出发"，载《浙江人大》2018 年第 1 期。

〔7〕 窦玉梅："少年司法：特殊保护尽显关怀"，载《人民法院报》2015 年 3 月 6 日。

从当前情势来看，少年法庭承担建立未成年人罪错行为分级体系的职责将面临较大困难与挑战。此外，我国少年法庭的法官也没有预审权，没有法院"先议"的刑事司法传统，建立法院先议制度在司法实践中也需要进行充分论证后才可进行。

公安机关作为最先接触罪错未成年人的司法部门，在成为主导建立未成年人罪错行为分级干预体系的制度构建中本具有天然优势地位，但当前我国滞后的少年警务让公安部门事实上无法成为构建未成年人罪错行为分级体系的主导机构。尽管早在1986年上海市长宁区公安分局便设置了我国最早的少年科，但这一独立科室在设立不久后即在警务改革中被撤销。此后，少年警务"保持沉默"近三十年的时间，直至2013年，广西壮族自治区钦州市公安局钦南分局设立青少年警务工作办公室（后更名为未成年人警务科）。2015年，北京市海淀区设置了未成年人预审中队；2019年，北京市公安局出台了关于未成年人案件办理和帮教工作的工读规定，要求各公安分局在执法办案管理中心内根据未成年人身心发展特点设立工读的未成年人办案用房。该规定特别指出，未成年人案件无论是治安案件还是刑事案件，原则上一律进入执法办案管理中心办理，确保在工读场所内由工读人员按照标准化办案流程开展。[1]

二、未成年人罪错行为的分级与干预

面对前述建立未成年人罪错行为分级干预体系所面临的困境，首先应对未成年人的罪错行为进行科学分级，在科学分级的基础上设置行之有效且具有可操作性的干预措施。2018年12月最高人民检察院下发的《2018—2022年检察改革工作规划》明确指出，检察机关要"探索建立罪错未成年人临界预防、家庭教育、分级处遇和保护处分制度"。2019年3月，中共中央办公厅、国务院办公厅印发的《关于加强专门学校建设和专门教育工作的意见》也提出了"推动专门教育与治安管理处罚、收容教养、刑事处罚等配套衔接，建立科学的未成年人罪错行为预防矫治体系"的要求。

（一）我国学界对未成年人罪错行为的分级

我国学界对未成年人罪错行为如何分级尚未有定论，当前主要形成了三种观点。第一种观点以少年法理论为基础，借鉴域外未成年人立法经验提出将未成年人的罪错行为分为虞犯行为、违警行为、触法行为和犯罪行为四类。[2]第二种观点主张建立多维度的未成年人罪错行为分级干预体系，即从适用对象、适应范围等方面分级。依据适用对象年龄划分为不满12周岁和已满12周岁两类；依据适用范围将未成年人的罪错行为分为不良行为、治安违法行为、触犯刑法行为三类。[3]但该种观点将未成年人罪错分级干预体系复杂化，缺乏可操作性。此外，该种观点在适用范围的分级中遗漏了

---

〔1〕 张雪泓："北京警方全方位帮教涉法涉罪未成年人"，载《法制日报》2019年7月3日。
〔2〕 姚建龙："论《预防未成年人犯罪法》的修订"，载《法学评论》2014年第5期。
〔3〕 宋英辉、苑宁宁："未成年人罪错行为处置规律研究"，载《中国应用法学》2019年第2期。

不达刑事责任年龄的未成年人的犯罪行为。第三种观点主张基于我国已有法律建立的未成年人司法体系将未成年人罪错行为分为不良行为、严重不良行为和犯罪行为三类，其中严重不良行为包括违警行为和触法行为。[1]该种观点将违警行为和触法行为合二为一，但违警行为和触法行为性质不同，一个是属于违反治安管理的违法行为，一个是犯罪行为，不应当合并。

（二）日本对未成年人罪错行为的分级

日本对未成年罪错行为也进行了分级，对我国具有一定的学习和借鉴价值。日本将未成年人的罪错行为称为"少年非行"，少年非行分为三类，分别是触法少年、犯罪少年和虞犯少年。触法少年是未满 14 岁触犯刑法的人；犯罪少年指满 14 岁以上未满 20 岁之人，触犯刑责处以刑事处分的人；虞犯少年指未满 20 岁有犯罪之虞者。具体见图 1：

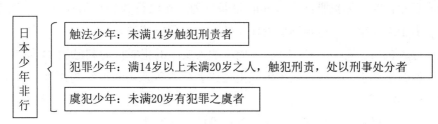

图1　日本少年非行

综上，从日本的少年非行来看，主要将未成年人的罪错行为分为三类：第一类是犯罪少年，即违反刑法且具备刑事责任的未成年人实施的犯罪行为；第二类是触法少年，即低龄（不负刑事责任）触犯刑法的未成年人；第三类是虞犯少年，即有触犯刑法可能性的少年。

（三）我国未成年人罪错行为分级的重构

对于我国未成年人罪错行为分级的重构这一问题，笔者主张在当前我国法律规定的犯罪行为、违反治安管理的行为、严重不良行为和不良行为的基础上，参考借鉴日本的经验，将我国未成年人罪错行为由轻到重划分为不良行为、一般违法行为、触法行为和犯罪行为四类。

不良行为是未成年人不可为而成年人可为的行为，包括诸如《预防未成年人犯罪法》中规定的旷课、吸烟、饮酒、沉迷网络、夜不归宿和深夜游荡滞留公共场所等行为。笔者选择继续使用"不良行为"这一概念主要是遵循我国《预防未成年人犯罪法》的立法传统。

一般违法行为也可被称为违警行为，是未满 18 周岁的未成年人实施的违反《治安管理处罚法》《预防未成年人犯罪法》等法律但恶性程度尚不达刑事处罚的行为。诸如偷窃、纠集他人结伙滋事、扰乱治安、携带管制刀具、拦截殴打他人或者强行索要他

---

〔1〕 马丽亚："中国未成年人罪错行为司法处遇制度的完善"，载《云南社会科学》2017 年第 4 期。

人财物、传播淫秽读物或者音像制品、进行淫乱或者色情卖淫活动、参与赌博、吸食注射毒品等违反普通法律规定但恶性程度尚不够刑事处罚的行为。一般违法行为是未成年人违法行为和犯罪行为的分水岭，即罪与非罪的不同。笔者放弃使用严重不良行为和虞犯行为这两个近似概念主要是基于两个原因：一是严重不良行为当前在我国《预防未成年人犯罪法》中的界定并不清晰，而使用一般违法行为能够更好地表达未成年人实施违反相关法律，但尚未达到触犯刑法这一程度，即不良行为与违法的区别，以及罪与非罪的区别。二是虞犯行为这一用语的知悉度较低，引入后将有较长的适应期，而且虞犯行为在日本与我国相关法律中的概念范围略有差异，易混淆。

触法行为也可被称为触刑行为，即未达刑事责任年龄的未成年人实施的犯罪行为，包括未满16周岁的人实施的犯罪行为和未满14周岁的人实施的故意杀人、故意伤害致人重伤或者死亡等八类犯罪行为以外的犯罪行为。触法行为的行为本质上也属于犯罪行为，但由于未成年人未达到刑事责任年龄而需要予以特殊处置。

犯罪行为包括已满16周岁未满18周岁的人实施的犯罪行为和已满14周岁不满16周岁的人实施故意杀人、故意伤害致人重伤或者死亡等八类犯罪行为以及已满12周岁不满14周岁的人实施故意杀人、故意伤害致人死亡或者以特别残忍手段致人重伤造成严重残疾、情节恶劣，经最高人民检察院核准的犯罪行为。

（四）未成年人罪错行为分级干预措施的构建

当前，除了《刑法》和《刑事诉讼法》对已达刑事责任年龄的未成年人有相对完整的处置外，未成年人实施的其他类型的罪错行为都缺乏有效的教育矫治措施。

我国学界对如何设置未成年人罪错行为分级干预措施也提出不同看法。有学者提出将对未成年人罪错行为干预措施划分为福利类措施、教育矫治类措施和刑事类措施三类。福利类措施主要针对未满12周岁的实施了罪错行为的未成年人，原则上由公安部门交由监护人严加管教，同时根据风险评估结果向未成年人及其家庭提供社工服务和心理矫治服务。教育矫治类措施是对12周岁以上、不满18周岁的未成年人实施了罪错行为，原则上根据行为的性质及心理行为偏常严重程度等评估结果，适用学校帮教告诫、警察帮教训诫、法官诫令、转入专门学校、收容教养等。第三类为刑事类措施，即已达刑事责任年龄的实施犯罪行为的未成年人，根据评估结果，情况严重且必要的，可以判处徒刑，接受社区矫正或者在未成年犯管教所服刑接受系统的教育矫治。[1]此观点主张的福利类措施和教育矫治类措施本质上都属于对未成年人触法行为的干预措施，刑事类措施则是针对应负刑事责任的未成年人，干预措施中缺少对未成年人不良行为和一般违法行为的设计。也有学者针对未成年人预防行为和触法行为提出了更为全面的干预措施：对未成年人的虞犯行为应当进行一系列非正式和正式干预制度，非正式干预制度包括监护监督、亲职教育、教师惩戒、未成年人宵禁、交往限制、不良

---

〔1〕 宋英辉、苑宁宁："未成年人罪错行为处置规律研究"，载《中国应用法学》2019年第2期。

场所禁入、传媒管理等，正式干预制度包括行政干预和"司法先议"。[1]司法干预，其中行政干预包括警察发现、补位和对虞犯行为干预等。[2]对未成年人的触法行为应建立学校式感化性的工读教育、扩大适用训诫、赔偿损失、罚款和赔礼道歉等软性措施、完善"责令父母严加管教"制度、新增处分措施，如社会服务、假日生活辅导，保护观察等一系列新的社区性保护处分措施。[3]此种观点更为系统化和理想化，但从当前我国未成年人罪错分级体系的现状来看，建立相关制度的难度相对较大，并且还缺乏对未成年人一般违法行为的干预措施的相关论述。故此，笔者主张未成年人罪错行为分级体系的建立，应当在确立主导机构的前提下，建立具备可操作性的干预措施。

三、检察机关主导的未成年人罪错行为分级干预体系的构建

检察机关作为我国未成年人罪错行为分级干预体系的主导部门，不仅基于检察机关享有的检察权和法律监督权，更是基于当前我国未检机构的蓬勃发展，新时代"大检察"少年司法格局的形成为检察机关提供了坚实基础。

（一）检察机关作为未成年人罪错行为分级干预体系主导部门的理论基础

检察机关的检察权和监督权是其成为我国罪错未成年人罪错分级干预体系主导部门的理论基础，检察机关对未成年人案件享有罪错行为先行决议的权力。

1. 少年司法中的检察权

检察机关代表国家主动发起刑事诉讼，追查犯罪和起诉犯罪。我国刑事诉讼法也明确规定凡是需要提起公诉的案件，由人民检察院审查决定，即检察权由人民检察院行使。尽管学界对于检察权性质的争论尚无定论，但以公诉权为核心的检察权的权力归属从未有过异议，并且检察权还出现了扩张的趋势，如 2012 年修订的《刑事诉讼法》赋予了检察机关对未成年人构成犯罪行为的案件享有附条件不起诉的权利，实则为检察权的扩张。

值得注意的是，检察机关检察权的行使在成年人案件和未成年人案件中有显著区别。在成年人案件中，检察权的行使主要围绕检察机关对刑事案件审查起诉和提起公诉等追诉职能的开展，行使目的在于将涉嫌实施犯罪行为的犯罪嫌疑人绳之以法，恢复被犯罪行为破坏的社会安定状态和社会成员的安全感，完成国家公诉机关的使命。在未成年人案件中，检察机关检察权的行使目的应在于修复未成年人罪错行为破坏的社会秩序，实现关系修复最重要的方式就是对未成年人的罪错行为进行有效的干预、教育

〔1〕 司法先议指对少年虞犯行为尤其是程度较重的虞犯行为事件如携带管制刀具、治安触法行为等在被发现后首先应当移送审判机关，并赋予虞犯少年群体以质证权、合适成年人在场权、程序救济权等权利，由审判机关在全面了解情况后做出适当的处置和裁决。参见姚建龙、李乾："论虞犯行为之早期干预"，载《东南大学学报（哲学社会科学版）》2017 年第 3 期。

〔2〕 姚建龙、李乾："论虞犯行为之早期干预"，载《东南大学学报（哲学社会科学版）》2017 年第 3 期。

〔3〕 姚建龙、孙鉴："触法行为干预与二元结构少年司法制度之设计"，载《浙江社会科学》2017 年第 4 期。

和矫正，避免有罪错行为的未成年人成为少年犯或者成年犯，进而破坏更大的社会利益。

此外，我国检察机关检察权的丰富内涵与国外少年司法的"法院中心主义"形成了鲜明的对比。我国"捕诉监防"一体的办案方式和权力行使模式，使检察机关所拥有的权力更为广泛，检察机关对于涉罪的未成年人只有在该案件社会危害性较大，需要对未成年人适用刑罚时才"顺送"人民法院，由人民法院作出审判。因此，相较于人民法院的审判权，检察权涵盖了对于未成年人案件的预审权和处理权，并可决定整个案件的走向。

2. 少年司法中的法律监督权

我国的检察机关是法律监督机关，依法行使法律监督权。检察机关的法律监督具有专门性、具体性和专业性，侧重于对国家机关和国家工作人员是否依法行使职权进行法律监督，其主要职责在于监督法律实施，维护国家法制的统一。[1]在司法实践中，对于检察机关的法律监督权存在争议，如有人质疑检察机关行使法律监督权的合理性，认为将法律监督权交由人民检察院行使会让检察官成为"法官之上的法官"。[2]这些质疑和争议在少年司法领域会趋于平息。在少年司法领域，检察机关的法律监督权具有重要的地位，检察机关对未成年人的保护，除了前述的检察权之外，主要通过行使法律监督权予以实现。具体来说，检察机关在少年司法领域行使法律监督权的职责之一是立法监督，监督我国的法律制定是否符合《联合国儿童权利公约》（本文以下简称《公约》）的规定。我国已于1991年加入《公约》，依据国际法优先于国内法的原则，检察机关应监督确保国内法涉及儿童的规定与《公约》一致。法律监督的职责之二是监督法律实施。我国《未成年人保护法》《预防未成年人犯罪法》等多部未成年人法律都明确规定了国家有责任保护未成年人，检察机关作为国家代表应积极承担保护罪错未成年人的职责。监督法律规定的未成年人家庭、学校、教育等相关部门积极履行管束未成年人的职责。

总体看来，检察机关除了传统的对未成年人犯罪案件进行追诉的职责之外，更重要的职责是行使检察权对未成年人的罪错行为进行有效矫正，修复被未成年人罪错行为破坏的社会秩序。此外，检察机关作为法律监督机关，还肩负着监督与未成年人相关法律的制定和实施，以及监督家庭、学校、教育等相关部门履行保障未成年人权益的职责。检察机关的检察权和法律监督权为建立以人民检察院为主导的未成年人罪错行为分级干预体系打下了坚实的理论基础。

（二）检察机关主导的未成年人罪错行为分级干预体系的现实基础

在国外，大多数国家都形成了"成人司法-少年司法"二元分立司法系统。在二元司法系统中，少年法院作为少年司法的主导机构是当前世界各国少年司法的主要设置

---

〔1〕 陈瑞华："论检察机关的法律职能"，载《政法论坛》2018年第1期。
〔2〕 陈卫东："我国检察权的反思与重构——以公诉权为核心的分析"，载《法学研究》2002年第2期。

模式。但我国少年司法具有一元性，即成年人与未成年人在同一个司法程序中，在我国现行少年司法体制下，随着少年法院式微和少年警务尚未专业化以及"大检察"少年司法格局初步形成，检察机关在我国当前的少年司法体系中话语权逐步增大，这在一定程度上决定了以检察机关主导建立未成年人罪错行为分级干预体系更为适宜。

1. 未检专门机构建设

1986 年，检察系统在上海市长宁区成立了第一个专门的未检机构——"少年犯起诉组"，此后十余载只有上海市在各个区县建立和保留了专门的未检机构。2009 年上海市设置了独立的未检处，形成了三级未检机构，其他省市的未检机构与制度建设基本处于空白状态。〔1〕2012 年《刑事诉讼法》修改增加未成年人专章开启了未检机构专业化发展，但其蓬勃发展的势头受员额制、大部制改革的影响，很快又面临夭折。值得庆幸的是，近些年来，在各方的共同努力下，未检工作迎来了发展的转机。2015 年 12 月最高人民检察院设置未检工作办公室。2019 年负责未检工作的最高人民检察院第九厅的设立标志着我国新时代"大检察"的少年司法格局正式形成。此后，我国少年检察的机构独立化和人员专业化呈井喷式发展，各省均在省级检察机关设立未检处、室，各级市、县（市、区）也纷纷设立未检科。

未检机构的独立和未检人员的专业化使我国少年司法制度的重心前移，开启了新时代少年司法"大检察"的格局，为检察机关成为未成年人罪错行为分级干预的主导部门打下了坚实稳固的制度基础。

2. 检察机关积极参与未成年人罪错分级制度建设

检察机关的未成年人罪行行为分级干预工作主要集中于对涉罪未成年人工作的介入，主要反映在检察机关对涉罪未成年人起诉工作的开展上。从浙江省湖州市南浔区人民检察院和浙江省温州市苍南区人民检察院 2014 年至 2018 年的审查起诉的数据中我们可以看出，五年来起诉率总体呈下降趋势，附条件不起诉率呈增长趋势。这说明检察机关践行对未成年人慎诉的司法分流处置，五年来两个基层检察机关对近半数的涉罪未成年人通过不起诉的手段先行进行分流处置，体现了检察机关对涉罪未成年人的干预和矫正。

表 1 浙江省湖州市南浔区人民检察院对涉罪未成年人审查起诉的情况〔2〕

年 度	受理审结的涉罪未成年人审查起诉案件人数	起诉（人，%）	不起诉（人，%）		撤回/移诉（人，%）
			相对不起诉	附条件不起诉	
2014	32	26（81.2）	0（0.0）	3（9.4）	3（9.4）
2015	57	35（61.4）	9（15.8）	10（17.5）	3（5.3）

〔1〕 姚建龙："中国少年司法的历史、现状与未来"，载《法律适用》2017 年第 19 期。

〔2〕 《南浔区人民检察院——未成年人检察工作白皮书（2014 年—2018 年）》。

年 度	受理审结的涉罪未成年人审查起诉案件人数	起诉（人，%）	不起诉（人，%）		撤回/移诉（人，%）
			相对不起诉	附条件不起诉	
2016	40	19（47.5）	10（25.0）	11（27.5）	0（0.0）
2017	47	20（42.6）	10（21.3）	16（34.0）	1（2.1）
2018	43	16（37.2）	8（18.6）	16（37.2）	3（7.0）

表 2　浙江省温州市苍南区人民检察院对涉罪未成年人审查起诉的情况

年 度	受理审结的涉罪未成年人审查起诉案件人数	起诉（人，%）	不起诉（人，%）		撤回/移诉（人，%）
			相对不起诉	附条件不起诉	
2014	87	82（94.3）	2（2.3）	3（3.4）	0
2015	136	113（83.1）	12（8.8）	11（8.1）	0
2016	118	82（69.5）	12（10.2）	24（20.3）	0
2017	67	38（56.7）	23（34.3）	6（9.0）	0
2018	145	94（64.8）	43（29.7）	8（5.5）	0

3. 检察机关推动帮教模式和社会支持体系的建立

各地未检部门积极主导涉罪未成年人帮教工作和社会支持体系的建立，为检察机关主动推动建立未成年人罪错行为分级干预体系奠定了基础。例如，浙江省金华市人民检察院在全市推行多元化分类帮教，对在校生落实学校帮教、对就职未成年人落实单位帮教、对"三无"（无监护人、无住所、无经济来源）未成年人落实企业基地帮教，对具备家庭监护条件的未成年人落实家庭与社区帮教。[1]山东省德州市武城县人民检察院不仅主导建立了未成年人保护检察监督信息平台，而且在线下成立了青少年法治教育基地、心理辅导中心、未成年人观护帮教基地等。[2]湖州市南浔区人民检察院将未成年人观护帮教纳入本区网络化管理平台，依托"智慧未检"App 在线上搭建司法社工、帮教企业、公益组织平台，通过智能打车模式的呼叫应答模式为各类涉罪未成年人的分类观护提供便捷、高效的基础保障。

（三）检察机关主导的未成年人罪错行为分级干预体系的初步构建

当前我国少年司法机构的发展现状决定了检察机关应作为主导建立未成年人罪错行为分级干预体系的部门。建立以检察机关为主导的未成年人罪错行为分级干预体系，除了完善检察机关已有的针对涉罪未成年人的传统业务之外，核心在于将检察权和法

---

〔1〕《浙江省人民检察院未成年人检察工作通报》（2018 年 5 月 22 日），载 http://www.zjjcy.gov.cn/art/2018/5/31/art_ 3554_ 56879.html，访问日期：2019 年 7 月 20 日。

〔2〕 姚建龙、滕洪昌："未成年人保护综合反应平台的构建与设想"，载《青年探索》2017 年第 6 期。

律监督权拓展至对未成年人的不良行为、一般违法行为和触法行为的干预矫正，明确检察机关的职权界定，赋予检察机关对这三类行为的介入、干预、矫正权限，推动我国罪错行为分级体系配套制度的建立和完善。

构建检察机关主导的未成年人罪错行为分级干预体系，需依据我国《预防未成年人犯罪法》《治安管理处罚法》等相关法律，明确检察机关在未成年人罪错行为分级干预体系中的职权范围，行使检察建议的监督权和保护处分权，对不同级别的未成年人罪错行为进行干预、教育和矫正。

1. 对未成年人不良行为建立非司法的间接干预制度

对于未成年人不良行为，检察机关应建立间接干预制度。不良行为的恶性程度并未达到需要检察机关直接干预的程度，加上未成年人的不良行为具有自愈性，检察机关不宜直接干预。国家应当负责建立监护监督、亲职教育、亲子教育、学校监督机制和宵禁制度、传媒管制制度等非司法干预制度，以遏制和管束未成年人的不良行为。[1]当国家没有建立这些非司法干预制度时，检察机关应当积极督促政府相关部门推动相关制度的建立。国家建立了相关非司法干预制度之后，检察机关应当积极监督相关部门的履职情况。如当教育部门或学校对未成年人不良行为不作为时，检察机关应当向学校或当地教育部门提出检察建议，督促校方履行对未成年人不良行为的发现、制止、干预和教育职责。

2. 检察机关对未成年人一般违法行为处置行使法律监督

对于未成年人一般违法行为，可参考借鉴国外相关制度所规定的保护处分规定的训诫、假日生活辅导、保护管束、安置辅导和感化教育，赋予公安部门作出训诫和保护管束决定权力，检察机关对公安机关上述措施的适用行使检察监督权。

训诫应包含训诫和日常生活辅导两个部分的内容。训诫由公安机关在作出行政处罚时一并作出，日常生活辅导可交由司法局的社会矫正官或者在司法社会工作者的监督下完成。依据未成年人的违法行为的恶性程度，公安机关可在训诫书中要求未成年人接受法治教育以及参加一定时长的社区劳动。

保护管束相较训诫更为严厉，会在一定程度上限制少年的自由，但具有非收容性，不同于专门学校的强制矫正。公安机关作出保护管束的决定后，可通过司法社工或者社区矫正人员负责保护管束的执行。保护处分的期限参考附条件不起诉的考察期，要求未成年人在保护管束期间遵守一定的规则。如未成年人要定期报道，不与特定人接触、不进入特定场所等，完成一定时长社区劳动服务、接受心理辅导和参加其他各类执行人员认为有利于未成年人行为矫正的活动或者戒瘾治疗。保护管束执行人员的工作职责可借鉴国外相关规定设置，如访视未成年人住所、学校、工作地点，电话联系未成年人及其监护人、学校老师、雇主，查询未成年人在学校的出勤、奖惩、成绩等情况。

---

[1] 姚建龙、李乾："论虞犯行为之早期干预"，载《东南大学学报（哲学社会科学版）》2017年第3期。

3. 检察机关对未成年人的触法行为行使检察先议

对于有触法行为的未成年人，检察机关可以行使检察先议权并作出三项决定，分别是训诫、保护管束和专门学校强制矫正。其中，除了训诫、保护管束外，专门学校强制矫正是专门针对触法未成年人的教育矫正措施，检察机关可以依据未成年人触法行为的恶性程度，行使检察先议权，对此类未成年人作出送专门学校强制矫正的决定。专门学校应当成为针对此类未成年人以教代刑的教育矫正措施，具有保护未成年人的性质，也属于保护处分的一种。

总的看来，我国未成年人罪错行为分类后以教代刑的干预教育矫正措施详见图2：

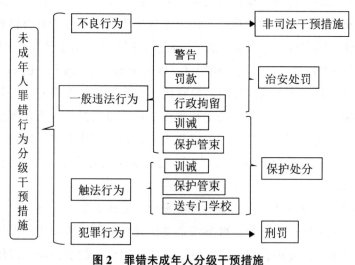

图2　罪错未成年人分级干预措施

四、结语

建立未成年人罪错行为分级干预体系是我国少年司法发展的重要方向。当前未检部门在少年司法中的引领角色使检察机关成了主导未成年人罪错行为分级干预体系建立的最优选择。检察机关应以检察权和法律监督权为基础，主导对未成年人罪错行为的介入、干预、教育和矫正。未成年人罪错行为分级干预体系的建立是一项长期、复杂的系统工程，并不是仅依靠检察机关一个部门在短期内就能完成的，不仅需要国家积极推动建立相关配套非司法干预制度，而且需少年警务和少年法院等少年司法机构的专业化推动，以及教育等政府部门的积极配合以及社会力量的广泛参与。

未成年人临界预防与保护处分制度研究

黄煜秦　申长征*

最高人民检察院《2018—2022 年检察改革工作规划》明确指出"探索建立罪错未成年人临界预防、家庭教育、分级处遇和保护处分制度"。其中，"分级处遇"基于过去《预防未成年人犯罪法》所确立"不良行为""严重不良行为"二分的基本构架已然确立，仅仅在对如何分级、现有分级是否科学合理、分级后具体如何处遇等问题上存在争论，故至少在少年司法体系中，"分级处遇"的有效性与合理性已然得到证成。然而，作为未检工作未来的发展趋势乃至少年司法制度建设的重要一环，何为"临界预防"，何为"保护处分"，其具体内容及辐射范围本身仍然尚未得到清晰的界定，故应当厘清争议、界定其应有之义。

一、未成年人临界预防与保护处分措施的理论基础

（一）未成年人临界预防与保护处分措施的概念及其特征

"临界预防"系未成年人保护及预防未成年人犯罪领域的一个专属概念。有学者指出："临界预防制度是一项对罪错未成年人提前开展教育矫正，预防其日后走上犯罪道路或者实施更严重的危害行为的制度。"[1]也有学者认为，相较于过去未检工作"临界预防"的特殊性，应当进一步扩大至"临界教育"，指出临界教育本身应当具备"教育内容的指向性和教育措施实施的被动性"。[2]实际上，就历史发展而言，"临界预防"作为少年司法领域的新型概念，其脱胎于犯罪学，借鉴的是公共卫生领域的"三级预防"，其中一级预防也即所谓的一般预防，强调为避免疾病等问题的出现而采取的最初性、普遍性措施；二级预防也即当前少年司法所谓的"临界预防"，其强调对出现疾病征兆的人员所进行的预防措施；三级预防也即所谓"重新犯罪的预防"，强调

---

*　黄煜秦，姚建龙教授学术团队工作室成员；申长征，姚建龙教授学术团队工作室成员。

〔1〕　刘宪权、何阳阳："临界预防制度的构建与展开"，载《青少年犯罪问题》2019 年第 3 期。
〔2〕　夏陈婷："罪错未成年人临界教育制度研究"，载《青少年犯罪问题》2019 年第 3 期。

对已经出现疾病者的消除与控制措施。[1]

概念的使用混乱必然导致在实践中具体操作的不统一。如前所述，借鉴于公共卫生领域的三级预防理念在法律层面尤其是立法层面遭遇了诸多不便。其一，"一般预防"是否应当由具体的制度所调整，甚至是否应当由法律尤其是《预防未成年人犯罪法》作出分则性的规定，其本身就存在疑问，如果将"一般预防"单独成章，其与总则中法律原则的关系也同样含混不清；其二，将具备犯罪之虞的未成年人通过司法化的方式予以对待，本就不符合未成年人自身身心发展的特征，对于旷课、逃学、吸烟、饮酒等行为，即使对未成年人自身的身心健康成长存在影响，但对成年人而言这些行为并不违法，如若旷工、影响正常生产生活秩序，予以辞退或开除即可。因此，必须理清"临界预防"的指向性及特征究竟为何。笔者认为，概括而言，临界预防主要包括以下两个方面的特征：第一是临界性，也即临界预防对象往往可能具备犯罪的倾向，是在"错"与"非错"的评价之间相临近的群体或个体。第二是具体措施的预防性，换言之，临界预防措施本身不能由其他措施尤其是刑罚或刑事措施予以替代。

保护处分即少年犯罪处遇中具有替代（并非补充）刑罚性质的措施。它超越刑罚，是针对罪错未成年人的一种教育性措施。结合域外各国保护处分制度的发展历史与现状，保护处分措施需要遵循三大基本原则：处分法定原则、处分优先原则、处分相称原则。保护处分不等同于刑罚，亦不等同于保安处分，2019 年中共中央办公厅、国务院办公厅下发《关于加强专门学校建设和专门教育工作的意见》，指出了保护处分制度的本质特征，即提前干预、以教代刑。

（二）临界预防与保护处分制度的关系

保护处分作为一种对少年罪错处遇的替代性（非补充性）措施，其以未成年人存在"罪错行为"为前提。传统少年司法对保护处分措施的定义也是基于保护主义优先的原则进行的，换言之也即"宜教不宜罚"的理念。其中的转折点出现在 1965 年美国联邦最高法院判决的高尔特一案。该案明确了成人刑事司法正当程序原则进入少年司法领域的意义。从比较法的角度而言，即使存在"放弃管辖权"与"恶意补足年龄"以解少年司法所不能解之困，然而其实际效果仍然极为有限，"放弃管辖权"与"恶意补足年龄"规则的适用屈指可数。对此，有必要明确的是临界预防之"界"究竟指向何处？现阶段的研究大体存在三种理解：

第一种理解，以过去《预防未成年人犯罪法》二分的"不良行为"与"严重不良行为"作为"界"的外延确定范围。但其至少存在以下几个方面的不足：①无法应对低龄乃至未达刑事责任年龄主体实施严重恶性刑事案件的社会现实问题；②《预防未成年人犯罪法》所确定的"不良行为"与"严重不良行为"的二分依据自身缺乏科学性，具体如"打架斗殴""辱骂他人""强行索要他人财物"等规定，仍仅仅存在量的

---

〔1〕 吴宗宪："论社会力量参与预防青少年犯罪的长效机制"，载《华东政法大学学报》2013 年第 5 期。

区分，没有真正明确"不良行为""严重不良行为"的界分核心，这必然导致在具体评判标准与针对性适用措施上的混乱。

第二种理解，认为"界"之本质在于最为狭义的犯罪行为。这是传统以刑事司法体系作为引导罪错未成年人主要部分"以刑代教"思想的产物。然而，其问题也是极为明显的。以之为基础，也有论者将临界预防之"界"界定为实施严重危害社会行为仅因未达刑事责任年龄不予刑事处罚者，也即将其理解为现代少年司法意义上的"触法行为"。[1]基于此，也存在将临界预防所针对的行为概括为分级预防体系下的虞犯行为、违警行为、触法行为（即除犯罪之外的行为）的观点。[2]其一，以犯罪行为作为确定"界"之唯一标准，容易导致针对过去仅因未达刑事责任年龄实施犯罪行为而被政府收容教养的未成年人缺乏统一的应对措施，2019年全国人民代表大会常务委员会《关于废止有关收容教育法律规定和制度的决定》已明确废除收容教育制度，与之相近似的收容教养机构在国内也日渐式微。其二，从犯罪预防的角度来看，作为具备较强可塑性的未成年人，其必然也可能依其叛逆心理实施轻微违法或其他具备犯罪倾向的越轨行为，以"犯罪行为"作为确定"界"之唯一标准的方式仅仅看到了对违法犯罪尤其是极个别恶性案件未成年罪犯惩罚的严厉性，却忽视了作为处分制度的整体所应当考虑的提前性。

第三种理解，是最为广义的罪错行为，其不仅包括治安违法行为、犯罪行为，甚至也包括《预防未成年人犯罪法》中所列举的旷课、夜不归宿、进入营业性歌舞厅等成年人可为而未成年人不可为的不良行为。然而，其理论缺陷同样明显：少年司法干预介入的提前性将导致"临界预防"的范围被无限压缩，乃至对概念自身的存在意义形成直接否定。直言之，"临界预防"在这一层理解下已然完全被保护处分所替代。

笔者认为，造成上述差异理解的原因是多方面的，除法律规定自身界限较为模糊外，更为重要的是就未成年人本位的司法制度而言，未成年人自身即对人生价值观或道德准则等存在片面性与表面性的理解。[3]如同有论者所言，不良行为与严重不良行为、犯罪行为等本身就是一种渐进性的关系，本身即缺乏清晰的界限。[4]从《2018—2022年检察改革工作规划》中所明确的分级干预、临界预防、保护处分的并列语序判断，其本身并非包含与被包含关系，而是并列关系。上述对"界"的理解本身各有缺陷，这也导致了我国在较长一段时间内对少年司法认识不深刻乃至存在偏见。具体而言，"分级干预"是宏观的体系设置，而"保护处分"则是具体的法定适用措施。换言之，"临界预防"之"界"本就体现在法律规定的边界，也即对于并非构成违法犯罪但可能具备违法犯罪的倾向性与异化危险，仍需基于未成年人利益保护的需要进行

---

〔1〕 姬艾佟、禹枫："从五个方面强化未成年人犯罪预防体系"，载《人民检察》2018年第11期。
〔2〕 董邦俊、王小鹏："未成年人临界行为及预防对策研究"，载《政法论丛》2016年第4期。
〔3〕 罗大华："少年犯罪的成因与预防对策研究"，载《政法论坛》1999年第6期。
〔4〕 肖灵："论未成年人犯罪预防制度的构建"，载《江西社会科学》2016年第8期。

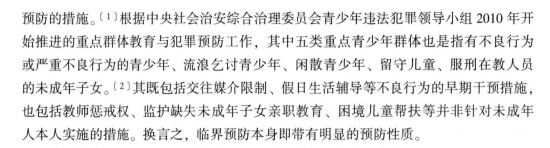

预防的措施。[1]根据中央社会治安综合治理委员会青少年违法犯罪领导小组 2010 年开始推进的重点群体教育与犯罪预防工作，其中五类重点青少年群体也是指有不良行为或严重不良行为的青少年、流浪乞讨青少年、闲散青少年、留守儿童、服刑在教人员的未成年子女。[2]其既包括交往媒介限制、假日生活辅导等不良行为的早期干预措施，也包括教师惩戒权、监护缺失未成年子女亲职教育、困境儿童帮扶等并非针对未成年人本人实施的措施。换言之，临界预防本身即带有明显的预防性质。

二、实践中构建临界预防与保护处分制度所面临的主要问题

欲理解临界预防与保护处分合理性及其适用的意义，便必须厘清当前我国少年司法制度背景下未成年人审判、警务与检察实践所存在的主要问题。

（一）罪错行为与罚则之间的不均衡性

根据我国当前《刑法》《刑事诉讼法》《治安管理处罚法》等的规定，未成年人实施违法犯罪行为的皆以减轻处罚或不予处罚等轻缓化方式作为其罚则确定的基本准则，这自然也符合未成年人"教育为主、感化为辅""教育、感化、挽救"的刑事政策方针。然而，在具体的审判、检察、实践中，仍然存在罪错行为与罚则不均衡的现象，这种现象并非传统法律规定意义上单一性"唯轻缓化"或"唯重刑主义"的极端，而是更多体现在二者之间双向性的结合。

具体而言，其主要存在三个方面的特征：第一是目的上的不均衡性。未成年人罪错行为的预防仍然系以成年犯罪的视角尤其是刑罚的视角实施具体措施。2017 年中国青少年研究中心和中国预防青少年犯罪研究会课题组的一项调研显示，从犯罪行为的法律后果而言，以 2 年有期徒刑作为分野，成年犯与未成年犯的刑期占比开始呈现扭转趋势，也即法律后果低于 2 年有期徒刑时，未成年犯比例高于成年犯；高于 2 年有期徒刑时，未成年犯比例低于成年犯。[3]第二是手段上的不均衡性。主要体现在具体的处遇措施难以针对未成年人的个性特征、家庭背景、成长经历等作出筛选和审查，因而手段相对单一、形式化。其中较为突出的是未成年人刑事案件的社会调查制度。1955 年在日内瓦召开的联合国第一届预防犯罪及罪犯处遇大会曾提出：实行个别处遇，应从人格之调查分类着手，必先根据精密的调查，由是进而决定个别处遇之方法，始便于分类收容。[4]发展至今，人格甄别、心理测评等近似制度在国内已经存在数十年但仍然可能流于形式，缺乏实质的个别性内容。第三是手段与目的结合上的不均衡性，具体未成年人的罪错处遇缺乏中间性干预手段，形成了"一罚了之"与"一放了之"

〔1〕 董邦俊、王小鹏："未成年人临界行为及预防对策研究"，载《政法论丛》2016 年第 4 期。

〔2〕 姚建龙、滕洪昌："未成年人保护综合反应平台的构建与设想"，载《青年探索》2017 年第 6 期。

〔3〕 路琦等："2017 年我国未成年人犯罪研究报告——基于未成年犯与其他群体的比较研究"，载《青少年犯罪问题》2018 年第 6 期。

〔4〕 冯卫国："未成年人刑事案件的审前调查制度探讨"，载《青少年犯罪问题》2007 年第 1 期。

两个极端。

（二）实施主体的专业性不足

1. 强制报告制度与入职前查询制度的宽泛化改革

2018 年最高人民检察院向教育部发出"一号检察建议"，本系为预防负有监护职责者性侵未成年人而走出的重要一步，与之对应而言，比较具体的配套措施则是发现性侵未成年人强制报告制度与有性侵前科者密切接触未成年人职业入职查询与从业禁止制度。然而近年在具体实践中的探索往往是将上述各制度的适用主体、适用范围等进行宽泛化处理。2020 年 4 月，最高人民检察院印发《关于加强新时代未成年人检察工作的意见》，其中明确要求构筑未成年人健康成长的"防火墙"，全面推行侵害未成年人案件强制报告和入职查询制度，其表述亦为"建立教职员工等特殊岗位入职查询性侵害等违法犯罪信息制度"，也即为未来的实践探索留下了一定的裁量空间。

第一，对于适用主体而言，《重庆市教职员工入职查询工作暂行办法》规定，性侵入职查询的主体为"高等院校、中小学校、幼儿园新招录、聘用或以劳务派遣方式聘请的教学人员、行政人员、勤杂人员、安保人员等在校园内工作的教职员工"。[1]河北省检察机关发出的检察建议对强制报告义务的适用主体作出了规定，即包括"教育相关行业的所有教职员工、医护人员、司法、妇联、民政、共青团、信访、基层组织等职能部门人员"。[2]嘉兴市检察机关印发的《侵害未成年人合法权益强制报告工作指引》规定，强制报告主体应当包括教育机构、社会工作服务机构、未成年人救助保护机构、儿童福利机构、司法所、法律援助中心、医疗机构、妇联组织等的工作人员。

第二，对于适用前提范围而言，强制报告制度与入职查询制度的适用案件类型也从最初"一号检察建议"的性侵案件被逐步扩张至伤害、虐待等案件。如嘉兴市检察机关相关工作指引即将强制报告义务的适用主体扩张至伤害、杀害、遗弃、严重营养不良、精神恍惚乃至未成年人自杀、自残等非正常死伤情形。[3]

从保护未成年人角度来看，这样的扩张固然意味着全面性和广延性措施的建立，然而其中的法理基础仍需要进一步厘清。《联合国儿童权利公约》为保护未成年人权利体系而提出了生存权、受保护权、发展权、参与权四项基本权利。对于性侵害或其他严重伤害未成年人合法权益案件的情形，从监测预防、发现报告、干预处理到事后追责系列性的工作，在司法及未成年人保护的实践工作中仍然尚未达成一致意见。

---

〔1〕李立峰、陈萍："重庆：建教职工入职查询平台"，载 https：//www.spp.gov.cn/spp/zhuanlan/201907/t20190706_4241 37.shtml，访问日期：2020 年 5 月 25 日。

〔2〕徐盈雁："'一号检察建议'在河北：防性侵 更需要'大手拉小手'"，载 https：//www.spp.gov.cn/zhuanlan/201904/t20190408_414674.shtml，访问日期：2020 年 5 月 25 日。

〔3〕"硬核解读——未检检察官带你了解'强制报告制度'"，载 http：//www.jiaxing.gov.cn/art/2020/4/17/art_1592184_42604693.html，访问日期：2020 年 5 月 25 日。

2. 家庭教育工作的规范性程度缺乏

孩子不仅是父母的孩子，也是国家的孩子。当家庭教育缺失乃至发生恶性监护侵害案件时，国家应当站在父母之上辅助乃至替代父母承担家庭监护的职责，这是现代儿童权利保护"国家亲权"理念的重要内容。我国近年来也开始以最高人民检察院为始推进亲职教育的发展。然而，具体的承担者为何，亲职教育的强制力如何保障，仍然有待未来司法实践与教育实践的进一步探索。如同论者所言，我国学术界对于家庭教育的认识深化经历了四个过程：从家庭内部到关乎社会；从学习技能与处理关系到成员的全面与健康发展；从父母对子女的单向教育到全体家庭成员的教育；从对学前儿童的教育到终生教育。[1]实际上，对家庭教育立法的呼吁已有二十余年，如何整合教育资源，形成规范性、专业性、制度性的家庭教育体系尤其是监护缺失家庭的政府干预机制，民政部门与教育部门之间的职责关系如何协调等问题，在现阶段尚未达成一致的共识，有待进一步的探索。换言之，作为临界预防的重要一环，家庭教育所体现的功能可能不仅在于未成年人本人，也在于其家庭，不仅在于罪错少年本身，也在于如何对父母开展配套"上岗培训"。

（三）保护处分制度缺乏相应的规范体系

第一，宏观制度体系的缺位。根据《刑法》《治安管理处罚法》《预防未成年人犯罪法》，我国当下对未成年人罪错行为采取的干预措施主要有以下四类：一是行政处罚措施，如警告、罚款、拘留、强制戒毒等。二是特殊教育行政措施，如专门学校。三是《刑法》规定的非刑罚处罚方式。《刑法》第37条规定："对于犯罪情节轻微不需要判处刑罚的，可以免予刑事处罚，但是可以根据案件的不同情况，予以训诫或者责令具结悔过、赔礼道歉、赔偿损失，或者由主管部门予以行政处罚或者行政处分。"四是感化行政性教育措施，即收容教养。

这些干预措施与域外保护处分措施有相似之处，但在适用对象范围及适用程序上，它们和国际上通行的保护处分制度有较大的差异。尤其是在与刑罚的关系上，这些措施都并非刑罚替代性措施，充其量只是刑罚的补充措施，大多数均属于行政处罚的范畴，其适用程序基本上属于封闭的行政权自决系统，罪错未成年人无法像在司法程序中那样获得必要的程序救济权。司法化的缺失是目前实践中适用保护处分措施的困境之一，特别是将罪错未成年人送往专门学校和收容教养机构这两个带有一定人身强制性的机构内实施保护处分的措施，前者由教育行政部门审批，后者由政府决定，适用程序均采用行政审批方式，缺乏透明度和司法监督，弊端较大。罪错未成年人对这种带有限制人身自由色彩的行政行为难以申辩，不利于教育感化工作的进行。

第二，强制性的缺乏。对有严重不良行为的虞犯未成年人，或者触法未成年人开展社会化帮教，完全依赖于适用对象及家长的主动配合，缺乏强制手段和后续措施，

---

[1] 杨雄："当前我国家庭教育面临的挑战、问题与对策"，载《探索与争鸣》2007年第2期。

造成适用困难。[1]比如，责令严加管教这一措施，现行法律的规定缺少对父母等其他监护人履行严加管教的监督规定。监护人有无管教；何为严加；怎么管教方为严加；对于监护人的管教，如何监管；监护人不履行管教义务或管教不合格怎么认定、怎么处理都是问题。缺乏明晰的标准和监督手段，责令严加管教的效果无法得到保证。[2]

第三，即使承认当前少年司法制度的合理性，但其可操作性仍较为匮乏。比如，收容教养是我国特有的一项制度，而且虽然公安部1982年出台的《关于少年犯管教所收押、收容范围的通知》对收容教养期限、审批机关、收容场所等作了规定，但2013年劳教制度废除后，收容教养制度生存的空间和范围大受影响，部分收容教养机构因各种原因被并转分流，导致实践中无处收容、无处教养。[3]这些都导致实践中收容教养制度在某种程度上被虚置，难以被激活。

第四，与保护处分制度配套的机制仍较为缺乏。一是缺乏信息共享机制。一般而言，未满14周岁未成年人的信息多由学校和教育部门掌握，而涉及违法犯罪行为的未成年人的信息多为公安机关掌握，两者之间未建立信息互通共享机制，而且与检察机关、审判机关也未完全形成有效的工作衔接配合机制，导致各方如今仍是"各为其政"，未完全形成有效合力。二是现有的社会化帮教等措施缺乏强制性，无法实现对有一般违法行为的未成年人或者触法未成年人的帮教工作的有效开展。[4]三是缺乏后续帮助罪错未成年人回归社会的机制。未满14周岁的未成年人做出触法行为之后，往往会被记录在案，学校几乎无一例外地对其施以开除学籍的处罚。在其接受完矫正教育后，即便处于义务教育阶段，也难以得到学校接纳，而进入专门学校则又会被贴上"标签"，不利于其回归社会，导致其很有可能再次走上歧路，成为社会不安定因素。

三、对当前临界预防与保护处分措施的完善出路

（一）亟须在法律条文中厘清保护处分与临界预防的关系

如前所述，即使在最高人民检察院等出台的相关文件中已将"分级干预""保护处分""临界预防"等未成年人司法领域的核心概念予以明确，同时近年来未检领域的制度发展也日趋完善并初具规模，但其中各基础理论间的衔接关系、是否存在概念自身使用不准确的情况，是否对被少年司法及未成年人保护奉为圭臬的"儿童最大利益"原则存在不同的乃至偏差性的理解，是否将少年司法中的诸多基础性理论梳理予以了区别对待甚至是异化理解，其中的原因是值得反思的。但至少作为"儿童最大利益"原则的助推手与启动器，对于配套的核心制度之间的关系，立法者应当在未来的法律

〔1〕 宋英辉、尹泠然："为未成年人构筑保护处分体系"，载《检察日报》2017年9月7日。
〔2〕 周光营："罪错未成年人分级处遇制度构建论"，载《青少年犯罪问题》2019年第3期。
〔3〕 胡旭宇："保护处分制度探索研究——以M区罪错少年违法情况为例"，载《青少年犯罪问题》2018年第5期。
〔4〕 周光营："罪错未成年人分级处遇制度构建论"，载《青少年犯罪问题》2019年第3期。

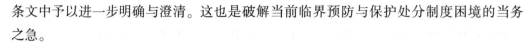

条文中予以进一步明确与澄清。这也是破解当前临界预防与保护处分制度困境的当务之急。

（二）临界预防制度的明确化与具体化

第一，应当明确临界预防措施的重点关注群体，主要包括服刑或强制隔离戒毒者的未成年子女、留守儿童、有不良行为与严重不良行为的未成年人群体。概括而言可指向困境儿童、事实无人抚养儿童与有犯罪之虞的儿童。2016年、2019年国家接连印发《关于加强困境儿童保障工作的意见》与《关于进一步加强事实无人抚养儿童保障工作的意见》，在社会公众及政府职能部门针对监护缺失群体"国家亲权"理念的规范化保护性机制之外，从临界预防角度说明了其实施违法犯罪之虞的预防可能性。2015年《涉案未成年人家庭监护状况调查报告》的调研数据显示：涉案未成年人中有超过55.52%未受到监护人管教；脱离学校步入社会的涉案未成年人则占75.65%，其中超过87.99%的未成年人不能正常升学。[1]换言之，家庭监护缺失导致部分重点关注群体成了未成年人犯罪化的重要动因，我国应当通过立法对临界预防措施的重点关注群体予以明确。

第二，应当明确临界预防措施中家庭、学校、社区、政府的具体职能分工。实际上，这也是破解当前未成年人保护"责任稀释困境"的重要方面。《未成年人保护法》第6条第1款规定，保护未成年人，是国家机关、武装力量、政党、人民团体、企业事业单位、城乡基层群众性自治组织、未成年人的监护人和其他成年公民的共同责任；《联合国儿童权利公约》第4条更进一步指出，缔约国应采取一切适当的立法、行政和其他措施以实现本公约所确认的权利。实际上，从立法层面而言，确立国际公约所明确的儿童权利基本准则本身并无错误，但在具体的法律适用与法律执行过程中执行者往往由于责任分配主体不明确、职责界定不清晰而导致未成年人保护与预防未成年人犯罪工作形成"三个和尚没水吃"的局面。对此，我国应当以家庭、学校、社会、网络空间、政府职能部门等责任主体作为直接参与者，明确分工，以此为基础方可形成未成年人违法犯罪临界预防的专业化、精细化、规范化运作机制。如前所言，临界预防的特征在于可能并不单纯及于实施临界行为的未成年人本人，故对此更应厘清责任界限，明确责任定位。

（三）推进"提前干预、以教代刑"为实质特征的保护处分措施

第一，应当明确保护处分措施的适用对象。根据罪错行为分级体系，未成年人的罪错行为可以分为不良行为、一般违法行为、触法行为以及犯罪行为。未成年人的不良行为是指严重违背社会公德但未违背法律或是成年人能为未成年人不能为的行为。这一类行为往往具有自愈性，由监护人或学校进行管教即可。如果将这一类行为纳入

---

〔1〕 "报告显示：家庭监护缺失与未成年人犯罪相关"，载 http://www.scio.gov.cn/zhzc/8/4/document/143689 5/1436895.htm，访问日期：2020年5月25日。

国家机关干预的范畴，有"主观归罪"或"身份入罪"之嫌，不但无法对未成年人形成保护，也极易侵害未成年人应有的权益。并且，这类称呼也容易产生标签效应，不利于未成年人的成长。[1]而未成年人的犯罪行为则应当交由《刑法》调整。保护处分适用的对象应当是未成年人的一般违法行为和触法行为。

第二，健全保护处分措施的具体种类。上文已提及，我国可以基于现存的一些类似于保护处分的措施进行废止或整合改革，建立集社区保护处分、中间保护处分、拘禁保护处分于一体的和谐的保护处分体系。保护处分措施以社区保护处分措施为主，社区保护处分要多样化、拘禁性保护处分要加以限缩。拘禁性保护处分限制人身自由，会给未成年人造成较大的负面影响，容易将他们标签化，需要谨慎适用。目前，在无法律明文规定的情况下，我国难以创设新的保护处分措施，社区性保护处分多样化改革需要依托法律法规的制定。拘禁性保护处分可以在实践过程中尽量减少使用，比如《治安管理处罚法》规定的拘留。《公安机关办理未成年人违法犯罪案件的规定》第27条规定："对违反治安管理的未成年人，应当尽量避免使用治安拘留处罚。对在校学生，一般不得予以治安拘留。"我国现行法律虽未完全废止对未成年人的拘留，但也做了严格限制。公安机关在处理罪错未成年人时可以以此为依据，不再适用拘留措施。

第三，建立保护处分措施的司法救济审查制度。目前，针对罪错未成年人的干预措施以行政干预措施为主。封闭的行政权自决系统缺乏透明度，未成年人难以获得程序救济权。尤其是送往专门学校和收容教养这两项措施，都带有限制人身自由的色彩，却由行政部门主管审批，未成年人不服这些决定也无法申辩上诉，合法权益无法得到切实保障。对于强制移送专门学校和收容教养措施，应当建立准刑事诉讼程序，参照刑事诉讼法关于强制医疗程序的规定，建立由公安机关移送检察机关审查后申请法院决定是否采取相应强制性保护处分措施的制度，并赋予未成年人及其监护人辩护权和上诉权。[2]

第四，完善保护处分措施的配套机制。未成年人保护教育工作是一项全方位、综合性的工作，需要社会各方面的支持。保护处分措施也需要配套机制的支持。教育部门、公安机关、检察机关以及人民法院应当建立配合衔接机制，尤其是要实现信息数据互通。完善考核机制，将保护处分工作作为少年司法工作的重要内容，纳入考核指标。提高公安机关、司法行政机关对保护处分制度的参与度和专业水平，夯实基础工作。深化保护处分执行场所和执行队伍建设，提高专业化水平、淡化惩罚色彩、强化教育属性。[3]

〔1〕 盛长富、郝正天："论保护处分及对我国的借鉴"，载《法律适用》2015年第4期。
〔2〕 宋英辉、尹泠然："为未成年人构筑保护处分体系"，载《检察日报》2017年9月7日。
〔3〕 宋英辉、尹泠然："为未成年人构筑保护处分体系"，载《检察日报》2017年9月7日。

未成年人罪错行为保护处分处置制度构建探究

——以南浔未检保护处分的实践探索为基础

姚建龙　毕　琳　章春燕　丁明洋　黄煜秦[*]

我国目前并未形成体系化的保护处分制度，从其现状的分析上看更趋向于一种半独立式立法的处罚体系，从对原有处罚体系进行改造向保护处分制度过渡的立场上看，原有体系的宏观缺陷归于两个：体系性不足、协调性不足。在借鉴了南浔未检的基层分级干预和保护处分类型创新的实践经验之后，对于现行的未成年人案件处置措施进行了整合、完善、创新，在以"不良、一般违法、触法、犯罪"未成年人罪错行为四种分类作为保护处分制度的分级处遇前提下，借鉴、创新了观护处分、禁闭处分、教育处分的保护处分体系，并在原则和专门化的问题上提出最大适用、处分法定、处分相称原则和机构、人员、程序、权力的专门化，构建保护处分处置制度的体系。

一、对我国当前罪错未成年人处置体系向保护处分体系过渡所存在问题的分析

（一）我国当前罪错未成年人处置体系的半独立式处罚性质的确定

1. 保护处分本体概念

保护处分的定义在我国尚未形成共识。有学者将其定义为："未成年人司法机关依据相关未成年人刑事司法法律，以保护违法犯罪未成年人的福祉为主要目的，对其作出的强制性教育矫正措施，它在违法犯罪未成年人处置措施体系中与刑罚并列，但优先于刑罚适用，是刑罚的替代措施。"[1]丁敏教授认为："保护处分是指保护少年自我健康成长，对罪错少年采取的强制性的教育和福利措施。"[2]蔡桂生教授认为："保护处分是针对未成年犯（包括虞犯）以及行为违反刑法或严重影响社会治安的不良少年

---

　*　姚建龙，上海社会科学院法学研究所所长、研究员、博士生导师；毕琳：浙江省湖州市南浔区人民检察院检察长；章春燕：浙江省湖州市人民检察院第六检察部主任；丁明洋、黄煜秦，姚建龙教授学术团队工作室成员。

　〔1〕　盛长富、郝正天："论保护处分及对我国的借鉴"，载《法律适用》2015年第4期。
　〔2〕　丁敏："国际视野下的保护处分概念——兼论与相近概念的界分"，载《河南警察学院学报》2019年第2期。

（包括有该倾向的未成年人）的，主要是以替代普通刑罚为目标的一项制度。"[1]虽然在定义上存在一些不同，但是在基本的理念上却具有一定共同点，如对于罪错未成年人的保护、一定的福利性等。存在区别的是对于保护处分与刑罚之间的适用关系的阐释有"优先说""替代说""补充说"等不同观点。其中，优先说和替代说类似。优先说指二者可以同时适用，但是保护处分优先适用；替代说则主张对于未成年人的罪错完全适用保护处分，排除刑罚适用的可能；补充说在基础前提下与优先说类似，但是保护处分地位更低，居于刑罚的补充措施地位。因而在不同立场之下存在不同的定义基础，笔者以为，保护处分设置的首要目的在于保护未成年人，其次为惩治性，因而理想的保护处分措施就不能采用与刑罚并列的优先说和补充说，进而应以替代说作为定义的核心，将保护处分的概念定义为保护未成年人，在未成年人罪错行为处遇中具有替代而非补充刑罚性质的措施。

2. 保护处分与刑罚和保安处分的界分

一元刑罚体系之下刑罚与保安处分皆属同类，其区别于保护处分的关键点在于保护处分的首要目的是保护未成年人，来源于未成年人区别于成年人的可谴责性的降低和保护性的提高，而刑罚和保安处分都重在惩戒和教育改造犯罪人并以期达到社会防卫的效果，虽然二者在社会防卫的角度上存在一定程度的相似性（如都追求预防犯罪目的），但是在终极目标上却有着较大差异。

基于对此相似性的理解，首先在保护处分立法例上就存在着保安处分同质型和非刑罚或保安处分的独立型两种典型。在同质型如在意大利刑法典规定保安处分的适用对象包括了惯犯、职业犯和有犯罪倾向犯，其中在对人的保安处分中，司法感化院一般作为收容无刑事责任能力的未成年人的机关[2]。与之类似的德国和日本的通说均是同质型的做法，认为保护处分归于保安处分之下，我国的张明楷教授同样将收容教养措施归于保安处分之下，归于同质型的立场。在同质型基本成为通说的情形下，日本也有学者主张独立型。如大谷实教授主张保护处分区别于保安处分的三点在于：一是基于福祉要求；二是为了替代或回避刑罚；三是基于保护的目的。[3]在这一点上笔者是认同并持独立型观点的。如上所述，保安处分与保护处分的出发点的不同在于"保安"突出的是其社会防卫效果，而"保护"突出的是对未成年人的特殊保护。因而我国未成年人保护处分制度设置应当注重两点：一是理念上与保安处分的区分，体现未成年人"教育、感化、挽救"的保护方针；二是基础措施上存在区别于传统意义上的精神病强制医疗等保安处分措施（如工读教育、收容教养等措施），并进一步加强保护处分的具体措施的创新和实施。

---

[1] 蔡桂生："论我国未成年人犯保护处分的规范化"，载《法治论坛》2008年第1期。
[2] [意] 杜里奥·帕多瓦尼：《意大利刑法学原理》，陈忠林译，法律出版社1998年版，第380~381页。
[3] [日] 大谷实：《刑事政策学》，黎宏译，法律出版社2000年版，第158页。

3. 我国现有未成年人罪错行为处遇措施和体系的性质判定

未成年人之罪错行为区别于成年人之犯罪行为，未成年人之"错"在于其一定的生理、心理不成熟性和矫治可能性，进而需要对其进行特殊处遇，这也是保护处分的根源之一。经过三十多年的长期探索，我国对于未成年人犯罪案件的处置形成了独特的方针和政策，即"教育为主、惩罚为辅"的处置原则和"教育、感化、挽救"的六字方针，继而形成了当前半独立式的未成年人处置措施体系，其特点是蕴含于其他规范之中的。如刑法规范中未达12周岁刑事责任年龄未成年人刑事责任的免除、已满14周岁未满16周岁的未成年人犯八种罪名犯罪的刑事责任限制承担，以及《刑事诉讼法》中未成年人特别程序附条件不起诉等特殊规则的设置、《社区矫正法》中未成年人社区矫正的特殊规定等都体现了对于未成年人以教育为主的核心思想。在行为未达犯罪的未成年人案件的处置上，以《预防未成年人犯罪法》《未成年人保护法》《治安管理处罚法》和各类司法解释和文件提供了一个相对完整的针对未成年人的归类处置方法。其中《预防未成年人犯罪法》和《未成年人保护法》，前者基于教育和保护的目的将未成年人的罪错行为分为"不良行为"和"严重不良行为"，通过对未成年人不良行为的分级进行预防和矫治来阻断其向犯罪行为发展的进程，进而设置了如针对"严重不良行为"的"工读学校"措施、公安机关对于违反治安管理的治安管理处罚和14周岁以下的"训诫"等措施，而后者以"家庭保护""学校保护""社会保护"和"司法保护"四个角度为切入点更偏重于对未成年人福利措施的构建，基于其保护性质，主要重心在于未成年人保护中家庭、学校、社会、司法责任的赋予，二者的侧重点有所不同。除此之外，《治安管理处罚法》14周岁以下的不处罚原则和14周岁至18周岁的从轻、减轻处罚同样是对未成年人特殊处遇的回应。

从上述针对未成年人罪错行为的处遇措施我们可以看出，其包括了刑事性的矫治、行政性治安处罚和教育性的工读措施。根据替代性的保护处分概念，保护处分措施应当是排除并替代刑罚、行政处罚单独为未成年人设置的保护性处遇。从这个角度看，我国现有措施是一种非替代的优先型立法模式，进而形成了目前半独立式的未成年人罪错的处罚体系，而非保护处分。从措施设置来看，其仍属于"罚"的范畴，除了少数具有教育效果的措施之外，并不能达到保护处分的"保护"要求，更难以称之为保护处分体系，因而将其称之为半独立式的处罚体系。虽然我国未成年人保护处分体系有所欠缺，但仍具有一定的价值。因而我们的当务之急并非推翻这种立法模式，而是应当在这种立法模式的基础上加以改善创新，建立一个与保护处分全独立式的处置结果相当的规则制度体系。

（二）半独立式的处罚体系向保护处分体系过渡需解决的问题

在我国这种半独立模式之下，罪错未成年人的特殊处遇以单独章、单独条文的形式出现，虽然原则和方针的建立奠定了一定的理念基础，但是在具体措施上并不能达到保护处分的要求，因而不能将其称为保护处分体系，更宜称为一种处罚体系。基于这种半独立式的立法向保护处分体系过渡，对原有措施进行改善和创新时，这些问题就会被一并携带进来，进而需要对原问题进行总结，在过渡时期进行删改和创新。首先，在半独立的处罚体系之下，其体系内部之间的协调性捉襟见肘，缺少自上而下的独立体系建设的连锁反应是全国范围协调系统的缺憾；其次，在措施内部的协调上，尤表现为标准模糊、针对性差、重复性高等协调性缺陷。这其中，强制性措施与非强制性措施之间数量不协调的缺陷尤为明显，缺少保护、教育性质的强制措施。而强制性的缺乏会带来未成年人对于自身罪错行为的认识不足和对被害人情绪安抚不足的问题。总而言之，我们可以将原有处罚体系中的缺陷概括为两个方面：体系性不足、协调性不足。

1. 体系性不足

一元刑罚体系针对未成年人保护、教育功能缺乏。从一元刑罚的理念发展来看，其经历了由报应刑理念向目的刑（教育刑）理念的转化，单纯的报应刑是"同态复仇"观念的衍生物，是对于其犯罪行为的"报应"。报应刑刑罚执行带来的惩戒效果毋庸置疑，但是单纯的惩戒并不能涵盖刑罚之目的，目的刑理念的出现从预防犯罪的角度阐述了刑罚教育性的另一功能。在一元的刑罚体系之下，刑罚是针对犯罪唯一的处置手段[1]，与之相对的部分刑罚和保安处分二元论者主张以保安处分补充刑罚的功能，保安处分所补充的功能在于危害行为的预防，这与教育刑观念的产生不无关联。依照对现有法律制度的考察，我国是存在保安处分措施的，具有保安性质的处分措施有精神病人强制医疗、缓刑假释的考察等。

笔者主张的二元处置在于刑罚和保安处分之外的与未成年人处置专门的保护处分之间的二元结构，保护处分的区分化设置更符合未成年人保护的目的。经过对比不难发现，一元论刑罚体系中保安处分措施设置的专门指向对象的特殊性并不能明确指向未成年人，而在于限制责任能力人和情节较为轻微未被实际执行自由刑之人的犯罪预防。基于此，《刑事诉讼法》中针对未成年人的附条件不起诉制度从具体的实施效果来看，其教育效果也是不具备的，仅是一种轻量处罚，也应当被归于保安处分之中。按照这个区分标准，考察我国法律体系包含处置未成年人保护处分的可能具有教育性质的措施就集中在《预防未成年人犯罪法》中。具体包含：责令严加管教、责令监护人训诫、公安机关训诫、工读教育和必要时的政府收容教养。前三者均以训诫方式实施，是一种惩罚大于教育的威慑主义的体现，对于"惩罚为辅，教育为主"的未成年人处置理念，在教育性质上有所欠缺。相对而言，工读教育则补充了一定的教育功能，但是由于工读制度由强制转向"三自愿"的变革，进入工读学校的不良学生急剧减少，其教育效果也难以为继。总而言之，"惩罚为辅，教育为主"的观念不仅在于刑罚轻缓化、去刑化，更应当重在处置方式的教育效果，应当在教育性质的处置措施上作出有

---

[1] 笔者认为一元刑罚体系包含刑罚和保安处分。

针对性的创设才能适应未成年人的特点。

缺失上位概念统一未成年案件处置方式。上位概念的作用在于限定其本体及下属概念的范围，进而衍生出体系之内的原则，在上述基础上依据逻辑的推演才能够设定合理的措施。我国对于未成年人的处置并未经历这样一个过程，尽管部分学者提出了对于保护处分概念和原则的引进和创设，如"处分法定原则、处分优先原则、处分相称原则"〔1〕"处分法定原则、处分优先原则、要保护性原则"〔2〕等，但并未被纳入当前的规范体系。考察我国的未成年人保护制度的建立历程我们就可以发现，其并非以概念引进开始，而是基于《联合国少年司法最低限度标准规则》（北京规则）、《联合国预防少年犯罪准则》（利雅得准则）、《联合国儿童权利公约》、《联合国保护被剥夺自由少年规则》等国际公约原则、标准和他国的成功经验而建立的，继而形成了"教育为主，惩罚为辅""教育、感化、挽救"的原则、方针和一系列措施。如1984年建立的上海市长宁区少年法庭、设置收容教养、建立工读学校等。〔3〕从发展脉络上看，其不具备上位概念的引进意图，进而虽然保护性已然初具规模，但是未成年人案件的保护性措施仍散落于各个法律规范之中，不具备独立性和体系的完整性。1991年《未成年人保护法》和1999年《预防未成年人犯罪法》的制定，使"未成年人法"体系化的进程更进一步，但是保护处分的措施的构建却是缺位的。《预防未成年人犯罪法》本可以作为缺少独立少年司法制度的我国的"少年法"，并基于此搭建我国的保护处分制度，但是在稳定法律体系条件可行性的限制下，仅获得了一个适用其他法律的地位。除适用其他法律之外，其内部的创设性举措并不足以支撑对于未成年人的教育、感化、挽救的目的。从长远来看，在当前体系下《未成年人保护法》应当适当"福利法化"，《预防未成年人犯罪法》应"少年法化"，将其改造为司法性质的少年法典〔4〕，进而在《预防未成年人犯罪法》中进行保护处分的具体措施的构建是可行的。我国应在以保护处分作为上位概念统一未成年人处置措施的同时，建立独立的、体系化的保护处分措施制度。

2. 协调性不足

全国范围的处置协调机制缺乏。依据《预防未成年人犯罪法》第4条的规定，预防未成年人犯罪的综合治理体系是由各级政府为主导，多个部门和机构共同构成的。从预防未成年人犯罪视角来看，其基本能够满足需求，但是在过分注重犯罪预防的社会本位的视角下，过于强调前置预防导致其忽略了处置过程中的协调机制的作用。以

---

〔1〕 姚建龙："犯罪后的第三种法律后果：保护处分"，载《法学论坛》2006年第1期。

〔2〕 于国旦："保护处分及其在我国的适用"，载《国家检察官学院学报》2009年第3期。

〔3〕 参见1992年11月14日林准在未成年人犯罪的预防、审判和矫治国际研讨会上的演讲："中国审理未成年人刑事案件的司法制度"。

〔4〕 姚建龙："未成年人法的困境与出路——论《未成年人保护法》与《预防未成年人犯罪法》的修改"，载《青年研究》2019年第1期。

2020 年 7 月 1 日实施的《社区矫正法》规定的未成年人矫治为例，在未成年人犯罪后被司法矫治的情形下，矫治单位确定优先级依次是居住地、经常居住地、最有利地。以居住地作为第一优先级的情形下，处理未成年人案件的司法机关对于异地矫治的未成年人的后续矫治基本处于失联状态，而矫治地的司法机关乃至司法行政机关又缺少对该矫治未成年人案件的实际接触，矫治针对性仅限于书面文件。笔者以为，这样的矫治方案的矫治效果欠佳。《中国流动人口发展报告 2018》显示：2015 年，我国儿童流动人口已经达到 3426 万人，总流动人口约 2.4 亿人。我国拥有庞大的流动人口却缺少相应的全国协调处置措施。基于此，我国应当立足于加强未成年人本位，充分利用"预青"综合治理体系在信息互通中的基础，建立新的能够应对未成年人异地处置、异地帮教的全国范围的未成年人案件处置协调体系，要保障未成年人处置的连续性，减少乃至避免由多个异地机构之间的移转带来的帮教、矫治效果和连续性缺失。

处置措施内部协调不足。首先，体现为前置未成年人罪错分级的混乱。目前，《预防未成年人犯罪法》将未成年人罪错行为分成"不良行为"和"严重不良行为"两大类。其中，不良行为包括八类严重违背社会公德的行为，严重不良行为包括八类严重危害社会但不足以刑事处罚的行为。这种分类最严重的问题有二：一是以"多次""屡教不改"作为二者区分界线，而非纳入现行法规范中以违反行政法行为、违反刑事法行为等作为区分，这导致违反行政法和部分违反刑事法的行为在两种行为中暧昧不清、难以界定，在涵盖面上也不清晰，仅能凭借兜底条款来解释同类行为；二是两种行为的分类标准都不足以严格涵盖其下属所有行为。如不良行为以违背社会公德作为标准实则包含了非属于违背社会公德的"成年人可为而未成年人不可为行为"[1]，甚至"故意毁坏财物""偷窃"等应当被纳入刑事评价的行为，严重不良行为之下属行为也是如此，并未对于刑事责任年龄予以引入，仅以"不够刑事处罚"作为标准，并不明确，应当具体阐明以使公众知晓。

其次，不同处置方式之间缺乏针对性。现存的处置方式中包括了刑事范围的不起诉考察、非监禁的矫治，行政范围内的治安管理处罚、训诫等措施，《预防未成年人犯罪法》责令严加管教、责令监护人训诫、公安机关训诫、工读教育和必要时的政府收容教养措施。在这些措施中，具备一定教育功能的仅有工读教育措施，其他措施基本照抄于其他现有法律、法规，是一种"小儿酌减"的做法，在针对性上远远不能满足未成年人特殊处遇、教育感化的需求。

最后，强制与非强制的帮教措施比例失衡。随着工读教育制度由强制送不良行为未成年人去工读学校向"三同意"原则的转变，对于不良行为未成年人的帮教性质的措施就全部丧失强制性了，包括责令父母严加管教、训诫之类的措施已经难以对未成年人进行感化、挽救，过分夸张非强制性不仅不利于犯罪的提前干预和事后帮教，而

---

〔1〕 姚建龙："论《预防未成年人犯罪法》的修订"，载《法学评论》2014 年第 5 期。

带来的后果是被处置未成年人对于行为危害性认识不足，在进入犯罪圈时几乎多已背负行政处罚。强制性的缺失还会导致对被害人情绪安抚不足，法律对于未成年行为人的过分宽容，对于被害人而言就是法律的公信力缺失。笔者以为，这种宽容源于对做出不良行为乃至违反刑法行为的未成年人回归正轨的期待，且这种宽容是被害人乃至社会对于未成年人"回归可能性"的让步，而非仅以未成年人的教育感化挽救为考量，并且应当辨析知晓的是强制并非等同于报应主义，非强制也并非等同于"教育、感化、挽救"，应当在二者之间找一个合适的中心点，避免两种模式的矫枉过正。

二、基层未检部门对保护处分制度的实践探索与困境

未成年人案件处置所存在的问题是普遍的，但是在规范层面的困境之下，检察机关也在积极探索未检制度的突破创新，但仍存在许多实践困境需要突破。2017 年 3 月，最高人民检察院制定印发了《未成年人刑事检察工作指引（试行）》，并分两批确定65 家人民检察院作为未检创新实践基地，南浔区人民检察院正是这 65 家之一。2019年最高人民检察院发布的《2018—2022 年检察改革工作规划》对"探索未成年人临界预防、家庭教育、分级处遇和保护处分制度"的核心问题进行了聚焦，全国各个创新基地（包括南浔未检在内）继而拉开了困境突破战争的序幕。

（一）南浔区人民检察院未成年人案件保护处分的地方实践探索

第一，以罪错分级理论为前提研究保护处分的构建。保护处分措施是在处置未成年人案件时的刑罚替代性措施，并在其内部区分具有一定强制性的措施和不具有强制性的措施，所以在保护处分措施的适用上，前提罪错干预的分级标准就尤为重要。依托前沿理论的学习，以"不良、一般违法、触法、犯罪"的未成年人罪错行为四分法作为未成年人分级干预的前提理论。其中，犯罪行为即触犯《刑法》，具有严重社会危害性，成立刑事犯罪的行为；触法行为是指未满刑事责任年龄，或者因为未成年人刑事政策因素而不予刑事处罚的行为；一般违法行为（违警行为）是指触犯《治安管理处罚法》，但尚未达到刑事犯罪危害程度的行为；不良行为（虞犯行为）是指"成年人可为，而未成年人不可为"的违反成人社会对未成年人行为规范的期待的行为。[1] 较为系统地划分了从构成犯罪且负刑责、构成犯罪但不负刑责、违反行政法规未达刑事犯罪、逾越未成年人身份但未达违法的覆盖全面的未成年人罪错行为分级体系。

第二，以四分法为依托创设分级干预模式。针对犯罪行为利用前置人格甄别决定采取起诉措施或两种不起诉措施之一，并依据前置三种方式决定羁押观护、网格观护、企业观护。对于触法行为会同职能部门先议并综合审查触法情节、危害结果、认识态度进行分级矫治措施的适用，并在文件中探索建立"观护处分""禁闭处分"的强制性

---

〔1〕 参见姚建龙："论《预防未成年人犯罪法》的修订"，载《法学评论》2014 年第 5 期。

措施。对于一般违法行为由公安机关在教育训诫、责令赔偿道歉、具结悔过、固定时长法治教育等多种不涉及人身自由的教育处分措施中进行选择适用。对于不良行为主要从预防角度对于重点未成年人的烟酒管控、夜不归宿、离家出走、进入娱乐场所等进行提前干预，形成阶梯式的分级干预方法。下附分级干预的典型案例：

小顾等人聚众斗殴典型案例处置模式		
处置流程	犯罪行为	前置人格甄别→起诉/相对不起诉/附条件不起诉→羁押型为羁押观护（心理干预、法治教育、亲职教育等）；未羁押在有住所或本地籍纳入网格观护（1+3帮教）；未羁押"三无"纳入"雏燕之家"进行企业观护
	触法行为	会同职能部门先议→综合审查触法情节、危害结果、认识态度→分级矫治措施适用：检察官训诫、强制公益劳动、固定时长法治教育
	一般违法	公安机关治安处罚→区院根据行为严重程度提出附加保护处分检察建议→公安教育训诫、固定时长法治教育等保护处分措施

第三，以"教育、感化、挽救"为核心指导，创设各类未成年人的针对性普法、观护、帮教措施。一是为普法教育而成立的由8名检察官组成的"浔讲团"，分成3个小组，制定9类课件，分别针对涉罪未成年人、临界犯罪未成年人、在校生分层次开展法制教育。2014年至2018年，这一"浔讲团"共开展法制教育30余场，法制宣传8次，累计受众人数1万余人次。二是充分利用社会支持体系，针对不同类型的涉罪未成年人创设了三种观护模式。对羁押类的涉罪未成年人采用公检法联动的方式开展心理疏导、法制教育、看望慰问等活动；对本地或者在本地居住一年以上的涉罪未成年人开展网格化"1+3"帮教模式；为来浔"三无"涉罪未成年人搭建"雏燕之家"，以南浔优秀企业的力量为该类人员提供基本的生活技能保障，也为案件的顺利诉讼提供保障。三是考察帮教模式的创新。2013年，南浔区人民检察院通过聘任具有专业特长的"社会观护员"、热心于青少年工作的"爱心守护员"、观护基地中的密切联系人的形式搭建案件承办人+密切关系人、社会观护员、爱心守护员的"1+3"考察帮教模式，针对涉罪未成年人制定帮教方案。2017年底，南浔区人民检察院在"1+3"帮教机制的基础上已先后与两家公益组织签订合作协议，以"检察+公益"的形式，将专业社工纳入帮教工作，补充进行未成年人的社会调查工作，并为附条件不起诉的未成年人提供心理辅导、亲职教育、公益活动、技能培训等更为专业的帮教工作。

第四，充分利用网络技术，以App形式加强对罪错未成年人的帮教的实时性、联系性。在如今的大数据时代，南浔区人民检察院开启了智慧未检建设探索，于2018年开发打造"智慧未检"App，通过线上搭建儿童专家、司法社工、帮教企业、公益组织等多类平台，实现帮教需求平台发布、专业资源及时匹配响应、考察观护动态实时掌握，为对罪错未成年人的人格甄别、分类观护提供便捷、高效的基础保障。

（二）"南浔经验"带给保护处分制度构建的启示

1. 相对独立型保护处分的分级干预模式启示

第一，优先规则的体系内实施。在独立或相对独立的保护处分体系中，保护处分独立于刑罚和保安处分而存在，此时就要考虑二者重合之时的法律适用问题。相较于完全融入保安处分之内的同质型处置体系，在较为理想的完全独立型保护处分体系之于当前规范体系内难以被建立的情形下，相对独立规则的探索就成了可以选择的最优解。南浔未检通过充分利用不起诉制度，在保护处分半独立式的立法模式下，通过不起诉制度回避了未成年人刑罚措施的适用，在保护未成年人的同时兼顾了法的稳定性基础，保障了未成年人专门处置措施优先规则的适用。

第二，前提理论的分级之后的分级干预措施的创新值得学习。尤以不诉之后的社会支持帮教、强制亲职教育和触法行为的观护处分、强制公益劳动等措施为重点，在强制性保护处分措施和非强制性保护处分措施之间产生了良好的阶梯效应，更具针对性，同时在"一罚了之""一放了之"之间寻到了一个平衡点。

第三，多部门联席前置先议工作模式。未成年人案件涉及部门众多，公安机关、司法机关、社会机构都参与其中，但各部门和机构之间在缺少信息共享机制的同时也缺少协调机制。南浔区人民检察院制定的《南浔区未成年人分级处遇区域治理实施办法》，以区政法委为领导，各部门进行综合治理。这一综合治理模式在各个罪错行为的处分细节中皆有体现，如对于触法行为的会同职能部门先议程序、犯罪行为的分类观护程序等，形成了具有借鉴意义的联席工作制度经验。

2. "智慧未检" App 建设经验对于保护处分全国协调体系建设的积极意义

"智慧未检" App 是在最高人民检察院"智慧未检"的顶层规划之下开发出来的，虽然各地也陆续推出了自身的"智慧未检"模式，但是明显在构建 App 的目的和功能上出现了不小的差异。"智慧未检" App 不局限于日常未检工作，进一步开发了被帮教人员与主办检察官的交流机制，同时容纳了如法制教育课程、普法预约、心语热线等民众可以获取的网络资源。基于此，我们不妨大胆地将该类模式推广到全国，以解决前文提到的全国未成年人处置协调体系缺失的问题，通过建立全国性的未成年人案件App，建立各经手人员和机构之间的信息共享机制和各经手人员和机构与被帮教、矫正未成年人的长线观护，在解决异地矫治、帮教失联的问题的同时进一步加强综合治理体系的联系性。这不仅对于当前半独立式体系是具有积极意义的，在建设需要多部门的联系、合作的保护处分体系之时，更需要一个能够协调各部门工作的关键环节，而传统线下和与成年人一体化的线上工作并不能满足保密性和高效性的要求，因而一个集成罪错未成年人处置的部门协调和保护处分异地沟通渠道的线上工具就成了一个很好地解决传统模式缺陷的办法。

（三）仍需突破的实践探索困境

第一，我国现行的保护处分措施缺乏司法化程序。目前，我国法律并未明确规定保护处分制度，虽然《刑法》《治安管理处罚法》《预防未成年人犯罪法》规定的未成年人罪错行为采取的干预措施和域外保护处分措施有相似之处，但它本质上并非刑罚的替代性措施，而是作为刑罚的补充性措施存在，大多数均属于行政处罚的范畴。其适用程序基本属于封闭的行政权自决系统，罪错未成年人无法像在司法程序中那样获得必要的程序救济权。尤其是将罪错未成年人送往专门学校和收容教养机构这两个带有一定人身强制性的机构内实施保护处分的措施，前者由教育行政部门审批，后者由政府决定，适用程序均采用行政审批的方式，缺乏透明度和司法监督，弊端较大。罪错未成年人对这种带有限制人身自由色彩的行政行为难以申辩，不利于教育感化工作的进行。

第二，实践中保护处分措施的实施缺乏强制力。如宋英辉教授就认为："对有严重不良行为的虞犯未成年人，或者触法未成年人开展社会化帮教，完全依赖于适用对象及家长的主动配合，缺乏强制手段和后续措施，造成适用困难。"[1]比如责令严加管教这一措施，现行法律的规定缺少对于父母等其他监护人履行严加管教的详细监督规定，虽然形式上具有该措施，但是监护人如何管教、严加管教的标准、严加管教与虐待被看护人之间的界限，以及不履行监护管教义务之后的认定和责任如何承担都缺少依据和具体实施措施，现行可以参照的措施也具有一定的越权甚至违法风险。如《民法典》规定的撤销监护权措施虽较为有力，但是仅对于侵害被监护人的规定较为详细，难以适用于具体监护人消极不履行监护责任时的情形，且相较之下，消极不履行监护责任的伤害并不小于侵害被监护人权益情形的伤害。在缺乏强制性的现状之下，保护处分措施的实施效果就无法保证。

第三，保护处分缺乏配套机制的配合。保护处分措施仅是未成年人罪错行为防治的一环，它需要各个环节的配合，才能充分发挥它的作用。但目前保护处分措施的配套机制并不健全。一是缺乏信息共享机制。保护处分措施涉及未成年人的不良行为、虞犯行为等四种罪错行为，而不良行为本身以及相应的未成年人信息一般为学校、家庭、教育部门所掌握，虞犯行为及相关信息一般为公安机关所掌握，只有在涉罪行为时才会进入到公安、司法机关的掌控范围，而这几个主体之间缺少良好的信息交流共享机制、工作协同机制，除了个别地方实践创新了工作协同机制外，各方呈现"各为其政"的现象，不能形成有效合力。二是缺乏后续帮助罪错未成年人回归社会的机制。未满14周岁的未成年人做出触法行为之后，往往会被记录在案，学校几乎无一例外地对其予以开除学籍的处罚。在其接受完矫正教育后，即便处于义务教育阶段，也难以得到学校接纳，而进入专门学校则又会被贴上"标签"，不利于其回归社会，很有可能令其再次走上歧途，成为社会不安定因素。三是社会支持体系不够完善，现有的社会帮教措施起到的作用有限。虽然南浔区人民检察院凝聚社会各界力量，建立了罪错未成年人的多元观护模式，但是在未检工作实践中，涉及社会支持的司法协作较为零散，

---

[1] 宋英辉、尹泠然："为未成年人构筑保护处分体系"，载《检察日报》2017年9月7日。

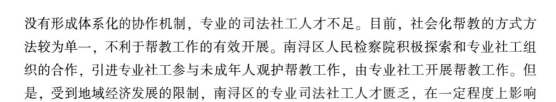

没有形成体系化的协作机制，专业的司法社工人才不足。目前，社会化帮教的方式方法较为单一，不利于帮教工作的有效开展。南浔区人民检察院积极探索和专业社工组织的合作，引进专业社工参与未成年人观护帮教工作，由专业社工开展帮教工作。但是，受到地域经济发展的限制，南浔区的专业司法社工人才匮乏，在一定程度上影响了帮教工作的开展。

三、未成年人罪错行为保护处分制度构建

（一）保护处分适用范围和适用原则的界定

1. 保护处分适用范围

应当明确在理论界对于未成年人罪错行为的分级尚未达成共识，同时我们应当达成的共识是现存"不良行为、严重不良行为"的分类不合理性，那么我们就需要在理论或他国实践中找到较为合理的分类标准。理论界对于罪错行为的分级干预的观点较为庞杂，比如，有的根据实施罪错行为的主体年龄对未成年人罪错行为进行分类[1]，"根据未成年人实施罪错行为次数及再犯可能性进行分类，以及根据罪错未成年人的人身危险性、社会危害性进行分类"。[2]还有学者主张建立多维度的未成年人罪错行为分级干预体系，从适用对象、适应范围和干预措施进行分级干预。具体而言，一是包括适用对象年龄划分为不满12周岁和已满12周岁两类；二是依据适用范围将未成年人的罪错行为分为不良行为、治安违法行为、触犯刑法行为三类；三是干预措施分类，将干预措施分为福利类措施和教育矫治类措施。[3]也有学者主张基于我国已经建立的未成年人司法体系将未成年人罪错行为分为不良行为、严重不良行为和犯罪行为三类，其中严重不良行为包括违警行为和触法行为。[4]这些观点各有各的考量，但也都存在不足。有的观点采用的分类适用标准太多，将未成年人罪错分级干预体系复杂化，缺乏可操作性。有的观点错误地将不同性质的行为划分到一起。还有的观点遗漏了未达刑事责任年龄的未成年人的犯罪行为等。在各国实践上，以独立少年司法制度较为成熟的日本为例，其将少年非行划分为"虞犯行为""触法行为""犯罪行为"，却并未区分行政违法与刑事违法，这与我国行政违法和犯罪二分化的立法体系虽不相匹配，但是整体理念值得借鉴。在本土化的同时，区分行政违法与刑事违法继而形成"虞犯、违警、触法、犯罪"的四分法，其中虞犯行为对应不良行为，违警行为对应一般违法行为，这是南浔未检当前实践的理论基础，同时亦是我们建立保护处分制度的成功经验。

因而在上述四分法的基础上，在相对独立的当前处置措施体系之下，我们应当借

〔1〕 熊波："分层次构建罪错未成年人分级处遇制度"，载《检察日报》2019年2月24日。

〔2〕 上海市长宁区人民检察院课题组："未成年人罪错行为分类干预体系研究"，载《青少年犯罪问题》2019年第3期。

〔3〕 宋英辉、苑宁宁："未成年人罪错行为处置规律研究"，载《中国应用法学》2019年第2期。

〔4〕 马丽亚："中国未成年人罪错行为司法处遇制度的完善"，载《云南社会科学》2017年第4期。

鉴南浔未检的实践经验，明确将保护处分措施适用于所有四种未成年人罪错行为，需要作出努力的方向是借鉴、创新针对四种行为的保护处分措施，同时厘清具体保护处分措施与刑罚、治安管理处罚之间的适用关系。

2. 保护处分适用原则

最大适用原则。该原则脱胎于处分优先原则，不同于完全优先适用原则要求的完全排除刑罚和治安管理处罚的适用，在我国目前相对独立的立法趋势下，我们可以寻借到的在规范之下的最优处置方式是最大优先适用，即在《预防未成年人犯罪法》中以原则性规定发挥指引作用，规定最大优先适用《预防未成年人犯罪法》既有保护处分措施和后续创新措施，《刑事诉讼法》《社区矫正法》的未成年人专章的刑罚体系内仍有适用余地的同时，以《刑事诉讼法》的不起诉规则原则性排除刑罚手段的应用，为保护处分制度的适用提供助力，至于《治安管理处罚法》的实际并不执行的未成年人治安处罚条款，则完全适用附加保护处分措施，并不影响二者的协调性，同时亦能达到对于未成年人的保护目的。

处分相称原则。相称的含义有二：一是保护处分措施与未成年人罪错行为的发生原因相称，在保障未成年人健康成长，以及对于罪错行为提前干预的目的下，有针对性地对罪错行为发生的原因给予保护处分。二是保护处分措施的保护限度与社会防卫需要、社会情感需要相称。处理好与刑事化处置措施的关系，预留保护处分的适用限度，同时在非拘禁性保护处分居多的情形下处理好与社会情感需要之间的关系，如创制部分短期拘禁体验性处分、强制教育处分等。

处分法定原则。处分法定原则是刑法中的罪刑法定原则在保护处分领域的延伸，罪刑法定原则的目的是防止司法机关权力滥用，处分法定是对于其限制公权力含义上的继承。其立法渊源则至少可以追溯到1928年国际刑法统一会议关于保安处分的《统一立法案》。该法案第1条规定："对任何人，非依照刑法规定不得施以保安处分。保安处分的内容，悉依照法律的规定。"[1]保护处分作为一种具有一定强制性的罪错未成年人处遇措施，其法定的含义当然包含了对于保护处分措施的限制适用，即明确措施的保护处分的适用范围、适用条件、适用类型、适用程序，以及保护处分的法定种类、法定程序等以防止决定机关滥用保护处分决定权。

(二) 保护处分措施的内容和措施

1. 基于四分法的现有处置模式完善和实践经验的借鉴

基于保护处分的非拘禁化倾向和限缩惩治性考虑，当前规范体系中存在强制性措施与非强制性措施协调失衡和强制性缺失所带来的弊端前文已有所述，因而笔者认为应当基于原有工读教育、收容教育等措施，剔除其中不适宜未成年人的惩戒性，适当创设新的强制性保护处分措施，以增补强制性。同时为了适应四级罪错行为分级处遇，

---

[1] 姚建龙："犯罪后的第三种法律后果：保护处分"，载《法学论坛》2006年第1期。

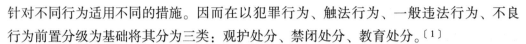

针对不同行为适用不同的措施。因而在以犯罪行为、触法行为、一般违法行为、不良行为前置分级为基础将其分为三类：观护处分、禁闭处分、教育处分。[1]

（1）观护处分。观护处分的性质包含了社区性保护处分和机构性保护处分的特征，具体而言包括附加型观护处分和单处型观护处分，附加型观护处分又包括羁押观护、网格观护、社会观护，单处型保护处分暂以专门学校观护为唯一手段，在具有合适社会观护地点时也可以交由社会机构观护。在适用上，附加型观护处分适用于犯罪行为，而单处型观护处分适用于触法行为和严重的一般违法行为。附加型观护处分的设定基础来源于南浔未检涉罪未成年人的"羁押观护、网格观护、企业观护"帮教观护措施成功案例实践，通过不起诉的帮教观护，使涉罪未成年人成功回归到工作和学校。附加型观护处分中羁押观护指对于被羁押的未成年人通过配置专业管教民警以心理干预、法治教育、亲职教育等手段进行观护教育的保护措施。网格观护是指对于未羁押的本地籍或者有本地固定居所的涉罪未成年人结合其特点制定专门帮教模式、帮教人员、帮教方案的保护措施。社会观护是指利用社会资源（包括企业、志愿组织等社会组织）中具有人大代表、政协委员身份的机构安置观护点，对于家庭支持薄弱的涉罪未成年人进行替代观护的保护措施。而单处型专门学校观护处分是对于传统工读学校资源的合理运用，并对原有工读学校的入校条件进行强制性改造，在适用行为上进行限缩，适用于触法行为和严重一般违法行为。

（2）禁闭处分。禁闭处分的适用对象是实施严重的一般违法行为和触法行为的罪错未成年人。禁闭处分的设计灵感来源于《德国少年法院法》中"短促而激烈的震撼措施""体验式监禁"的做法。事实上是将未成年人在分别关押的前提下依据情节的轻重选择放入拘留所或者未成年犯管教所进行1日到15日的体验监禁。[2]禁闭处分措施的设置是对于有限的拘禁性保护处分的创设，在拘禁性措施如《行政处罚法》中的拘留被"初次规则"所"架空"后，未成年人案件在行政领域基本没有"棒喝"性质的措施辅助当事人认识自身罪错行为，这种短期监禁方式为拘禁模式和"一放了之"模式提供了一个折中方案——"体验模式"，兼顾教育性质的同时未让罪错未成年人踏入惩戒的范围圈。

（3）教育处分。教育处分的适用对象是实施一般违法行为（严重不良行为或者违警行为）的罪错未成年人，它最重要的特征是社区性，不具有限制和剥夺人身自由的特征。设计的灵感来源于原行政处置措施中的罚金、训诫等措施，并对于基础措施进行了开发，具体包括：公安训诫、责令赔偿道歉、具结悔过、固定时长法治教育、不超过100小时的社会公益服务、禁止令和其他根据情形公安可以创设的非限制、剥夺自由型措施。教育处分的特殊性在于其替代了惩戒性较强行政处罚措施，在传统行政

---

[1] 姚建龙："《中华人民共和国预防未成年人犯罪法》修订专家建议稿"，载《青少年犯罪问题》2020年第2期。

[2] 姚建龙："《中华人民共和国预防未成年人犯罪法》修订专家建议稿"，载《青少年犯罪问题》2020年第2期。

处置规则基本难以在未成年人案件中得以执行的尴尬情形下，教育处分帮助解决"养猪困境"中"饲养"阶段的问题，辅以有一定强制性的处分措施，在并不涉及限制人身自由的前提下同时也可以保证实施的效果。

不良行为的干预较为特殊：一是不良行为的发生难以被发现，除了监护人和行为发生时的近距离接触者之外，公安和司法机关欠缺发现能力。二是不良行为的司法干预不具备规范赋权，只能通过间接干预模式，如对监护人责令严加管教、亲职教育，还有对娱乐场所进入年龄进行严格管制等，对于实施不良行为的未成年人而言，保护处分就难有用武之地，此时进入一般预防乃至临界预防的范畴，需要政府、司法机关、公安机关、公益机构等多个部门、机关、机构联席工作，因此不纳入保护处分制度的范畴，应当归于预防制度。

综上，各个行为专门设置的处分措施如下表：

行为类型	犯罪行为	触法行为	一般违法行为		不良行为
			一般违法	屡教不改或缺乏监护	
适用保护处分措施	附加型观护处分：羁押观护、网格观护、社会观护	单处型观护处分、禁闭处分	教育处分	单处型观护处分、禁闭处分	纳入预防

2. 保护处分措施实施的专门化设置

（1）未成年人案件联席先议主导权的赋予。案件先议权的赋予意味着由谁来最终决定适用何种保护处分，传统具有独立少年司法制度的国家的未成年人先议权一般归属于法院所有，如日本的法院全案不区分刑事、非刑事的先议模式。但是这种通过预判是刑事案然后送交检察机关起诉的模式存在的根本问题是对检察机关审查起诉权的掠夺。与之不同的南浔未检探索的触法行为联席先议模式则规避了这一问题，通过会同职能部门先议，审查触法情节、危害结果、认识态度，进而决定分级矫治措施的适用。这样的做法虽然规避了职权越位问题，但是触发了新的联席机制主导不明、权力分散可能带来的意见难以统一的问题。笔者认为，相较于单独赋予法院存在越权问题，而单独赋予检察院又可能带来权力自行使、自监督的问题，在权衡之下，人民检察院主导的联席先议可能成为较为理想的解决模式，同时赋予其他机关向上级人民检察院和同级人大的监督权，以达到相对平衡。

（2）未成年人警务、未检部门、未成年人法院的专门机构设置。未成年人案件处置的专门机构化设置提法由来已久，从上海市长宁区第一个少年法庭的建立，到全国少年法院规模的壮大，再到大规模运动式治理结束时的快速回落，少年司法的专门机构化经历了激烈的弹性变化。笔者以为，少年司法的专门机构化只有经历了这些才真正进入了理性时期，在未成年人犯罪问题不被当作一个社会问题进行讨论时，才能看

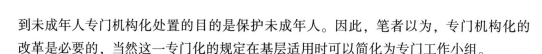

到未成年人专门机构化处置的目的是保护未成年人。因此，笔者以为，专门机构化的改革是必要的，当然这一专门化的规定在基层适用时可以简化为专门工作小组。

（3）公安、司法和社会专门人员的筛选与考核。专门人员是对应专门机构化的配套措施，专门人员设置的优势在于区别于传统司法机关的严肃刻板印象，一个符合未成年人身心特征的专门人员更有利于保护处分措施的实施。在公安、司法机关专门人员筛选过程中，应当采取"自愿+面试"机关内部人员正面筛选模式，在对社会专门人员进行筛选时，除了"自愿+面试"的正面筛选规则之外，还应当设置反向排除筛选规则，最主要的就是"入职查询"制度的应用，排除不适合未成年人教育、矫治的人员。考核模式主要针对专门社会工作人员，在通过政府购买服务提高社会专门人员报酬的前提下，吸引社工积极参与，在多次考核、筛选后将符合条件的社工纳入固定社工库，继而进行统一管理，形成专门人员服务体系。

（4）专门程序的单线保密性和互通协调的专门机制。专门程序设立目的之一是罪错未成年人信息保密，避免标签效应；目的之二是专门程序进行互通协调，结合专门机构和专门人员提高案件处置效率，避免长期程序拖延带来的超期处置。在专门程序的建立上，首先是前置社会调查模式的延续，由专门人员掌握社会调查过程和结果，并保障联席先议会议内容的保密性，其次是未成年人案件的专案移送，包括公安机关至人民检察院的移送和人民检察院至人民法院的移送，在明确原有与成年人分案处置的模式之上，保障与成年人案件的电子分库管理等。

（5）通过专门的 App 建立全国保护处分的网络监督和反馈平台。在"智慧未检"向全国未检部门推广的浪潮下，借鉴浪潮之下南浔"智慧未检" App 的创新经验，推广全国未检 App，将主办经手机构的人员纳入 App。如上文所述的网络手段可以解决异地帮教、处分的失联问题，以及机构性处分标签效应同时，还可以将这个平台作为检察系统的监督和其他机关、社会组织的反馈平台，在剥离传统案件系统之后既保证了保密性，也提高了帮教的连续性、高效性。

四、结语

罪错未成年人就如同长了叉枝的小树，我们需要对"叉枝"进行修剪进而引导其成长的方向，而非武断斩其枝，在幼年让其感受刑罚的残酷。在前科消灭制度都尚未建立的情形下，刑罚更当居后，应当将保护处分作为首要选择。在当前半独立的立法模式之下，我国虽然尚未建立理想的未成年人全独立处置模式，但既然已经处在了这条道路上，我们就不妨继续在这样的体系内进行探索，在"宽容而不纵容"的指引下，结合实践经验，为罪错未成年人的"修剪"工作找到合适的方向，完善当前的体系，形成能产生最接近理想处置结果的未成年人保护处分制度。

附条件不起诉量化动态监督考察模式研究
——以浙江省湖州市南浔区人民检察院实践探索为例*

祁正陆　沈勐儿　陈胜男**

未成年人问题，特别是未成年人犯罪问题，一直以来不仅是需要审慎解决的社会问题，同时也是保护下一代健康发展的关键之一。附条件不起诉制度是专门就未成年人犯罪问题设计与建立的一项特殊的刑事诉讼制度，是指检察机关在审查起诉时，根据犯罪嫌疑人的年龄、性格、情况、犯罪性质和情节、犯罪原因以及犯罪后的悔过表现等，对较轻罪行的犯罪嫌疑人设定一定的条件，如果在法定的期限内，犯罪嫌疑人履行了相关的义务，检察机关就应作出不起诉的决定。

一、量化帮教考核模式的提出背景

附条件不起诉制度最早出现并发展于国外，如美国 1975 年《美国问罪前程序模范法典》及《检察官指南》规定，未成年人犯包括欺诈罪、盗窃罪、联邦成文法犯罪、挪用罪等在内的四种犯罪的，可通过审前分流制度实现对未成年犯罪主体的附条件不起诉，在兼顾公正与效率的同时，实现对未成年犯罪主体的非罪化处理，并且随着不断发展，逐渐地将主体扩大至涵盖其他特殊群体。大陆法系国家在附条件不起诉的主体方面表现出了更为宽容的态度。如《德国刑事诉讼法》规定：对于轻罪，在法院与被告人同意的前提下，检察院即可做出附条件不起诉制度，对被告人主体年龄等因素并未做限缩规定，并且"轻罪"的范畴也扩大为类"中罪"范畴。同样作为大陆法系国家的日本在这一领域则更为自由。《日本刑事诉讼法》将附条件不起诉全部作为自由裁量权交由检察官判断，对于所犯罪名与犯罪主体并无详细规定，结合日本良好的法治成果，其中的道理不言而喻。

我国附条件不起诉制度发展呈现出一定的滞后性，走了一条自下而上、从地方到

---

　*　本文曾获 2020 年浙江省未成年人司法优秀研究成果三等奖。

　**　祁正陆：姚建龙教授学术团队工作室成员；沈勐儿，浙江省湖州市南浔区人民检察院第三检察部主任；陈胜男，浙江省湖州市南浔区人民检察院第三检察部检察官助理。

中央的改革道路。自1992年起，全国各地分别出现对未成年人进行暂缓不起诉处理并设立一定考验期的探索。如1992年上海市长宁区人民检察院对一名涉嫌盗窃的16岁的未成年嫌疑人实行暂缓起诉；2001年河北省石家庄市长安区人民检察院对未成年人的轻微犯罪设定一定的考察期，期满不予起诉；2003年1月，南京市浦口区人民检察院对一名涉嫌盗窃的大学生决定暂缓不起诉，确定"帮教实施方案"和为期5个月的考察期等。就全国而言，附条件不起诉制度的探索工作仍然呈"星火之势"。逐渐地，自2008年11月起，中央政法委提出对未成年犯罪要落实宽严相济刑事政策，意味着附条件不起诉的模式正式进入改革视野，检察机关对未成年人犯罪嫌疑人作出暂缓不起诉决定后，设立一定的考验期。整体规模上，各地检察机关呈现较为积极的态势，纷纷制定规则探索试点工作。经过十余年的探索，附条件不起诉模式在化解社会矛盾、节约司法资源等方面都取得了较好的效果，得到了社会各界的广泛认可和支持，2012年3月14日第十一届全国人民代表大会第五次会议《关于修改〈中华人民共和国刑事诉讼法〉的决定》（第二次修正）正式将附条件不起诉制度写入法律。

我国2012年《刑事诉讼法》第272条第3款[1]对附条件不起诉中的"附条件"做了规定，但前三项规定与2012年《刑事诉讼法》第69条对于被取保候审的被告人、犯罪嫌疑人的规定如出一辙，然而取保候审系以限制人身自由方式保障司法程序顺利进行的强制措施，不能体现出附条件不起诉制度应有的未成年人福利性；最后一项规定仅为"按照考察机关的要求接受矫治和教育"，没有进行细化。总之，除原则性规定外，2012年《刑事诉讼法》对于附条件不起诉制度未作其他细化规定。

2019年出台的《人民检察院刑事诉讼规则》（本文以下简称《规则》）第476条等条款[2]对附条件不起诉所附条件作出进一步规定，对检察机关在"附条件"的考察阶段矫治与教育范围作出不完全列举的规定，检察机关可以要求附条件不起诉对象完成心理治疗、参加公益劳动等有利于帮助被附条件不起诉未成年人改过自新、回归社会的一系列任务，这也成了附条件不起诉探索工作的重要依据。同时，《规则》第474条规定："在附条件不起诉的考验期内，由人民检察院对被附条件不起诉的未成年犯罪嫌疑人进行监督考察。人民检察院应当要求未成年犯罪嫌疑人的监护人对未成年犯罪嫌疑人加强管教，配合人民检察院做好监督考察工作。人民检察院可以会同未成年犯罪嫌疑人的监护人、所在学校、单位、居住地的村民委员会、居民委员会、未成年人保护组织等的有关人员，定期对未成年犯罪嫌疑人进行考察、教育，实施跟踪帮教。"

---

[1] 2012年《刑事诉讼法》第272条第3款规定："被附条件不起诉的未成年犯罪嫌疑人，应当遵守下列规定：（一）遵守法律法规，服从监督；（二）按照考察机关的规定报告自己的活动情况；（三）离开所居住的市、县或者迁居，应当报经考察机关批准；（四）按照考察机关的要求接受矫治和教育。"

[2] 《规则》第476条规定："人民检察院可以要求被附条件不起诉的未成年犯罪嫌疑人接受下列矫治和教育：（一）完成戒瘾治疗、心理辅导或者其他适当的处遇措施；（二）向社区或者公益团体提供公益劳动；（三）不得进入特定场所，与特定的人员会见或者通信，从事特定的活动；（四）向被害人赔偿损失、赔礼道歉等；（五）接受相关教育；（六）遵守其他保护被害人安全以及预防再犯的禁止性规定。"

由此可见，决定附条件不起诉的权限以及考察帮教的主导权虽在检方，但对于未成年人的帮教则是全社会共同努力实施的全方位福利体系，多部门的联动、配合是提高附条件不起诉对象改造实效性的关键。

目前，我国各地方人民检察院也在做着不同的探索工作。北京市人民检察院陆续出台《北京市检察机关未成年涉罪案件相对不起诉和附条件不起诉适用标准（试行）》与《北京市检察机关未成年涉罪案件相对不起诉与附条件不起诉实施细则》，其中，北京市朝阳区人民检察院在注重典型案例的参考作用的同时，主要通过与社会团体合作等途径规范监督考察工作的主体、程序与内容，提升帮教考察工作的科学性与合理性，同时完善帮教中的再教育环节，帮助考察对象实现再社会化；上海市浦东新区人民检察院探索建立动态附条件不起诉监督考察机制，通过悔过与考核的表现情节，动态调整考察期限，激励考察对象积极悔悟；山东省人民检察院机关注重解决"一诉了之"与"一放了之"的关系，积极适用附条件不起诉制度，拓宽主体范围，将更多的犯罪未成年人纳入考察范畴、给予改过机会，同时会同相关部门采取各种措施，通过约束教育、认知引导、心理矫正、行为纠偏等个性化帮教工作，引导其回归正常生活；江苏省人民检察院出台《江苏省人民检察院附条件不起诉工作暂行规定》，从《刑事诉讼法》立法原文切入，将其中的"有悔罪表现"细分为四类积极条件与五类消极条件，厘清附条件不起诉制度的适用范围，同时将考察帮教小组与不起诉程序无缝对接，提高制度实施的紧密性。

附条件不起诉的考察内容与考察方式没有全国统一的规则与标准，各地在执行过程中的做法不尽相同，社会支持体系的建立及运用程度和水平参差不齐影响了对涉罪未成年人的帮教质效。因此，我国亟须建立一套既能充分体现未成年人福利性又能切实帮助未成年人改过自新的操作规程。

二、量化动态帮教考核模式的实践探索

南浔区人民检察院在实践中，先行构建"人格甄别前置，分类观护机制"，实现对涉罪未成年人观护帮教的全覆盖，为后续的量化动态帮教考核模式提供了扎实的实践支撑。

（一）精细化人格甄别，精准化分类观护

"人格甄别前置，分类观护机制"以社会调查、心理鉴别等人格甄别措施为前置，重点创设符合未成年罪错行为发展规律和儿童教育矫正规律的分类观护机制，对涉罪未成年人开展精准化分类观护。一是精细化人格甄别。区院与区公安分局会签《涉罪未成年人人格甄别工作实施细则》，建立"人格甄别"前置机制，进一步规范心理测评疏导和社会调查的程序和方法。组建专业儿童心理学专家与专业涉未心理检测系统协作配合的模式，建立"两专"协作机制，为涉未心理支持提供专业保障。组建涉未社会调查专业队伍，建立"公益+"机制，实现社会调查全覆盖。二是精准化分类观护。引入专业社工团队，建立"检察官+司法社工、儿童专家、网格观护员"的"1+3"帮

教观护模式，并由检察官根据协议内容对观护内容实行项目化管理，从制度上保障帮教措施规范化落实。至今，已对全部涉罪未成年人开展了社会观护帮教，70%的帮教对象高质量完成了考察帮教任务，其中92%的帮教对象完成了就业，剩余30%的人员仍在观护帮教中。具体而言：①针对羁押的未成年人，搭建羁押涉罪未成年人观护平台。在保障分管分押的基础上，以专业管教民警为主导，以驻所检察室为桥梁，将心理干预、法制教育、亲职教育等观护措施覆盖到被羁押涉罪未成年人。目前已全面对接入所未成年人信息，观护覆盖率达到95%，成功进行心理干预6人次。②针对本地有固定住所的非羁押涉罪未成年人，搭建涉未网格化观护平台。以区平安建设大治理为契机，联合区综合治理中心，将本地籍或在本地有固定住所的非羁押涉罪未成年人纳入全区社会治理网格管理平台，实现观护区域全覆盖。对每一位涉罪未成年人根据属地原则确定观护点，实现网格化管理。现涉罪未成年人帮教及时到位率达到91.2%，提升了30%。③针对"三无"未成年人，搭建"雏燕之家"观护平台。依托党委、政府力量，以青年企业家协会为依托，为来浔"三无"涉罪未成年人搭建"雏燕之家"，同时确定专人管理，制定安置细则，实现规范化运行。现已在6家企业设置帮教点，在浔非羁押"三无"涉罪未成年人观护率达100%。

（二）量化积分考核，动态观护帮教

在前期分类观护奠定的良好基础上，南浔区人民检察院对涉罪未成年人帮教模式进行了探索升级，试行量化积分考核考察监督模式，同时联合团区委及区志愿者协会配套出台公益服务跟踪考评机制，打造附条件不起诉未成年人公益服务"浔+雏燕"品牌，对于经区人民检察院审查办理后作出附条件不起诉的未成年人，组织其参加固定时长的公益服务，让其对社会作出一定补偿，同时完成帮教人员的其他帮教要求和措施，来作为对其不起诉所附的条件之一。主要的做法有：一是构建制度保障。南浔区人民检察院出台《附条件不起诉量化考核实施细则》（本文以下简称《细则》），对考核任务、积分分配、积分结果处置、各环节责任主体、风险管控等项目核心问题进行明确，规范了实施方式、适用范围、实施流程、积分考察期限等具体实施问题，并联合团区委、区志愿者协会配合出台《涉罪未成年人公益服务跟踪考评实施办法》及《公益服务评价标准》，在规范化推进项目运行的同时引用志愿优享计划、享受"志愿积分贷"、志愿者组织正式从业等优享措施，为犯罪青少年较好回归社会创造条件。二是实现全程监管。依托人格甄别先期评估，在此基础上判断涉罪未成年人是否具备进行考察帮教的外部环境和内部因素条件。评估认为可以进入考察帮教的，则由司法社工带领、引导涉罪未成年人完成考察帮教任务，按照《细则》的积分规定，对涉罪未成年人通过公益服务、观看法制教育视频、精读一本好书等必修项以及学习劳动技能或就业、回归学校、缓和家庭关系等选修项设置量化积分。司法社工在考察期满前两个月将个人帮教档案及《帮教量化考核表》一并提交检察机关，得出最后积分、提出帮教评估建议。检察机关通过查阅帮教档案、谈心谈话等方式对帮教成果进行监督核查并提出核查意见。最终的核查意见则依据《细则》规定进行动态考核：对于总积分不满 60 分的予以酌情延长考察期，情节严重达到起诉条件的，予以起诉；修满必修项且总积分达 60 分至 70 分的则顺利通过考察期；修满必修项且分数达 70 分至 90 分的则酌情缩短考察期 2 个月以下；修满必修项且分数提前达 90 分以上的可以酌情缩短考察期 2 个月以上，但考察帮教期不得少于 6 个月。三是通过打造智慧未检项目，线上搭建儿童专家、司法社工、帮教企业、法治巡讲团、公益组织等多类平台，实现帮教需求平台发布、专业资源及时匹配响应、考察观护动态适时掌握，为完成量化积分考核考察帮教提供便捷、高效的基础保障。检察机关通过在线实时监督社工的帮教活动，及时提出引导性意见，随时保障帮教质效。目前线上已凝聚涉及 100 余人的 9 支专业帮教队伍，其中观护团队呼叫到位速度提升至 54.5%，涉案未成年人线上对接帮教率达 87%。

（三）着重帮教效果，凸显未成年人福利性

全国人大法工委在条文说明和立法理由中对立法精神的原义予以明确：附条件不起诉制度给犯轻罪的未成年人一次改过自新的机会，避免执行刑罚对其造成的不利影响，有利于使其接受教育，重新融入正常的社会生活。无论为考核对象设置哪种考核内容，都应符合立法的根本目的，既要从"标"上矫治不良的行为，亦要从"本"上使其养成优良的生活习惯，二者相辅相成、缺一不可。仅从实体行为角度出发，对考核对象设置种种故意为之的考核障碍并不能对其内心进行较为客观的改良，可预见的结果是即使考核对象以优异的表现完成了考核，也无法有效保障其无再犯的可能性。同样地，如重心在于对其内心的改造，则要面临考核过程中学习的内容很难被落实，无法克服"顽劣"的外表。并且，培养良好的修养是一项长期工作，我们无法对考核对象实施长周期的心性培育，否则过重的考核负担也有悖于附条件不起诉制度的实施初衷，并且，同样要面对的问题是考核对象在完成考核指标后，能否拥有适格的回归社会的能力，这同样对帮教考核的实效性起着至关重要的衡量作用。因此，无论怎样的考核设置，都要尽可能全面地考量表层效果与深层效果。

量化动态考核模式在设置上较好地克服了这一问题。在劣行矫正方面，量化动态考核模式可以通过使其参加公益活动等事项，在这过程中充分接触优良的人员平台，感受社会温情，耳濡目染地让考核对象从感受社会温度，到适应社会温度，再到散发社会温度，面对考核对象从小面临的种种家庭与社会问题，积极地将其引入到社会的正能量潮流中来，是让考核对象回归社会、改过自新的必经之路。在修身养性方面，为考核对象设置了"读好书""看好电影"等一系列深层感化项目，对于走上犯罪道路的未成年人而言，其在成长的环境中欠缺着一种静心体会的过程，通过读书与看电影，这些未成年人可以在感悟内容与写读后感中生动地体会到一定的道理，同时这一过程本身也是对心性的一种磨炼。在回归社会方面，帮教工作不能只"教"不"帮"，不解决涉罪未成年人生活、工作、学习的实际困难，帮教效果就不会理想。量化动态考核模式一方面通过选修加分的形式以及可以缩短考察期的福利或者延长考察期的压力，倒逼部分帮教对象主动参加工作。还通过当地爱心企业对劳动技能缺失的帮教对象进行职业技能培训。另一方面对于一些学习欠缺的帮教对象，通过选修加分的形式提高帮教对象回归学校的积极性。通过这些措施，使帮教对象在考核结束后能有足够的回归社会的能力，最大限度地预防再犯。

从社会责任的现实来看，未成年人犯罪作为一种社会病态现象，更多的是学校、家庭、社会等各个方面的责任。从某种意义上说，未成年人本身就是受害者，社会应以矜恕之心待之，而非一味强调惩罚。对犯罪未成年人的帮教考核工作，不仅仅是检察院单一主体的职责，其中也少不了其他相关部门的配合。在量化考核模式中，为考核对象设置了不同种类的考核任务，其中也充分体现着全社会多角度的配合，对未成年人的考核如仅限于"一堆一块"，则不利于考核对象身心全方位的感化，每个考核对象的犯罪都不是某一单一因素导致的结果，其成长经历、家庭环境等各种因素都是造成其误入歧途的成因，因此在对其进行感化教育的过程中也要充分考虑到这些因素，为其设置有针对性的项目指标，督促其在完成项目的过程中实现对自身缺陷的弥补工作。量化考核模式中，项目种类、项目内容的活性因素很大，可以很好地兼顾不同考核对象的不同需求，从福利性的角度出发更好地关怀考核对象。

三、量化动态帮教考核模式的实践困难

（一）附条件不起诉转起诉的部分法条适用问题

《刑事诉讼法》第 284 条规定了附条件不起诉后提起公诉或者不起诉的法律后果。《规则》《未成年人刑事检察工作指引（试行）》对提起公诉的条件做了进一步的明确，其中对于实践中出现得最多的违反附条件不起诉监督管理规定的行为，规定了需要造成严重后果或者多次违反的条件，但并没有明晰何为监督管理规定以及严重后果的程度。在实践中，虽然南浔区人民检察院的量化帮教考核制度实行后，统一了辖区监督考察模式，适应了帮教对象在完成帮教任务方面多样性的需求，提升了帮教对象接受监督考察的积极性，但对于部分责任心和自觉性稍差的帮教对象，很难通过积分来评判其是否已达到提起公诉的条件。一方面，由于严重后果程度没有被界定，无法通过减少具体分数来对严重后果进行评价；另一方面，由于何为监督管理规定没有明确，也无法通过积分甚至主观来评判怎样的行为系违反监督管理规定。比如，帮教对象多次拒不参加公益服务，还对司法社工恶语相向，但面对检察官时态度诚恳，事后完成了法治教育任务，但仍不参加公益服务，导致最终积分达不到合格要求，该行为是否属于多次违反监督管理规定呢？若是，则是否存在打击面过大的问题；若不是，则对于该帮教对象没有更好的强制力，只能机械地延长考察期，投入更大的精力感化、帮教。

（二）考察帮教规范化高要求与司法社工专业化程度不高的矛盾问题

目前，虽然检察机关依法系附条件不起诉考验期监督考察的主体，但帮教任务仍需要专业社会力量的介入，主要依托司法社工完成。但在实践中，仍存在不足。一是主体地位不明确。在立法层面，现行法律法规没有对司法社工参与刑事检察的主体地位、参与单位、职能定位等作出规定，即司法社工参与刑事检察的地位没有在正式法律体系中予以明确，降低了司法社工的从业热情，限制了发展。二是评估机制成效不佳。目前，南浔区人民检察院在对附条件不起诉未成年人考察帮教过程中引入了评估建议流程，由司法社工根据积分和主观感受对考察对象进行评估并提出建议，但在实践中，司法社工提出的评估建议更多的仍依赖于个体感受，没有对积分过程的表现进行全面客观的评价，导致评估建议效果不佳。司法社工的社会支持工作若未能形成有效的评价制约，司法社工开展未成年人帮教工作的效果就会完全依靠司法社工个人的责任心来保障。从长远来考量，不利于未成年人社会帮教效果的稳步提升，不利于反向推动司法社工开展未成年人社会帮教能力的持续增强，促进司法社工机构的长足发展。三是质效参差不齐。我国的司法社工还处于起步阶段。在构建未成年人社会支持体系的大背景下，监督考察体系化需求与司法社工专业性之间的不平衡日益突出。同时，检察机关与社会参与主体之间信息共享、资源链接机制的缺失导致双方工作衔接不畅、融合不良。

（三）各地社会支持体系建设程度不一与量化考察监督模式推广需求的矛盾

未成年人在适应社会的过程中遭遇了失败和挫折，没有把握住与他人、同社会和谐共处的机会而产生了严重的社会适应不良，是其进行违法犯罪行为的主要原因。社会力量若是能够有效干预和阻断不良社会适应，为其创造相对良好的社会适应养成环境，就可能极大地降低未成年人犯罪风险。因此，量化考察监督模式对未成年人考察帮教内容包含了公益服务、精读一本好书、观看法治教育视频、就学就业等内容，能够有效地帮助未成年人社会适应能力的提升，促进未成年人成功回归社会、融入社会，但这些内容仅凭检察机关一家之力难以完成，需要相关职能部门、社会爱心力量、慈善组织等众多社会组织和部门的共同参与，凝聚合力，共同构建未成年人社会支持体系。目前，虽然全国检察机关多有不同程度、不同方向的探索，但受经济发展程度、地方司法理念等因素影响，各地在构建未检社会支持体系中仍存在水平参差不齐且多有制约的现实问题，导致量化考察监督模式推广受到阻力。

四、量化动态帮教考核模式的发展路径

（一）强化附条件不起诉宣布训诫的仪式感

附条件不起诉的宣布暨训诫一般需要有多种身份的人员参加，除了检察官外，需要侦查人员、辩护人、法定代理人或者合适成年人、司法社工、知情的学校代表、社区代表、网格员等人共同参加。在实践中，检察机关可能会基于办案效率的需要而简

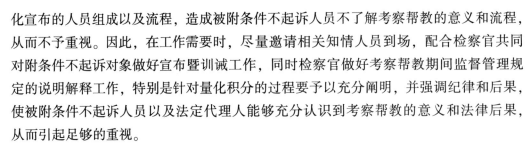

化宣布的人员组成以及流程，造成被附条件不起诉人员不了解考察帮教的意义和流程，从而不予重视。因此，在工作需要时，尽量邀请相关知情人员到场，配合检察官共同对附条件不起诉对象做好宣布暨训诫工作，同时检察官做好考察帮教期间监督管理规定的说明解释工作，特别是针对量化积分的过程要予以充分阐明，并强调纪律和后果，使被附条件不起诉人员以及法定代理人能够充分认识到考察帮教的意义和法律后果，从而引起足够的重视。

（二）提升量化动态考核模式科学性建设

量化考核模式在克服了附条件不起诉制度内容欠缺的同时，受制于模式自身的固化性缺点也较为凸显，但机械性与科学性是事物发展的两个相反方向。质言之，呆板的制度并非因制度本身的模式而呆板，统一的核心在于制度内部结构的自洽性，量化动态考核模式发展至今仍然面临着由考核项目种类繁多导致的内部协调关系问题，在未来的探索工作中，应当注重得分逻辑以及动态逻辑对完成项目积极性的激励机制，同时也要抓牢项目对未成年人个性化的贴合性，努力做到无论遇到怎样情形的考核对象都能有相切合的项目设置予以支撑。

（三）强化司法社工队伍素质建设

帮教队伍在整个量化考核制度中起着举足轻重的作用，每个环节的有效实施都离不开帮教队伍的支撑，否则制度终将沦为空谈与妄想。欲打造一支强有力的未成年人帮教队伍，仅仅规模庞大是不够的，更要注重队伍的专业性建设。帮教队伍可作专业性较强的主导人员与服务热情较高的协助人员的区分，降低打造优秀队伍的难度，同时保障队伍规模以适应量化动态帮教考核对人员数量的高需求。针对主导人员，从准入标准上提高门槛以保证专业性的同时，要加强帮教队员的素质培训，通过专业训练提高队伍整体素质，积极发挥主导人员的带头作用，将制度实施把控在一定的专业高度范围内；激发协助人员的内在积极性，提高参与度，让每一名人员都能切实投入到量化帮教动态考核工作之中，加强队伍凝聚力。

五、结语

面对严峻的未成年人问题，处置更要慎之又慎，对于附条件不起诉制度的空白，应当加紧探索的脚步，尽快落实一套切实可行、科学有效的考核制度。南浔区人民检察院探索的量化动态考核模式在设计之初就对已经存在与可能出现的问题尽加以考量，在过去一段时间的探索中取得了一定的成效，但也同样有着相当的进步空间，相信在未来的实践中，会不断完善体系的科学性、结果的有效性，为附条件不起诉制监督考察模式贡献一份坚实的南浔检察力量！

未成年被害人"一站式" 询问机制研究

陆佳丽　申长征[*]

2014 年《最高人民检察院关于进一步加强未成年人刑事检察工作的通知》强调："在办案中注意讲究方式和技巧，依法保护未成年被害人的名誉权、隐私权等合法权益，避免对其造成二次伤害。" 从政策层面似乎侧重的是对未成年人保护主义的司法立场。此后 2015 年最高人民检察院颁布的《检察机关加强未成年人司法保护八项措施》中再次规定，保护未成年被害人的名誉权、隐私权等合法权利，避免在办案中对未成年被害人造成"二次伤害"。2019 年《人民检察院刑事诉讼规则》第 465 条第 6 款再次明确，对未成年被害人、证人"应当以一次为原则，避免反复询问"明确了"一站式询问"的对立面应系"反复询问"。此后在全国各地未成年人司法机关内开始广泛推广该制度，并已有了初步的实践经验。然而无论在司法实践还是国家宏观政策层面对"一站式"询问的理论基础、具体规则应如何配套衔接、机制的适用主体、适用对象、适用案件范围等仍尚未统一，故有必要以该机制的理论基础、实践运行现状、存在的争议及问题作为对象进行系统、深入研究。

一、"一站式" 询问机制的理论基础

当前研究"一站式"询问机制的学者多将其定位为国家亲权及儿童最大利益原则背景下的一项重要制度，然而如若对现有问题进行剖析，其仍然存在较多争议，具体而言对"一站式"概念的理解、其上位法律价值的定位及"一站式"机制突破了传统刑事诉讼法中的哪些制度、原则等仍需进一步探讨，以明确其理论基础。

（一）对"一站式"概念的理解

从基本含义而言，为防止对未成年人在刑事司法程序中所遭受的二次伤害，其往往强调的是对询问次数的限制，故对此在我国香港特别行政区也多采取"一次会谈原则"的概念而非"一站式取证"原则的概念。[1]当前无论是学术研究抑或实践中对何

---

[*]　陆佳丽，湖州市南浔区人民检察院第三检察部副主任；申长征，姚建龙教授学术团队工作室成员。
〔1〕　马忠红："香港警方办理未成年人遭受性侵害案件的做法及启示"，载《中国青年研究》2006 年第 9 期。

为"一站式"本身也缺乏统一的认识。如有论者认为，一站式的概念强调场所的同一，也即在一个地方即可对案件中的未成年人完成刑事司法各环节的询问。[1]也有学者突破了"询问"所面向的被害人或证人言辞证据的范畴，认为所谓"一站式"系一个复合的概念，既包括专门场所、专门配套措施，也要求对未成年被害人身体检查、生物样本提取等均应尽量一次完成，或是涵盖了询问、检查、告知权利义务等复合的模式。[2]

由于当前"一站式"询问机制已经在国内广泛运用，在司法实践中也往往呈现出对其内涵及外延的不同理解。具有代表性的如上海市建立的"一站式"询问机制即强调次数及场所上的限制。[3]此外也有论者在上述基础上要求检察机关未检部门工作人员提前介入，指导侦查，并及时为被害人提供心理咨询等服务。[4]无论理论研究抑或司法实践中的争议问题在某种程度上都较为真实地反映了当前"一站式"概念运用的不统一。

（二）"一站式"询问机制的法律意义

"工欲善其事，必先利其器。"作为未检及少年司法改革的重要组成部分，"一站式"询问机制的法律意义究竟为何是一个值得关注也必须予以回答的问题。当前较多论者从国家亲权、儿童最大利益原则等方面阐释"一站式"询问机制前置的基本价值，其固然符合少年司法的基本法律意义导向。然而更为重要的是，国家亲权、儿童最大利益原则等本身也系少年司法的共性问题而非个性问题，如果落实到"一站式"询问机制的制度设想与实践落地，是一个问题。有鉴于此，至少应当根据当前国内有关"一站式"询问机制设立的初步构想、其所支持的价值准则以及若干上位的法律制度予以确定，方才可为未来"一站式"询问机制的建立、完善和改革提供较好的支撑，为进一步完善少年司法制度提供帮助。

1. 司法效益

成人刑事司法中也同样存在追求效益的价值取舍，但这一理念在少年司法中则体现得更为明显，其中的重要原因即在于及时抚慰犯罪被害人所遭受的心理、身体创伤，也即强调所谓的效益性原则。[5]实际上无论成人司法抑或少年司法都可能受到以案件数量等作为奖惩考核机制核心的评价体系的影响，故对此也有论者提出应当在运用

---

〔1〕 何勇海："未成年人'一站式'询问值得推广"，载《工人日报》2017年11月23日；罗浩："性侵案件中未成年人保护的实证研究——以 J 省 2014 年至 2018 年性侵未成年人案件为例"，载《江西警察学院学报》2020年第3期。

〔2〕 刘莹、许烨："性侵未成年人案件的证据运用——以'一站式'取证模式为视角"，载《中国刑警学院学报》2019年第6期。

〔3〕 樊荣庆等："论性侵害案件未成年被害人'一站式'保护体系构建——以上海实践探索为例"，载《青少年犯罪问题》2017年第2期。

〔4〕 邢五一："性侵未成年人刑事案件办理及预防机制研究"，载《中国检察官》2020年第1期。

〔5〕 余敏等："未成年被害人保护机制探析"，载《人民检察》2015年第11期。

"一站式"询问机制中对公安机关与检察机关办案工作量予以双倍计算，本质上也是一种效益观的考量。[1]司法机关同样有资源分配及成本效益的要求，由于未成年司法的特殊属性，其往往要求需要在较为集中的人力、物力、财力之内遵循未成年相关证据效力的最大化，故通过搭建"一站式"询问平台本质上也更有助于刑事司法程序的高效推动。在当前的未检、未成年人审判实践工作中，相关的司法工作人员往往被要求同时具备法学、心理学、教育学、社会学等方面的知识，以体现少年司法"小而精"的特点，在此基础上，相比较于较多"牵一发而动全身"式的普通刑事司法改革，这也符合当前少年司法改革所应当追求的目标。同样与此对应，即使要求在未成年人检察与未成年人审判中强调"不以案件数量等作为绩效考核指标的要求"，其也仍然面临着对罪错未成年人矫治及被害未成年人保护主体及机制"破而不立"的问题，也即"是否存在少年司法工作人员的考核评价体系"以及"如果存在应当如何建立考核评价体系"这两个根本问题。就司法机关案件办理而言，同样可能存在如何以"最小成本（人、财、物力）"获得"最大收益（办案质量）"的利益权衡问题。也正是基于此，通过"一站式"询问机制平台的建立，未成年司法相关人员得以以"一次性""全面性"的基本原则获取相关证据，也充分体现了"一站式"询问机制所秉持的效益性原则。

那么如何在司法实践中找到效益价值的基本诉求呢？如若不采取"一站式模式"，那么很可能的模式便是询问者游离于医疗机构、检察机关、公安机关乃至其他单位中，在一次询问不足以查明案件事实、厘清办案方向的前提下进行第二、第三乃至更多次的询问，然而这样的询问或交流也违背刑事司法效率价值的一般认知，甚至在某种程度上如同论者所言，缺乏效率的交流可能导致证人保留有用的信息，或提供不准确、不相关乃至错误的信息。[2]当司法人员在不同地点、不同平台询问时，其往往可能在重视实体真实的要求下忽略了就少年司法这一特殊领域所更应强调的效率价值。

2. 未成年被害案件社会关系修复的衡平价值

未成年人罪错案件无论对加害人抑或被害人而言，司法机关的过度介入很大程度上都会对当事者个体造成较为严重的"标签"效应，加之传统观念中"息讼""无讼"的思想，这一点对未成年人身心成长是极为不利的。有鉴于此，通过"一站式"机制的设立，以统一平台推动对未成年被害案件社会关系的修复也得到了学界的广泛认可。如有论者指出，在保护涉罪未成年人利益的同时应当兼顾社会公共利益和被害人利益，以确保利益均衡之需要，有必要建立"一站式"询问机制。[3]实际上衡平思维在司法裁判中由来已久，无论系最早刑事司法中所谓"以牙还牙，以眼还眼"的报复观念，

[1] 向燕："论性侵儿童案件的精密办案模式"，载《中国刑事法杂志》2020年第2期。
[2] 方斌："论侦查询问中的交流技巧——以证人和被害人为中心"，载《中国刑事法杂志》2013年第1期。
[3] 黎立："未成年被害人权益保障的问题与路径"，载《中国检察官》2018年第11期。

抑或是经过近代刑事法沿革所形成的报应刑主义的观念，其本质都是在强调通过刑罚修复受到犯罪严重侵害的社会关系与伦理道德准则。衡平思维在具体的司法实践中固然可能存在其缺陷，如过度注重结果本位的价值观念等，但无论较轻的未成年罪错如不良行为、严重不良行为还是较重的犯罪行为等，其都可能对行为实施者与行为受害者所处的社会关系产生破坏。通过引入"一站式"的机制，有助于对以未成年人作为被害者的案件中被破坏的社会关系予以及时修补。

3. 儿童证据之特殊性

儿童证据能否被作为司法程序中的证据予以对待？其较之纯粹来自成人的证据是否存在差异？这已经成为当下较多研究者所关注的问题。如有学者指出，由于儿童言辞证据具有易受干扰性、反复性、高真实性、易受二次伤害性等特征，"一站式"询问机制本身就是针对儿童这一特殊群体所设立的取证制度。[1]故基于此，联合国在2005年7月22日通过的《关于在涉及罪行的儿童被害人和证人的事项上坚持公理的准则》中也明确规定了所谓"儿童敏感"（child-sensitive）原则，其主要要求在司法程序中注重平衡儿童的受保护权，并对儿童自身的需求及意见予以充分考虑。其主要程序包括：①为儿童所专门设计的询问场所；②为受害者在同一地点[2]所提供的多学科服务；③考虑儿童证人的情况所营造的特殊的法庭氛围；④儿童提供证言时的休庭制度；⑤符合儿童年龄及其成熟度的听证时间安排；⑥只有当必要时以妥适的方式通知儿童出庭作证；⑦其他提升儿童证言效力的方式。[3]简言之，在联合国层面的相关文件中已经开始强调对来自儿童的相关证据的特殊性，而这种特殊性甚至不仅仅局限于儿童受害者，也同样应当延伸至诸如儿童证人等。

（三）未成年人案件中的"一站式"询问机制对于过去刑事司法制度的突破

第一，就询问过程而言，不再强调司法人员的亲历性。如前所述，"一站式"询问机制设立的核心目的即在于防止对未成年受害者的二次伤害，及时、有效固定证据，由于检察机关作为司法主体其往往可能面临滞后性的问题，较多受性侵、伤害的未成年人可能在监护者陪同下前往医院或公安机关等场所，如再度强调检察机关提前介入所进行的询问，则具有对受害者造成二次伤害的较大风险。有鉴于此，传统刑事诉讼中司法机关工作人员以直接、当面方式向案件相关当事人收集证据的模式得到了较大程度的改善，毋宁说，无论对未成年罪错行为实施者抑或是犯罪受害者而言，司法机关的过度干预、重复干预往往可能对其产生较为负面的标签效应，这也是《联合国儿童权利公约》等联合国文件规定发展权作为儿童四大基本权利之一的原因。[4]

---

〔1〕 孙娟："刑事诉讼中儿童言辞证据问题研究"，载《青少年犯罪问题》2017年第4期。

〔2〕 英文原文为 the same location，与当前国内"一站式"概念存在部分重合。

〔3〕 See United Nations：Guidelines on Justice in Matters involving Child Victims and Witnesses of Crime（E/2005/30 and E/2005/SR. 36）.

〔4〕 《联合国儿童权利公约》第6条第2款规定，缔约国应最大限度地确保儿童的存活与发展。

第二，法律援助或司法救助的对象不再仅限于犯罪嫌疑人、被告人。根据当前《刑事诉讼法》第 278 条的规定，对于没有委托辩护人的未成年犯罪嫌疑人、被告人，人民法院、人民检察院、公安机关等应当通知法律援助机构指派律师为其辩护，但尚未规定被害人有获得法律援助的权利。此后 2013 年《关于刑事诉讼法律援助工作的规定》明确规定公诉案件中的被害人及其法定代理人等因经济困难而无法委托诉讼代理人可以申请法律援助，但仍然尚未涉及"应当法律援助"情形之一的未成年被害人，不可谓不是一大遗憾。2017 年司法部、财政部印发的《关于律师开展法律援助工作的意见》则进一步指出，对当事人自愿和解的案件，应当组织律师依法为符合条件的犯罪嫌疑人、被告人或者被害人提供法律援助服务，促进其达成和解，进一步在刑事和解领域完成了法律援助对象的扩张。虽然这样的扩张并没有体现在刑事诉讼法相关条文的改革中，但无疑国内各地未成年人检察、审判等机构已经普遍采纳了对未成年被害人同样适用法律援助的制度，以充分保障其在刑事诉讼中如提起附带民事诉讼、提出自诉等诉讼权利所必要的条件。

第三，以"附条件不起诉"制度作为基础所广泛开展的社会帮扶制度体现了未成年人司法分流、转处的特征。在普通刑事司法中，未决羁押的正当性从来就是一个受到广泛批判及反思的问题，司法机关是否有权在被告尚未受到审判定罪的前提下剥夺被告的人身自由？这样的观点历来受到无数司法者、立法者、理论研究者的质疑与反思。然而根据 2012 年对《刑事诉讼法》涉未成年专章的规定，附条件不起诉制度已经成为颇具未成年人刑事司法制度的特色，在某种程度上成了具备"分流转处"特征的制度，这也是少年司法较之成人司法"提前干预，以教带刑"特征最为鲜明的体现。较之成人刑事司法所往往伴随的询问场所诸如公安机关及检察机关询问室，乃至对已经犯罪者所通常处于的看守所、指定居所、监狱等，少年司法由于这一特征的影响，其范围更为广阔，甚至包括诸如医院、社区、专门学校等，在提前干预的思路下其突破了传统刑事司法理念中相对单一的询问机制，转而以更加多元、灵活的询问方式予以取代。

二、湖州市南浔区人民检察院未成年被害人"一站式"询问机制的特色

2020 年，湖州市南浔区人民检察院通过分析、论证，制定出了一套符合南浔区自身特色的制度，其中较多的内容系富有前瞻性与实际可操作性的，同时也系当前国内各地所广泛开展以"一站式"询问机制作为未检工作重点内容之一的重要体现。概括而言，以下几个方面的特征，较为明显地体现了南浔区人民检察院自身的特色。

（一）案件种类上采取了以性侵害未成年人为原则，其他侵害为例外的结构

2013 年最高人民法院、最高人民检察院、公安部、司法部联合发布的《关于依法惩治性侵害未成年人犯罪的意见》第 14 条明确指出与性侵害未成年人相关的犯罪事实应当"进行全面询问，以一次询问为原则，尽可能避免反复询问"，某种意义上也是较

早明确未成年被害人"一站式"询问机制的文件之一，但更为值得注意的是该意见将《刑法》第 236、237、358、359 条和第 360 条第 2 款规定〔1〕的若干类与未成年人性权利相关的犯罪进行了较为完整的列举，推动了对性侵害案件中未成年被害人询问机制的完善。

然而仅就未成年人受性侵害作为"一站式"询问机制的案件种类，对未成年被害人的保护力度明显不足。退而言之，即使强调对未成年人身心健康的保护，这种案件种类上的限制也是没有必要的。如根据我国当前《刑事诉讼法》第 119 条的规定，人民检察院、公安机关不得以连续传唤、拘传的形式变相拘禁犯罪嫌疑人，并应当保证犯罪嫌疑人的饮食及必要的休息时间，这也是"一站式"询问原则在我国当前刑事司法中的体现，但根据《刑事诉讼法》的规定，对该原则的适用前提显然没有案件种类上的限制。质言之，对成人刑事司法都无法予以限制的案件类型为何在未成年人相关案件中即应当被限制？显然从应然层面这样的规定不利于对未成年人的全面保护。

退而求其次，则是在实然层面的利弊权衡，这就涉及规章制度设计及司法资源分配的问题。2020 年修订的《预防未成年人犯罪法》将仅有犯罪可能的严重不良行为、不良行为、触法行为等纳入相关的控制范围内，并予以了相对系统化、科学化的结构性调整。换言之，至少通过法律的修订及完善，未来的"未成年人犯罪"这一学术及实践用语将采取广义的犯罪概念而非狭义的刑事犯罪概念，这就必然导致司法及立法资源配置所可能引发的稀缺效应，故如果通过司法机关内部规章的设计将诸如发生于在校学生间的校园欺凌等行为同样纳入"一站式"询问机制的案件范围之内，其必然导致司法机关将面临所不能承受的较多案件数量。

有鉴于此，南浔区人民检察院通过以性侵害未成年人犯罪为基础，逐步推广案件种类至《刑法》第四章侵害未成年人人身权利犯罪案件及《关于依法处理监护人侵害未成年人权益行为若干问题的意见》第 1 条〔2〕中的相关内容予以融合，探索了一条具有南浔特色的分类方式。

（二）引用侵害未成年人案件强制报告制度，建立了医疗机构、妇联等单位的案件移送与及时报告机制

2020 年最高人民检察院、国家监察委员会、教育部、公安部等九部门联合印发《关于建立侵害未成年人案件强制报告制度的意见（试行）》，明确要求密切接触未成

---

〔1〕《刑法》第 360 条第 2 款规定的嫖宿幼女罪已被 2015 年 11 月正式生效的《刑法修正案（九）》予以删除："四十三、删去刑法第三百六十条第二款。"

〔2〕《关于依法处理监护人侵害未成年人权益行为若干问题的意见》第 1 条规定："本意见所称监护侵害行为，是指父母或者其他监护人（以下简称监护人）性侵害、出卖、遗弃、虐待、暴力伤害未成年人，教唆、利用未成年人实施违法犯罪行为，胁迫、诱骗、利用未成年人乞讨，以及不履行监护职责严重危害未成年人身心健康等行为。"

年人行业的各类组织及其从业人员在工作中发现未成年人遭受或疑似遭受不法侵害时，应当立即向公安机关报案或举报。由于南浔区内"一站式"询问场所多设在医院等地，故通过本次南浔区内公布《关于开展未成年被害人"一站式"办案救助机制的实施意见》的方式对医疗机构的相关职责予以明确。

从未成年人保护及少年司法的建构角度来看，此无疑是未成年人保护"近距离责任原则"在具体规则中的体现。所谓"近距离责任原则"，也即强调仅与未成年人生活有密切关联者方才具有保护未成年人的具体职责。当前《未成年人保护法》第6条对各国家机关、社会团体、监护人等确立了对未成年人保护的"共同责任原则"，其同样也是《联合国少年司法最低限度标准规则（北京规则）》等联合国文件对未成年人保护所秉持和呼吁的共同责任原则的体现。[1]但更为重要的是，由于"全体责任等于没有责任"的管理学困境，过去较长时间对于未成年人保护存在九龙治水及责任稀释的问题。为了明确事前、事中、事后等多个维度的职责分配问题，有必要通过制度的形式明确"一站式"询问场所内作为非司法机关工作人员的主体所应承担的案件移送和及时报告的职责。

同样如前所述，这也是"近距离责任原则"在保护主体询问或收集与未成年人相关的证据时所遵循规则的具体体现。如同路人遇到火灾应当报警的义务并不等同于其应当直接参与灭火的义务，故并非所有社会主体都必然具有对与未成年人被害相关案件及时报告及移送材料的义务。有鉴于此，南浔区规定了医院妇产科、外科等在诊疗过程中发现，或者各级妇联组织在日常走访、接访中发现，或接到未成年人及其法定代理人举报的应当及时将案件线索移送至当地公安机关或者检察机关。

（三）确立"双向保护"的原则，明确未成年被告人或犯罪嫌疑人同样具有被司
 法机关保护的权利

2012年修订的《刑事诉讼法》以第五编第一章的专章确立了未成年人刑事案件诉讼程序的主要内容，即使内容上多以对未成年犯罪嫌疑人、被告人等作出规定，但至少措辞概念上使用的是"未成年人刑事案件诉讼程序"，这说明了在未成年人罪错案件中，不仅应当关注犯罪被告人，同样应当关注环绕于犯罪场周围的未成年被害人、证人及其他诉讼参与人等，沿用至"一站式"机制相关的实践中，则体现为所谓的"双向保护原则"。《刑事诉讼法》未成年人刑事案件诉讼程序专章要求"保障未成年人行使其诉讼权利、保障未成年人得到法律帮助"的规定本身并未提及其中的"未成年人"究竟系指未成年被告人、犯罪嫌疑人、被害人抑或证人。从诉讼法角度而言，"询问"的对象及其结果显然是犯罪被害人、证人的言辞证据而非犯罪嫌疑人、被告人供述所

---

〔1〕《联合国少年司法最低限度标准规则》（北京规则）第1.3条规定："应充分注意采取积极措施，这些措施涉及充分调动所有可能的资源，包括家庭、志愿人员及其他社区团体以及学校和其他社区机构，以便促进少年的幸福，减少根据法律进行干预的必要，并在他们触犯法律时对他们加以有效、公平及合乎人道的处理。"

获得的言辞证据（根据当前《刑事诉讼法》，该类方式应称之为"讯问"而非"询问"）。

然而根据犯罪学对于刑事被害人的理论，被害人往往也可能成为诱发犯罪行为的因素，直接参与加害人的犯罪决定过程乃至向加害人方向转化。[1]换言之，随着环境犯罪学、情境犯罪学的发展，犯罪学家们对于犯罪这种社会现象的研究已经日趋从单纯的加害方转向了加害与被害的互动乃至转化关系。如最高人民法院 2018 年公布的《校园暴力司法大数据专题报告》显示，55.12%的校园暴力案件因发生口角、小摩擦等生活琐事引发。[2]这说明至少在校园暴力领域，未成年人被害人与加害人具备较强的紧密联系，且无法仅因考虑被害人的客观伤害而忽视了加害人方面造成校园暴力行为的家庭原因、学校原因、社区原因等。

进一步讲，未成年被告人、犯罪嫌疑人同样应当具有被保障诉讼权利的要求。由于在司法实践中未成年证人证言、被害人陈述等往往具有不准确性、保全完整证据可能需要司法机关的及时介入，故其真实性要求有助于庭前质证的三方构造。[3]甚至有论者提出，"一站式"询问机制的对象不仅限于未成年被害人、证人，也包括未成年犯罪嫌疑人、被告人，也即推行"一站式"询问的机制。[4]基于此，南浔区在要求设立未成年被害人"一站式"询问机制并全面保护未成年被害人权益的同时，也要求依法保护未成年犯罪嫌疑人、未成年被告人的合法权益。

三、现有机制的隐忧及其反思

（一）证人及其他诉讼参与人能否作为"一站式"询问的对象

由于儿童证言自身易变性、模糊性等特征，在司法实践中对于儿童证言的定位向来存在较大的问题，诸如取证不规范、证言易反复变化、表述不准确的问题也反复出现在未检的办案实务中。如前文所述，"一站式"机制本身系基于司法效率、未成年被害案件社会关系修复、儿童证据之特殊性等多元的因素予以确立，本身系一个复合性的平台。有鉴于此，当前是否面临着司法实践中对"一站式"机制的窄化理解？也即其往往将其限制于未成年被害人，而没有在"双向保护原则"的指导下进一步扩张至未成年犯罪嫌疑人与被告人？同样的，作为刑事诉讼中的重要组成部分，儿童证言的获取、认定及适用本身实际上也缺乏相应统一的标准。在举证责任、证明标准等问题上对儿童来源证据往往秉持的仍然是普通刑事司法中如"排除合理怀疑"等内容，显然无法适用儿童证言自身特殊性的需要，也并不符合未检实际的办案需求。有鉴于此，

---

〔1〕 参见赵可等：《一个被轻视的社会群体——犯罪被害人》，群众出版社 2002 年版，第 230~231 页。

〔2〕 中国司法大数据研究院：《校园暴力司法大数据专题研究报告》，载 http://www.cnwomen.com.cn/2019/09/05/9917 1766.html，访问日期：2018 年 9 月 10 日。

〔3〕 杨雯清："挪威未成年被害人特殊作证制度立法及启示"，载《山东青年政治学院学报》2019 年第 4 期。

〔4〕 马灵剑："讯问未成年人的权利保护和策略运用"，载《青少年犯罪问题》2017 年第 3 期。

证人及其他诉讼参与人（如附带民事诉讼原告）在诉讼程序中同样可能具有独立的诉讼地位，并享有相应的诉讼权利。从司法实践的角度，如广州市黄埔区、昆明市盘龙区、岳阳市华容县、佛山市顺德区、河北省迁安市等地所建立的"一站式"询问机制往往都统称为"'一站式'取证、保护机制"，以体现对未成年人证人证言的特殊对待，某种程度上这也是未检及少年司法工作所体现的"功夫在案外"的理念。

（二）物证、电子证据等非言辞证据是否仍然应当遵循"一次性"的收集原则

当前司法机关多将"一站式"机制的获取来源限定于儿童所作出的言辞证据，然而这样的规定也在一些论者提倡中得到了改良完善。也即所谓"一站式"机制所获取的证据种类是否仅限于言辞证据？如有论者即采用"一站式"取证而非"一站式"询问的提法，强调对询问调查、检验鉴定等各个环节所获取的证据都应当纳入"一站式"询问机制的审查范围。[1]此外也有论者将其称之为"一站式"侦查取证机制。[2]进一步有论者认为所谓"一站式"询问机制并不仅限于对证据的收集与审查而应当赋予其更为深层次的含义，也即不仅包括取证，同样包括司法社工、临床心理干预等多元化的"一站式"保护体系。[3]

这样的倡导在实践中也不乏相关的样本。如山东省东营市东营区人民检察院即强调除一次、全面询问原则外，对人身检查、生物样本提取等也同样应当遵循"一站式"原则。[4]这样的原则也在国内较多地方的司法实践中得到了广泛的支持，以最为典型的性侵案件为例，较之被害人陈述及证人证言的获取等，对生物样本等的提取往往同样可能对未成年人造成二次伤害，然而这样的相关情况在国内各地对"一站式"询问机制的建立中显然不尽相同，这不利于对未成年人被害人乃至证人的保护。

（三）"一站式"询问机制的场所设置

当前各地司法实践中对"一站式"询问机制的场所设置是不统一的，其中可能存在资源分配的问题，也可能存在观念的问题，但至少就概况而言分为如下几类：

第一种模式，将"一站式"机制场所设置在公安机关内部。如上海市奉贤区为衔接检察机关第一时间提前介入的理念，即多推动在公安机关基层办案点建立专用场所。[5]

第二种模式，将"一站式"询问机制场所设置在医院内。这种模式大都以"检医

---

〔1〕 欧阳晨雨："'一站式取证'避免受性侵未成年人受二次伤害"，载《中国青年报》2020年1月8日。

〔2〕 兰跃军："性侵未成年被害人的立法与司法保护"，载《贵州民族大学学报（哲学社会科学版）》2019年第4期。

〔3〕 车莲珠、吴萍："性侵未成年人案件证明问题研究"，载《中国检察官》2020年第2期。

〔4〕 郭树合、韩燕："全国人大代表吴娟视察未成年人'一站式'关护中心时表示：更充分发挥《检察官告知函》作用"，载《检察日报》2020年6月15日。

〔5〕 上海市奉贤区人民检察院课题组："性侵害未成年人犯罪案件的惩治、预防、救助机制研究——以S市D区人民检察院实践为例"，载《犯罪研究》2016年第4期。

合作"为抓手，如 2018 年的辽宁省、沈阳市、和平区三级人民检察院采取了此类做法。[1]

第三种模式，将"一站式"询问机制的场所设置在多个部门之中，南浔区即采取此类做法。南浔区规定，南浔区人民医院设立专门场所作为未成年被害人"一站式"检查、取证室。南浔区人民检察院"一站式"询问室原则上作为公安机关制作笔录的专门场所。南浔区人民法院联合区妇联成立"妇女儿童权益保护工作办公室"为未成年人及其家长提供"一站式"询问专业服务。对此则必然面临不同机制间获取证据的效力及顺位，故有待于一个较为统一、完整的中间方作为证据评估的主体。

多元的场所设置固然能够较为及时地反映受侵害未成年人案发后的流通渠道：以性侵害未成年人为例，其多可能在家长陪同下前往公安机关报案，并于医院进行检查，这也使得医院及公安机关成为建立"一站式"询问机制场所的现实路径。对此南浔区的机制较有特色，也即不仅在妇联，同样在检察机关等地建立了"一站式"询问机制的场所，并辅之以令人温馨、舒适的装饰配件等，从而营造相对轻松的氛围。同样，多元化的场所设置也可能意味着"一站式"询问机制地点的灵活性。在某种程度上，对于非监护侵害类型的案件，有关部门甚至可考虑在未成年人家中进行。

（四）父母诉讼地位的模糊

法定代理人的诉讼地位在"一站式"询问机制中较为模糊。如在性侵害案件发生后被害人往往会先告知父母，但父母在具体的诉讼过程中又面临着被害当事人的代理人及证人之间的"身份重合"，导致被害人陈述的证据效力受到消极影响。[2]更为重要的是，在法定代理人本身即是侵害未成年人的行为者时，其诉讼代理权限应当如何进行确定，实际上在各地的司法实践及相关规定中尚未得到充分重视。根据当前相关第三方机构的统计，在未成年性侵害案件中熟人作案的比例远高于陌生人，其至少占据 60% 以上。[3]这样的推论也得到了官方机构的支持，如根据最高人民法院《2012—2014 年性侵害未成年人案件审判白皮书》显示，熟人作案比例高达 68.81%。这就导致法定代理人在未成年人刑事案件诉讼程序中往往居于多种角色之间的转换，可能难以有效保障诉讼程序的正常运行，本质上也违反了"一站式"机制所强调的效益原则。

那么法定代理人在"一站式"机制中应当被赋予怎样的诉讼地位？无论系侵害行为实施者、被害者代理人、证人乃至系共同犯罪的参与者，父母的诉讼地位往往可能在不同的角色之间进行左右摇摆、来回转换，很大程度上可能影响诉讼的顺利开展。有鉴于此，我国 2012 年修订的《刑事诉讼法》确立涉未成年人刑事案件中，询问审判

〔1〕 杨桐："我国网络性侵儿童现状研究及防治对策分析"，载《湖南警察学院学报》2019 年第 5 期。
〔2〕 金梦妮："性侵未成年人案件办理实务问题研究"，载《中国检察官》2019 年第 11 期。
〔3〕 "'女童保护'2018 年性侵儿童案例统计及儿童防性侵教育调查报告"，载 https://www.sohu.com/a/298646877_99996733，访问日期：2021 年 8 月 1 日；"花季泪：未成年人遭受性侵害案件分析报告"，载 https://www.chinacourt.org/article/detail/2009/04/id/353555.shtml，访问日期：2021 年 8 月 1 日。

时如未成年人的法定代理人无法到场或系共同犯罪的，可通知学校、所在单位、基层组织或未成年人保护组织指派合适成年人到场。

同样，这样的逻辑思路也在较多成熟的少年法体系中得到了体现。如 1984 年德国北莱茵-威斯特法伦州即确立了子女利益保护人制度，其由法律专业及社会人士共同构成，并可在监护权行使相关案件中行使听审权。[1]当前的司法实践中，未检部门工作人员及法律援助工作者已经部分承担了这样的职责，然而由于专业性的缺乏、规范化程度的欠缺等问题，何者能作为未成年人在诉讼及非讼程序中的利益最佳代理人从来都是一个无法得到解决的问题：作为未成年人的诉讼利益代理人，父母可能面临身份重叠而导致的立场冲突，检察官可能因追诉职能的天然属性导致其失之中立，甚至难以保障未成年人自身的诉讼利益，法律援助律师同样可能面临无法胜任等问题。有鉴于此，"一站式"询问机制虽然为未成年人相关的证据调取、侦查起诉等刑事案件工作带来了便利的条件，然而同样可能面临保护范围不周延的问题。

四、反思与重构：对未来"一站式"询问机制的改进建议

无论从学术研究抑或司法实践的角度，"一站式"询问机制很大程度上都契合了当前国内少年司法改革及预防青少年犯罪的要求，防止对未成年人身心自由发展的过度干涉及刑事司法所带来的标签效应无疑是设立该机制的重要动因。然而即使出发点的完善、政策层面对诸如"防止二次伤害"等原则性规定的统一等，仍无法避免当前对"一站式"询问机制所呈现的诸多争议，这其中固然存在未成年人审判、未成年人检务、未成年人警务等发展迟缓、相关配套制度仍处于探索阶段的历史原因，但更为重要的是，如欲厘清"一站式"询问机制未来的发展及其改进方向，必须明确其在少年司法中所处的定位。对此笔者提出下述改进建议：

第一，"一站式"询问机制本身系一个综合、多元的证据平台。有论者指出，与对触法未成年人所采取的"司法分流"模式相反，对性侵害未成年人案件中被害人的保护应当秉持的是"办案合流"的综合取证、保护平台。[2]当前与未成年人保护相关的制度探索中也不乏对"综合平台"的建立，如针对困境儿童保护，广州市民政局即实施并推进"社会保护综合平台服务项目"的建立。[3]各地也普遍建立起就困境儿童、事实无人抚养儿童等进行保护的联席会议机制。如前文所述，未成年人证据自身的特殊性导致了从保护主义立场出发其必然面对较之成人刑事司法从证据标准、举证责任、证据链体系等方面的不同之处，这就必然要求应当存在一个综合、多元一体的证据搜

---

〔1〕 陶建国："德国家事诉讼中子女利益保护人制度及其启示"，载《中国青年政治学院学报》2014 年第 1 期。

〔2〕 王嘉懿："浅析性侵案件中对未成年被害人询问工作的功能定位与发展问题"，载《预防青少年犯罪研究》2018 年第 4 期。

〔3〕 "广州市困境儿童社会保护综合平台正式启动"，载 http://mzj.gz.gov.cn/dt/mzdt/content/post_ 5603242.html，访问日期：2020 年 8 月 12 日。

集平台。此外，由于未成年人司法重在案件之外的心理干预、社会帮扶等手段，通过在多元的平台构建相应的取证体系则更有助于实现保护主义的立场。故笔者认为，无论是来自于未成年被害人、证人甚至在未来可能的未成年犯罪嫌疑人等的书面证据、言辞证据、社会调查的开展等都可能依赖当前的"一站式"询问平台进行。某种程度上这也是国内各级未成年检察部门开展"一站式"机制探索中强调"双向保护原则"的重要原因。人的本质系社会关系的综合，就犯罪这个社会现象而言同样如此。

第二，"一站式"询问机制的服务目标或最终导向系证据体系。当前国内未成年检察所普遍开展的诸如社会调查、心理测评报告等究竟应当处于《刑事诉讼法》规定的何种证据种类，本身即存在较大的争议，但不可忽视的是大多数论者都将与未成年人相关的报告定位为"证据种类"，并以此为基础建立起了"一站式"机制。质言之，"一站式"机制其最终目的在于发现证据（如案件移送）、形成证据（审查判断）、固定证据、证据证明等环节，故其最终导向仍然以未成年个体自身发展作为基础的证据体系，这样的证据体系可能服务于司法机关对罪错未成年人的判断，也可能服务于那些受到违法犯罪行为侵害的未成年人。有鉴于此，基于防止未成年人在刑事司法追诉程序中所遭受到的"二次伤害"及"一站式"询问机制所追求的效益性原则，无论系言词证据、实物证据甚至是来自于未成年犯罪嫌疑人、被告人的供述等在有条件的情形下皆应当被纳入"一站式"取证体系的审理范围之中。

第三，"一站式"询问机制的设立应当以相关的专业机构、专业人员作为基础，同时某些成人司法中的准则应当让位于少年司法及儿童自身的特殊性。如刑事司法中亲历性原则或直接言辞原则，便可能受到儿童作为准证人在庭外作证制度的影响进而被消解。[1] 2020 年 6 月 1 日最高人民检察院发布了《未成年人检察工作白皮书（2014—2019）》，从机构设置、队伍充实、机制健全及理论研究四个方面强化了未检专业化、规范化建设的具体情况，其中也强调把"推进'一站式'办案救助机制"作为重点推进项目。

如针对前述未成年人父母诉讼地位不明的问题，本质上即是对"何者能更为合理、有效地代表未成年犯罪嫌疑人、被告人、被害人乃至证人等行使诉讼权利"这一命题的回答。当前国内已经普遍开展了相关的探索，其中较有代表性的为上海市，2017 年 11 月 24 日，上海市高级人民法院组织召开"儿童权益代表人理论与实践"专家研讨会，上海市普陀区人民法院也在广泛推进有关"儿童权益代表人"的相关制度，此外如泸州市通过区妇联代为起诉方式维护父母不履行监护职责时未成年人的权益，南京市也设立了"诉讼监护人"作为"临时家长"行使未成年人的诉讼权利。只不过具体的争论、冲突在于其是否具备独立的诉讼主体资格与独立的利益诉求等。应对未成年人相关尤其是监护侵害案件中的未成年人诉讼权益保护问题，过去《刑事诉讼法》未

---

〔1〕 崔雅琼："刑事案件中儿童证人庭外作证制度初探"，载《青少年犯罪问题》2018 年第 5 期。

成年人专章对合适成年人制度的相关规定已然不再适用，这也是以专业性的诉讼权益代表人队伍建设作为推进相关制度改革的重点之所在。

第四，"一站式"询问机制不宜将其定位为一个独立的机构，而仅应将其限制在"机制"的范畴。如前所述，作为一个兼具综合性、多元性的诉讼或非讼程序取证平台，其本身仍应维持其效益性的原则而不足以成为一个独立的"机构"。换言之，在以未成年人司法相关工作人员作为宏观指导的前提下，"一站式"询问机制同样应当遵循灵活性的原则。当前司法实践中对"一站式"询问机制场所设置的不统一性本质上也体现了其非机构化的特征。对"一站式"询问机制的场所设置在公安机关、检察机关、医院、妇联等机构，其应当突出的是灵活性立场，这也是南浔未检工作所值得各地借鉴的经验之所在。对于未成年人的询问、讯问、取证等，其本质上都应当以对未成年人造成最小伤害作为基本原则，这也是前述自最高人民检察院等中央层面推动该制度改革时强调"一次、全面询问，防止二次伤害"原则的应有之义。

五、结语

儿童是民族的未来，同时也是最容易触动社会大众神经的群体。儿童发展有其特殊之处，同时也是当前国内司法制度改革所应当关注的重点。经过数十年的改革、探索，当前国内各地也在积极推进诸如入职查询、强制报告、监护干预、职业限制等方面的改革。这些改革举措的落地，为唤醒沉睡已久的1991年《未成年人保护法》第6条即已确立的共同责任原则提供了制度保障。"一站式"询问机制作为未成年人相关刑事诉讼改革的一大突破，实际上在过去的普通刑事诉讼中也可窥见一斑，这是在以制度改革、创新作为少年司法改革的当前背景下值得借鉴的部分。"一站式"询问机制本身并非一个较为特殊的制度，追溯其本质仍然系保护未成年人的制度，然而针对当前以"国家亲权""儿童最大利益"等原则作为少年司法制度圭臬的现状，"一站式"询问机制的定位究竟为何仍然值得反思？为何在具体规则确立"双向保护"原则的基础上未对未成年犯罪嫌疑人、被告人等同样适用"一站式"询问机制？"一站式"询问机制是否真的仅仅是一个"防止二次伤害"的制度？相信这些问题都会伴随着未来有关"一站式"询问机制在国内实践探索的深入予以解答，同样作为少年司法制度重要组成部分的"一站式"询问机制也必将伴随未来国内少年司法制度与未成年人保护制度的建立呈现新的活力。

智慧未检体系构建的理论基础与实践展开
——以南浔区人民检察院智慧未检工作探索为例*

李璟儒　沈劢儿**

"十三五"时期，检察工作发展规划纲要提出推进"数字检察""智慧检务"建设，探索构建"互联网+检察工作"的新模式，推动信息网络技术与检察工作深度融合，以信息化引领检察工作现代化。南浔区人民检察院积极响应，将智慧化理念运用到未检工作中，是全国智慧未检工作起步最早的地区之一，其对未检工作智慧化的探索成为本文研究的重要案例。本文在对智慧未检体系构建的相关概念和理论进行辨析的基础上，对南浔区人民检察院智慧未检工作的实践探索进行学理化的梳理，探讨信息化技术融入未检工作体系的必要性、可能性和实践经验，为进一步推动智慧未检体系的构建和完善提供一定的理论借鉴。

一、智慧未检体系概述

（一）智慧未检的概念

"智慧未检"一词脱胎于"智慧检务"。2015 年 7 月 3 日，曹建明在"互联网+检察工作"座谈会上首次说明了"互联网+检察工作"模式，指出："各级检察机关必须顺势而为，充分运用信息网络技术，提升检察工作现代化水平。"[1]根据最高人民检察院官网最新资料表明："智慧检务是指在检察工作中运用现代信息技术，构建'感、传、知、用、管'五维一体的检察信息化应用体系。'感'即通过数据采集、音视频、物联网等全面整合内外部信息资源。'传'即通过优化网络结构，加强网络安全防护，实现信息安全高效的上下贯通和内外交换。'知'即运用云计算、大数据等科技手段，建立检察业务知识库。'用'即依托检察数据和新技术构建检务辅助决策支持平台。

---

* 本文曾发表于《青少年犯罪问题》2019 年第 5 期。

** 李璟儒，姚建龙教授学术团队工作室成员；沈劢儿，浙江省湖州市南浔区人民检察院未成年人检察部主任。

〔1〕 曹建明："做好互联网时代的检察工作'+'法"，载《中国法律评论》2015 年第 3 期。

'管'即创新信息化管理模式，健全科技强检管理体系。"〔1〕而最高人民检察院在搜狐网站上发布的新闻也指出："智慧检务，是依托大数据、人工智能等技术手段，进一步发展检察信息化建设的更高形态，是实现检察工作全局性变革的战略转型，也是影响深远的检察工作方式和管理方式的重大革命。"〔2〕由此可见，智慧检务是在当前全球产业变革，"互联网+"的时代背景下的新型检察工作模式。

而未检作为检察工作的重要一环，也是智慧检务的一个分支。那么，笔者认为可将"智慧未检"理解为"在以人为本的基础上，将互联网信息技术、科技手段与未检工作相结合，从而提高未检工作的效率和质量的工作模式"。

最高人民检察院在《关于深化智慧检务建设的意见》中指出，深化智慧检务的建设目标是加强智慧检务理论体系、规划体系、应用体系"三大体系"建设，形成"全业务智慧办案、全要素智慧管理、全方位智慧服务、全领域智慧支撑"的智慧检务总体架构。〔3〕依托于智慧检务建设的目标，笔者认为智慧未检体系构建也应当注重理论体系、规划体系和应用体系的构建，并逐步深化和完善。

（二）智慧和信息化的区别

探索智慧未检体系，必须明确智慧检务和信息化检务的区别。目前有这样一种观点：智慧检务即为信息化检务。这种理解不无道理，从 1991 年我国最高人民检察院办公厅成立自动化办公室起，经过 2000 年的《关于在大中城市加快科技强检步伐的决定》、2010 年的《全国检察机关信息化应用软件统一实施方案》、2016 年的《"十三五"时期科技强检规划纲要》，再到如今的智慧检务概念，可以看出检察工作与科技信息的联系愈发紧密，检察工作信息化日渐加深。但是笔者认为，信息化不等于智慧。

第一，智慧与信息化的概念不同。1997 年召开的首届全国信息化工作会议将信息化定义为："信息化是指培育、发展以智能化工具为代表的新的生产力并使之造福于社会的历史过程。"〔4〕而智慧则是人们比较熟知的心智上的高阶能力，从更为宏观的角度看，智慧遍布于人类的任何一种活动。这两个概念，一个偏向动态，一个偏向静态。一个侧重人类外部世界，一个侧重人类内部空间。

第二，二者诞生时间不同。信息化检务早在 20 世纪 90 年代便被提出了，而智慧检务则近两年才兴起。若是信息检务等于智慧检务，则不符合认知规律。

第三，二者范围不同。智慧检务的范围大于信息化检务。新时期的智慧检务强调

〔1〕 王治国："最高检：深化'智慧检务'实现'六大平台'全覆盖"，载 http://www.spp.gov.cn/zdgz/201703/t20170312_185057.shtml，访问日期：2019 年 2 月 1 日。

〔2〕 "智慧检务｜智慧检务到底是个啥？看看这家检察院你就懂了"，载 https://www.sohu.com/a/196959546_118060，访问日期：2019 年 2 月 1 日。

〔3〕 "最高检：到 2025 年底全面实现智慧检务发展目标"，载 https://www.chinanews.com/gn/2018/01-03/8415277.shtml，访问日期：2019 年 2 月 1 日。

〔4〕 "'信息化'"，载 https://baike.so.com/doc/2621395-2767929.html，访问日期：2019 年 1 月 2 日。

"智慧"，便是在信息、技术运用的基础上提出了更高层次的要求。它要求各级人民检察院调动主观能动性和思辨能力，在使用各种技术时加入自身思考，由原来的被动学习信息技术转为主动安排、改善信息技术。这并不等于让检察官们变成程序员和工程师，而是呼吁人们更加以人为本、深入思考、灵活运用，做技术的主人。之所以有这样的改变，正是因为在信息化阶段出现了一些问题。比如，刚刚建好一年左右的智慧App由于前瞻性不足或者数据不连通，很快就不能再运用，还需重新开发。或者明明已经建立了数据档案库，但是由于格式无法检索导致在实践中运用率不高等问题。

在认识到以上几点之后，信息化检务和智慧检务的区别就十分明显了。后者包含前者，又高于前者。正如前文所列举的，新时期的智慧检务是前阶段的信息化检务的深化和升级，未来也可能会包含更多内容。智慧未检的建设也需继承这种智慧化精神。

（三）智慧未检体系构建的必要性

第一，构建智慧未检体系有利于维系未检部门的独立性。我国未检部门经历了曲折的发展过程。虽然我国早在1986年就建立了第一个专门的少年检察机构，但是在此后的30年中，相关机构却经历过几次裁撤，面临着被并入公诉部门的困境。直到2015年最高人民检察院未成年人检察工作办公室的成立，才标志着未检部门的发展进入了全新阶段。而时至今日，我国不同省份的未检部门发展差异依旧不容忽视。构建智慧未检体系，是在"互联网+"和大数据时代的潮流下，积极响应相关国家政策，贯彻最高检工作精神的表现。这在未检发展的新阶段中有着重要的意义。通过智慧化改革，可以使未检工作消耗更少的人力和物力资源，实现良好的办案效益，有利于未检部门快速方便地处理案件。

第二，构建智慧未检体系有利于促进未检部门与内部其他部门的合作。实现案卷信息化，可以极大地便利检察工作，使未检部门与其他部门相连接，处于同一个对话平台。虽然工作内容有所区别，但是构建数据库或者使用其他信息科技，能够最大限度使不同部门之间进行信息共享，或者第一时间在公共平台上给予彼此帮助。如果不构建这样的体系，那么未检工作可能会在智慧检务步伐中落后，与其他部门的对接也十分不便。从这个角度来看，构建智慧未检体系也是人民检察院自身发展的必然要求。

第三，智慧未检系统的建设，有利于构建社会支持体系开展未检工作，切实保障未成年人权益。《刑事诉讼法》中关于未成年人案件办理的特别程序，包括提供法律援助、听取律师意见、讯问时法定代理人或合适成年人到场、心理测评疏导、附条件不起诉考察帮教等，这一系列办案程序呈现一个显著特征，即未成年人案件的整个司法程序必须借助社会力量才得以实现。同时，未检工作的基本任务之一就是教育、感化和挽救涉罪未成年人。在办理未成年人刑事案件过程中，不仅要帮助那些受到犯罪侵害的未成年人走出困境，同时也要对涉罪未成年人进行教育和挽救，督促其认罪悔罪、痛改前非、走上正途、回归社会。因此，需要开展必要的社会调查、性格测试、心理干预、人格甄别和社会观护等。此类工作的成效关乎未成年人的未来发展，高质量地开展此类工作需要社会力量，尤其是专业社会力量的支持。然而，在传统的办案模式下，未检工作存在诸多困难和不便。如合适成年人呼叫时间长、法律援助律师信息以及律师意见反馈速度慢等，极大地降低了办案效率。对涉罪未成年人的考察帮教是未检工作的重点，但是传统的帮教模式存在单一和无法实时监督考核的困境。以上这些导致未成年人案件程序落实不佳，影响未检工作效率和质量。借助"互联网+"，运用网络技术，便捷社会支持体系参与未成年人案件，实现了在线实时沟通和信息互换，提升了未检工作质效。

二、各地未检工作智慧化建设的探索

随着智慧检务的建设，未检工作的智慧化转型也逐步开展起来。下文主要介绍成都市武侯区、宁波市鄞州区和郑州市管城区的智慧未检建设工作开展概况和相关经验。

（一）"三地"智慧未检工作的建设探索

1. 成都市武侯区人民检察院智慧未检建设：两大平台

成都市武侯区的智慧未检建设的特色是"两大平台"。其中第一个是青少年违法犯罪数据分析平台，第二个是智慧未检（工作）平台。

青少年违法犯罪数据分析平台主要是利用大数据时代信息收集的便利，对青少年案件进行分类统计，具有精准、完整、全面和直观的特点。办案人员可以直接根据图表上的统计结果了解未成年人涉案方式以及涉案程度，从而总结经验，为制定预防未成年人犯罪政策提供基础视野。不仅如此，这些数据反映出的未成年人犯罪行为模式也有利于相关人员了解涉案人员心理误区，有针对性地对罪错未成年人进行观护、帮教以及预防违法教育。同时，这样的数据分析平台可以为不同部门提供交流，进行部分数据共享，有利于部门合作分工，节约人力资源，提高办案效率。

智慧未检平台，即名为"武侯星火法治空间"的未检虚拟工作平台，是构建在人民检察院以及人民群众之间的沟通桥梁。该平台主要包括"法治教育预约，帮教考察，心理咨询，亲职教育，我的任务"等模块，面向未成年人及其家长、未成年人教育相关工作者、心理咨询师等受众。这些模块的特色集中于强化对未成年人的帮教矫正、心理咨询及家长的强制亲职教育作用。同时，法治宣传教育也得到了线上拓展。

2. 宁波市鄞州区人民检察院智慧未检建设：微信公众号

宁波市鄞州区的智慧未检建设主要依托于微信公众号，根据当前大众的上网习惯，在微信上打造了"鄞州智慧未检"数字应用系统。该应用系统包括"举报控告+法治教育+社会调查+合适成年人+社会观护+心理疏导+社会救助"等七大功能模块，下设"检察机关管理员、检察机关承办人、公安机关办案人员、社会组织服务中心、司法社

工、心理医生、律师、涉罪未成年人、未成年被害人、监护人"等十大角色。[1]

3. 郑州市管城区智慧未检建设：三大特色

第一个特色是可远程视频通话的"未成年人帮教在线"系统。在线学习系统虽然便捷，但是冷冰冰的文字往往并不如真实的面对面对话触动人心。管城区人民检察院通过筛选，将10名优秀心理咨询师与网络平台对接，构建了一对一的心理疏导在线平台，实现成年帮教者与未成年人的远程在线通话。

第二个特色是800平方米的"未成年人普法教育中心"的实体展厅。通过未成年人身边的真实案例，采用视频点击、互动游戏、4D电影等高科技手段，使青少年走进人民检察院，接受立体式法治教育和法律服务，并将现实版未成年人普法教育中心搬上平台，打造未检普法宣传新模式，微信扫码或直接登录平台即可"游览"普法教育中心。

第三个特色是新颖的普法宣传方式。2018年，管城区人民检察院联合河南电视台、大河报、广电全媒体、河南商报、郑州市FM91.2电台等多家省内主流媒体，开展"我的青春我的法"演讲比赛、制作普法情景剧等一系列活动。

(二)"三地"智慧未检工作建设经验总结

通过上述"三地"智慧未检的建设举措发现，三者虽各有特色，但依然存在许多共性，主要表现在以下几个方面：

第一，其智慧未检建设均可分为两个部分，一部分是基础数据汇总和整理部分的智慧化，另一部分是基于基础数据分析和相关判断后的总结归纳以及进一步的延伸工作的智慧化。基础数据的整理具有重复性、烦琐性特征，因此这一部分工作相当耗时耗力，占用了检察工作人员大量的时间和精力。在智慧未检体系构建中就首先引入先进技术手段，构建数据收集和汇总平台，如武侯区的青少年违法犯罪数据分析平台，集收集和分析与一体；鄞州区将数字应用系统和网络举报以及社会救助等相连接，实现了数据收集和应用的紧密结合。

第二，均实现了智慧化办案。无论是武侯区的"武侯星火法治空间"、管城区的可视化未成年人在线帮教系统还是鄞州区的微信公众号，都利用现代科技，实现了案件办理的智慧化、高效化。

第三，其智慧化转型均立足于少年司法的特殊需求，符合未检工作实际状况。首先未检工作的智慧化转型以少年司法独特的价值取向为指导，遵循并秉持儿童利益最大化原则、国家亲权原则、"教育为主，惩罚为辅""教育、感化、挽救"的理念原则，严格区别于成人司法的理念和原则。主要表现在未检工作智慧化升级转型时，综合考虑未成年人的特殊性，这一考量不仅仅依靠于经验，更加注重科学的分析和评估。

---

[1] "关注丨'智慧未检'来啦！护航未成年人平安、快乐成长！"，载http://www.sohu.com/a/24507 2661_2389 28，访问日期：2019年4月15日。

诸如对未成年人的帮教工作，是通过心理等分析以及众多案例数据支撑下，制定科学的帮教方案，而不是统一化处理等。

三、南浔区人民检察院智慧未检工作建设探索

近年来，南浔区人民检察院按照"创新创亮、一院一品"的思路，立足于南浔区检察工作实际，把未检工作作为探索"新时代枫桥经验"的生动实践，以"教育、感化、挽救"为方针，立足检察监督主业，构筑未成年人合法权益保护体系，打造了"春燕工程"这一特色品牌工作，有效地提升了未成年人保护工作实效。随着全国各级人民检察院智慧检务工作的开展，南浔区人民检察院借助互联网技术积极探索"互联网+"的未检工作道路，着力打造智慧未检工作系统，开发"智慧未检"App，改变传统的未检办案模式，推动未检工作向智能的"掌上化"迈进，提高办案效率、提升帮教质效。此外，人民检察院积极进行"智慧借助""借力外脑"开展检校合作，通过借力教授工作室团队和校方的专业优势，着力加强人民检察院未检工作团队的队伍建设和专业化建设，进一步提升未检工作的专业化水平。

（一）"春燕工作室"：智慧未检体系建设的基础支撑

南浔区人民检察院根据该区实际状况，积极开展未检工作，以"教育、感化、挽救"为方针，探索建设未成年人合法权益保护体系，开展"春燕工程"这一特色未检品牌。为适应未检工作的特殊性，南浔区人民检察院于 2012 年抽调业务能力强、具有亲和力的女检察官组成"春燕工作室"，办理未检案件。依托"春燕工作室"，开展未检工作。以下南浔区人民检察院的特色未检项目和工作做法为智慧未检系统的构建提供了坚实的基础起点。

1. 借力专业机构，成立未检心理支持中心

涉及未成年人的刑事案件，应当从关注社会问题出发，根据生物学、生理学、心理学、人类学的相关知识，区分儿童和成人，二者不是大小的量的概念，儿童不是"小大人"，成人与处于发育、成熟过程中的儿童相比具有质的差异。[1]因此，南浔区人民检察院在办理涉及未成年人的案件时，通过专业的心理支持，对涉罪未成年人、未成年被害人进行专业的心理评测，并根据具体心理状况予以矫正和专业治疗，真正起到了预防未成年人犯罪以及对涉罪未成年人的教育、感化和挽救的作用，最大限度地保障未成年人的合法权益。

南浔区人民检察院"借力"专业结构，建立心理测评机制，成立未检心理支持中心。2015 年南浔区人民检察院首次尝试跨区域借力，与湖州市第三人民医院合作挂牌成立全市首家未检心理支持中心并出台了相关制度，将心理测评工作覆盖到所有涉罪未成年人和未成年被害人，对存在问题的对象有针对性开展心理干预和疏导工作。该

---

〔1〕 姚建龙主编：《刑事司法进化论》，北京大学出版社 2017 年版，第 324 页。

心理支持中心是全市检察机关系统内首家未检心理支持中心，由来自湖州市第三人民医院的心理专家针对南浔区人民检察院办理的未成年刑事案件，进行积极协助，做好涉案未成年人全程心理疏导、测评和矫治工作。在"检院合作"的工作框架下帮助涉案未成年人健全人格，总结未成年人心理发展规律，探索预防未成年人犯罪的新途径。

2. 加强"三种监督"，拓展未成年人法治保障新领域

第一，加强涉及未成年人的刑事诉讼监督工作。人民检察院通过未检案件办理、群众信访反映以及涉未热点事件，进行深入排摸线索，深化未成年人犯罪以及侵害未成年人犯罪的刑事立案、侦查、审判活动监督，充分运用纠正违法、抗诉、检察建议、追捕追诉等手段措施，着力监督纠正对未成年人刑事特别程序制度不落实、侵害未成年人权益的突出问题。

第二，积极开展涉未羁押必要性审查工作。区院未检部门加强与公诉、刑事执行部门的沟通，建立了院内线索通报机制，以依职权启动审查为主，对逮捕的未成年人实行定期与不定期相结合的动态审查方式，及时发现羁押未成年人的变化，建议办案机关采取相关措施。

第三，开展涉未民事行政检察监督工作。为有关侵害未成年人权益的咨询、求助，提供法律服务；另一方面搭载区政法委网格化管理平台，建立网格线索通报机制，充分发挥民行检察监督手段，督促司法机关、政府相关职能部门依法履职，加强对未成年人权益的综合保护。

3. 建设"全国未成年人检察工作创新实践基地"，提供智慧化升级的契机

2018年5月，南浔区人民检察院被最高人民检察院确定为"未成年人检察工作创新实践基地"，以建设落实该创新实践基地为契机，结合该区实际状况，大胆探索，创新驱动，为推动智慧未检系统的发展提供利好条件。

第一，进一步规范人格甄别机制，设置"心语工作区"。人格甄别，又可称为人格测量、人格评估、人格鉴定，是指通过一定的方法，对在人的行为中起稳定的调解作用的心理特质和行为倾向进行定量分析，以便进一步预测个人未来的行为。[1]人格甄别旨在正式庭审开始前将不同犯罪危害性和人身危险性的涉罪未成年人加以区分，将需要以不同方式挽救的未成年人导向以矫正为目的的程序，通过不起诉等方式将这些符合条件的未成年人分流出刑事诉讼程序。南浔区作为试点地区开展人格甄别工作制度探索，探索"人格甄别向侦查环节前伸"，从时间维度上为开展羁押必要性审查、附条件不起诉、观护帮教等预留空间。同时在院内未成年人综合工作区专设"心语工作区"，配设专业的心理沙盘、心理测评系统、辅导音乐播放设备、生物反馈治疗椅等专业设备，为未成年人心理测评、心理疏导等心理支持工作提供专业硬件设施和系统保障。

---

〔1〕 郑雪主编：《人格心理学》，暨南大学出版社2007年版，第349页。

第二，组建专业的涉罪未成年人帮教队伍。首先，区院加强和未成年保护组织的联系，组建少年司法专业社工、合适成年人志愿者、社会调查员、涉罪未成年人法律援助等类别的专业队伍。其次，通过政府购买服务的形式，将涉罪未成年人帮教的社会专业力量引入到检察观护环节。同时，以"春燕工作室"为载体，组建以涉罪未成年人法治教育为主责的"护航雏燕"检察专业队伍；搭建具有检察特色的"雏燕教育基地"，通过互动讲解、结业小测等形式提高法治教育的针对性和有效性。

第三，建立全面的分类观护平台，实行"1+N"立体观护模式。首先，建设了羁押涉罪未成年人观护平台，以专业管教民警为主导，以涉未专业队伍为依托，将心理干预、法治教育、亲职教育等涉未观护措施覆盖到被羁押的涉罪未成年人；其次，成立了区网格化观护平台，将本地籍或在本地有固定住所的涉罪未成年人纳入全区层面的网格化管理平台，实现观护区域全覆盖。同时加强社会协同，选择适合的企业建设具有安置能力的"雏燕之家"，将"来浔三无"涉罪未成年人及部分通过人格甄别判定家庭支持薄弱需重点观护的涉罪未成年人纳入"雏燕之家"，开展针对性的帮教活动。在观护模式上，实行"1+N"的立体观护。如将附条件不起诉的未成年人纳入全区层面的网格化管理后，将以"案件承办人"+具有专业特长的"社会观护员"、热心青少年工作的"爱心守护员"、观护基地中的"密切联系人"合作的形式，对涉罪未成年人进行全方位的观护帮教。

(二)"智慧未检"平台：智慧未检系统运行载体

南浔区人民检察院在"互联网+"的社会大背景下，依托智慧检务的建设，立足于人民检察院长期的未检工作基础，利用网络科学技术手段，开发"智慧未检"平台，推动未检工作模式向智慧化升级。南浔区人民检察院主导开发的"智慧未检"平台分为两大系统板块，其一是办案系统，旨在通过该客户端系统实现未成年人案件办理的"智慧化"，即改变传统办案模式，实现智慧化办案。其二是面向公众的模块，旨在进行社会未成年人保护，进行公众普法。关于办案模块，客户端中设置了"人格甄别""分类观护""呼叫平台"这三个入口，并设置角色登录，不同身份具有不同权限，主要涉及角色有检察官、心理专家、合适成年人、法律援助中心、涉罪未成年人等。通过和案件有关的所有单位、组织、个人进行在线的沟通联系提升效率，同时通过一些特色化智慧化的手段改变单一的帮教模式，提高办案质效。在针对公众的板块中，设置了"心语热线""普法预约""网上课程"三个端口。"心语热线"面向社会公众，向全区范围收集关于未成年人遭欺凌（校园欺凌）、家暴、监护缺失、食品药品侵害、环境污染侵害等有关的诉求和建议，"普法预约""网上课程"旨在普及法治。

1. 智慧化办案

第一，设置在线人格甄别系统。南浔区人民检察院制定《未成年犯罪嫌疑人人格甄别工作细则》，规定针对未成年犯罪嫌疑人在审查起诉前进行人格甄别，进行心理评测和社会调查。传统办案模式下的心理测评操作流程尤为烦琐，耗时费力。案管部门收到案件后通知未检科，由未检科在征得涉罪未成年人及其法定代理人同意的情况下，当面对其进行心理评测，向涉罪未成年人发放艾森克量表、抑郁量表、焦虑量表等相关问卷，填写完成后，再由未检工作人员将量表送达合作医院，由心理专家给出专业的测试结论，再通过邮寄等方式送至人民检察院。"智慧未检"平台投入使用后，可以直接在线使用人格甄别系统进行评测。涉罪未成年人登录自己的账号使用平台进行在线心理测评，测评量表提交后，合作的心理专家通过账号登录至系统，在线进行结果评测，并实时上传至系统，人民检察院专案检察官登录账号即可看到评测结果，这就简化了文件传送和人员移动的步骤，并节省了时间。

目前平台中的社会调查系统建立了专职社会调查员库，将本地涉罪未成年人或者在本地居住一年以上的涉罪未成年人纳入社会调查范围，由涉罪未成年人住所地的司法所对其从性格、家庭、教育、平时表现、悔罪态度等多方面展开调查，并通过线上反馈，提高办案效率。实现程序上的化繁为简，简化复杂的部门沟通联系，为办案检察官省去电话联系、等待的时间。同时该系统，能够更大程度的发挥南浔区试点探索人格甄别制度的"两专"特色：一方面，系统内使用的是最新版的心理评测量表，也能够及时和便捷的实现量表的更新；另一方面线上心理评测系统将更加便利儿童心理专家的参与，有利于专业力量的运用和发挥。此外，考虑到未成年人案件的特殊性质，人民检察院与公安机关进行合作，将人格甄别前置至侦查阶段，使心理支持中心、心理评测等事项实现线上反馈。

第二，设置在线分类观护系统。经过长期观护帮教的实践，发现对被观护帮教人员的观护帮教状况很难进行全方位和及时地把控。该分类观护系统设置了羁押观护、网格化观护和企业观护三个子系统。涵盖三类涉罪未成年人：第一类是被羁押的未成年人，此类未成年人由专业管教民警进行羁押观护，管教民警进入该平台后，可获取与该未成年人心理、社会背景、人生经历相匹配的管教方式，由此进行羁押中的心理干预、法治教育等，提升管教效果，实现挽救涉罪未成年人的改造目的，同时发挥人民检察院的实时监督作用。第二类是针对本地籍或在本地有固定住所的涉罪未成年人进行网格化观护，首先将该区所有符合条件的涉罪未成年人纳入全区层面的网络化管理平台，为每位未成年人就近选择观护基地，智慧未检平台为每一名涉罪未成年人从1000多名网格员中自动匹配符合条件的网格员，同时根据人格甄别系统评测结果，选择对应的帮教人员。平台设定了多条帮教方式，由系统根据涉案未成年人的人格甄别结果，进行自动筛选和信息匹配，推送精准的帮教方案给检察官。第三类是来浔"三无"涉罪未成年人及部分通过人格甄别判定家庭支持薄弱需重点观护的涉罪未成年人，对其进行企业观护。人民检察院通过加强社会协同，号召爱心企业，建设安置帮教涉罪未成年人的"雏燕之家"。该分类观护平台可以实现智能化的分配观护和帮教，同时，负责案件的检察人员通过该平台对观护和帮教效果进行监督，实现和观护帮教人员在线沟通。

第三，设置智慧化"呼叫平台"。呼叫平台使用主体是负责案件办理的检察官，用于呼叫三类人群，有合适成年人、专业法律援助团队和司法社工，使用模式类似于"滴滴打车"，以此来节约检察官逐个电话联系团队成员的时间。案件办理过程中，检察官登录进入"呼叫平台"模块，向合适成年人团队统一发布参与讯问的需求，团队成员自主应答。

2. 智慧化法治教育平台

智慧未检平台中设置了"普法预约""网上课程"的板块。系统内定期上传更新法治教育视频课程，并可以根据使用客户的自主选择进行推送。学校等相关单位和组织也可以通过该功能，预约检察官进行法治教育。

3. 便捷的举报及建议平台

智慧未检平台开设了"心语热线"板块，是未成年人合法权益综合保护热线。任何人均可登录，以在线留言的方式咨询建议或是举报，也可以拨打线下电话进行电话联系。"心语热线"板块可接收全区范围内关于未成年人遭欺凌（校园欺凌）、家暴、监护缺失、食品药品侵害、环境污染侵害等有关权益保护的求助、咨询、建议等非紧急类诉求，该热线旨在为社会未成年人合法权益的综合保护提供便捷渠道，构建信息及时反馈平台。未检平台"心语热线"板块的设置，有利于及早发现问题，并在源头排除危害未成年人的危险源，拉近司法与未成年人的距离，增强未成年人参与社会治理的责任感，全方位保护他们的合法权益，最大限度地预防未成年人违法犯罪。

（三）"检校合作"模式：智慧未检工作的"外脑"借力

南浔区人民检察院积极探索提升未检工作的专业性，注重未检工作人员的专业理论和办案理念的培训与提升。2018年，南浔区人民检察院与上海政法学院合作，开展"检校合作"，策划成立"姚建龙教授学术团队工作室"，通过借力姚建龙教授学术团队工作室和政法院校专业优势，开展"罪错先议"实务研究，进一步提升未检工作的专业化水平。以"检校合作"的方式，促进理论和实际相结合，推动人民检察院理论研究水平的提升。以借助"外脑"的方式，立足实践，注重发现未成年人案件背后所暴露的社会治理问题，提出建设性的意见和建议，提升对未成年人的保护水平，促进社会善治。

开展"检校合作"，南浔区人民检察院挂牌成立了"姚建龙教授学术团队工作室"，定期安排学术团队中具有少年司法和刑法理论研究背景的成员到人民检察院实习，参与人民检察院涉及未成年案件的办理实践。这种合作一方面促使学术团队学以致用，提升专业业务办理能力，在实践中发现问题，解决问题，进一步深入理论研究。另一方面，学术团队的入驻和研究，为未检工作提供了专业的理论支持，对办案过程中出现的疑难问题进行深入研究，推动了未检工作的专业化发展。

"检校合作"为智慧未检的建设注入专业化力量。虽然智慧未检的建设主要依靠现代科学技术手段，从表面看是先进科学技术推动智慧未检建设，但是，智慧未检体系

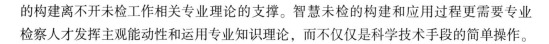

的构建离不开未检工作相关专业理论的支撑。智慧未检的构建和应用过程更需要专业检察人才发挥主观能动性和运用专业知识理论，而不仅仅是科学技术手段的简单操作。

四、南浔区智慧未检系统运行效果及完善分析

（一）运行效果

自"智慧未检"平台正式上线以来，经过半年的试运行，以往繁琐的未检办案程序、帮教观护措施、复杂的部门沟通联系，通过"智慧未检"平台的使用，都得到了优化，以清晰的层级结构呈现在平台上。在社会支持体系构建、精准观护帮教、案件办理效率上得到极大提升。

第一，"智慧未检"平台的投入使用，为办案检察官节省了电话联系、等待的时间，办案效率得到了极大提高。如通过智慧未检平台呼叫合适成年人到场，成功率高，"接单"速度快，合适成年人到案速度提升54.5%。通过平台与法律援助中心律师沟通，律师反馈意见速度提升40%。

第二，极大地拓宽了公众咨询举报平台，提高了未成年人综合保护水平。平台中的"心语热线"板块上线以来，收到10多条举报信息，人民检察院立即进行核实，查实信息后，联合相关部门迅速处理。如对学校周边"垃圾"食品摊贩、未成年学生出入网吧等问题的举报，通过该平台极大地调动社会大众对未成年人保护的责任感和参与度，实现了对未成年人的综合保护。人民检察院根据平台举报信息，核实查证后处理了两起猥亵儿童案件。通过智慧未检平台，使影响未成年人健康成长的一切不良因素无处遁形，提升了未成年人保护水平。

同时，观护帮教效果得到优化。通过平台实现有效的实时监督跟进，提升观护实效。根据智慧未检平台的人格甄别，系统自动生成合适的帮教方案推送，观护人员、观护组织能够快速进入工作并在系统内及时上传帮教活动的过程、进度和成果，检察机关可以对帮教人员及组织工作进行实时监督考核，在了解案件进度的同时掌控帮教质量。

第三，数据分析统计，有利于改进社会支持体系建设。智慧未检平台运行后，极大地便利了数据的采集和分析，如对案件参与人的参与频率、时长、反馈等数据进行统计并定时发布，以此作为表彰依据，形成竞争机制，将极大地提高合适成年人等案件参与人的积极性。

（二）主要难点问题

通过对人民检察院"智慧未检"平台建设运行的实践考察，发现现阶段"智慧未检"平台建设中存在以下几方面的难点问题：

第一，智慧化办案意识待提升。就智慧检务的推进实施经验来看，检察机关和检察人员对信息化的趋势把握呈逐步加强态势，对信息化、智慧化办案，实现检察工作现代化的意识也需要逐步提升。在智慧未检体系构建和智慧未检平台的开发运行过程中，亦是如此。一方面，部分人员习惯于纸质化模式和一对一沟通联系，对大数据的

运用持怀疑态度，宁愿耗费大量的人力也不愿意使用专门的智慧系统；另一方面，部分人员对"智慧未检"体系存在认识偏差，认为只是通过经费购买信息技术，以此组建的智能化系统，从而可以全面解决检察工作中的所有问题，产生依赖性，缺乏反思性。上述这些片面认知是"智慧未检"的构建和运行的极大障碍。因此，培养检察机关工作人员的智慧化办案意识，树立科学的智慧未检工作思维，是智慧未检工作推进的必要途径。

第二，"智慧未检"平台运用细则待拟定。"智慧未检"平台使用主体和针对主体的范围较广，涉及了检察机关、公安机关、司法局、社会组织和个人，对于这种交互式多向沟通平台，必须保证每一角色担任者都安装该平台 App 才可以起到联系交流的效果。而试运行阶段发现，个别组织和个人并没有安装，所以"呼叫平台"等功能没有达到预期中的效果。为改善此类现状，应当制定实施细则，强制相关部门、组织和个人必须安装该系统，根据细则操作使用，以此实现智慧系统使用效果最大化。

第三，智慧未检平台推广不足，具有区域性局限。大数据时代下，信息技术的运用中数据的共享是发挥大数据红利的主要优势所在。而南浔区"智慧未检"平台中信息共享体系尚未构建，存在区域局限性，极大的降低智慧未检体系的优势展现。进一步推广，实现区域共享，逐步覆盖至全市、全省、推广至全国未检工作部门，可最大程度的发挥智慧未检系统的大数据红利和功能。

五、"互联网+"背景下智慧未检体系构建的建议

大数据时代是科技福利时代，可能给各个行业都带来巨大的变化。未成年人缺乏自我保护能力和明确的是非观，涉及未成年人的案件频发，因此做好未检工作，切实起到未成年人保护和涉罪未成年人的教育、挽救效果是检察机关的重要职责。以南浔区人民检察院的智慧未检平台构建为例，结合成都市武侯区、宁波市鄞州区和郑州市管城区的智慧未检工作经验，对国内现阶段智慧未检体系构建状况以及前景规划作出以下分析：

第一，夯实智慧未检体系构建的理论基础和实践基础。正如最高人民检察院《关于深化智慧检务建设的意见》指出的，深化智慧检务的建设目标是加强智慧检务理论体系、规划体系、应用体系"三大体系"建设，形成"全业务智慧办案、全要素智慧管理、全方位智慧服务、全领域智慧支撑"的智慧检务总体架构。[1] 依托于智慧检务建设的智慧未检体系构建也应当完善自身的基础理论体系、规划体系和应用体系的建设。吸收地方智慧未检实践探索的经验，成熟的理论和应用可考虑推广至全国，建成全国未检智慧工作系统，实现信息共享连接。

----

〔1〕 "最高检：到 2025 年底全面实现智慧检务发展目标"，载 https://www.chinanews.com/gn/2018/01-03/8415277.shtml，访问日期：2019 年 4 月 1 日。

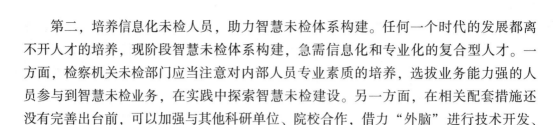

第二，培养信息化未检人员，助力智慧未检体系构建。任何一个时代的发展都离不开人才的培养，现阶段智慧未检体系构建，急需信息化和专业化的复合型人才。一方面，检察机关未检部门应当注意对内部人员专业素质的培养，选拔业务能力强的人员参与到智慧未检业务，在实践中探索智慧未检建设。另一方面，在相关配套措施还没有完善出台前，可以加强与其他科研单位、院校合作，借力"外脑"进行技术开发、专业化理论建设研究等。

第三，加强智慧未检应用平台的体系化构建。国内地方试点地区根据各地区实际条件开展智慧未检系统构建探索，基本都以智慧未检应用平台构建入手。从各地实践经验来看，都有其亮点和特色，但是缺乏体系性，各个功能较为零散，可以相互借鉴，吸收运行更为成熟和便捷的功能，开发可适用于全国的应用平台体系。

第四，加大经费支持，落实资金投入。智慧未检体系的构建，离不开科学技术手段的支持，对于经济发展落后的地区，应当加强经费支持，推动检察工作智慧化建设，开发和推广智慧系统运用，以及智慧化社会支持体系的构建。

六、结语

最高人民检察院发布的《关于深化智慧检务建设的意见》指出，"到 2025 年底，全面实现智慧检务的发展目标，以机器换人力，以智能增效能，打造新型检察工作方式和管理方式"。智慧未检体系的构建尚处在初步探索阶段，现阶段湖州市南浔区人民检察院以"智慧未检"平台为依托，创新工作模式，打造线上模式的"呼叫平台"，以及"在线分类观护和帮教平台"，还有"在线人格甄别系统"等较为全面的智慧未检系统，呈现出初步的体系化。同时人民检察院在以往先进的未检工作基础上进行创新型探索，建设"全国未成年人检察工作创新实践基地"，进一步推进未检工作的智慧化。成都市武侯区依托大数据建立了青少年违法犯罪数据分析平台，宁波市鄞州区根据当前大众上网习惯，在微信上打造了"鄞州智慧未检"数字应用系统，郑州市管城区智慧未检的特色主要集中于可远程视频通话的"未成年人帮教在线"系统的建设，但都缺乏相应的体系化建设。

因此，现阶段智慧未检体系构建应当注重理论体系、规划体系的建设，以此为基础重点发展应用体系，同时培养信息化复合型未检人才，逐步推动未检工作的智慧化，争取在全面实现智慧检务发展目标之时，构建出完备的智慧未检体系。

第二辑　综　述

未检专业化与社会支持体系建设研讨会会议综述

沈劼儿　樊志美*

为顺应司法改革的要求，助力未检专业化与社会支持体系建设的发展与完善，2018 年 10 月 18 日，由湖州市人民检察院主办、湖州市南浔区人民检察院承办的"未检专业化与社会支持体系建设研讨会"在湖州市南浔区召开。最高人民检察院公诉厅副厅长、未检办副主任史卫忠，浙江省人民检察院党组成员、副检察长黄生林，浙江省人民检察院未检处处长余晓敏，湖州市人民检察院党组书记、检察长孙颖，湖州市人民检察院副检察长李莉，湖州市人民检察院检委会专职委员屠晓景等实务部门领导，以及上海市法学会未成年人法研究会会长、上海政法学院副校长（时任）姚建龙教授，华东政法大学研究生院院长洪冬英教授，华东政法大学博士生导师邱格屏教授等专家学者出席了本次研讨会。来自南浔区人民法院、公安、教育、妇联等有关部门的代表及浙江省、江苏省各市、县（市、区）人民检察院未检工作的负责人及代表共 50 余人参加了本次会议。

与会代表集中围绕"未检专业化与社会支持体系建设"这一主题，分别就"未检专业化与社会支持体系的基本理论""未检专业化与众多未成年人合法权益保护"以及"未检专业化与未成年人分类观护机制的探索"等三个议题进行了全面分析与深入的探讨。

一、未检专业化与社会支持体系的基本理论

未检社会支持体系是指由社会力量参与支持所组成的有若干特定功能的、相互联系的工作制度、机制的有机整体。作为一项系统性工程，未成年人犯罪预防不但需要发挥检察机关的职能，更需要检察机关协调资源，发挥教育、妇联、民政、团委、社会组织等力量，构筑未成年人犯罪的社会支持体系。推动和加强社会支持体系建设是未检工作创新发展的必由之路。

---

* 沈劼儿，浙江省湖州市南浔区人民检察院未成年人检察部主任；樊志美，姚建龙教授学术团队工作室成员。

针对未检专业化与社会支持体系的基本理论，上海法学会未成年人法研究会田相夏副秘书长认为其理论基础在于：儿童利益最大化原则、刑罚个别化理念和新公共管理理论。[1]他指出：第一，检察机关作为儿童利益保护的重要机构应该通过机构专门化、工作专业化、机制规范化、支持体系社会化等方式，认真贯彻儿童利益最大化原则，丰富和完善中国特色未检制度。第二，刑罚个别化的理念要求检察机关在办理未成年人案件过程中，把握"教育为主、惩罚为辅"的方针，对涉罪未成年人进行教育的基础上进行惩罚。通过参考和运用社会调查报告对涉罪未成年人的自身情况及案件情况进行了解，仔细分析未成年人的一贯品格和习性，查清导致未成年人走向犯罪的原因。第三，对于未成年人权益保护和犯罪预防，检察机关对内需串联公检法司等司法机关；对外需推进社会化预防帮教配套体系建设，推进"两个配套体系"建设。具体而言，未检需要在社会支持系统建设中发挥以下功能：转变理念；积极支持社会组织发展，培育社会支持体系发展；对社会组织的参与进行监管。

亦有与会代表对社会支持理论的来源和客体进行详细阐述。无锡市人民检察院未检工作处蒋国锦副处长指出社会支持理论这一概念在精神病学的研究中被首次提出，并在20世纪70、80年代引起广泛关注并逐渐被其他学科所引用。按照社会学的定义，社会支持理论是指一定社会网络运用一定的物质和精神手段对社会弱势群体进行无偿帮助行为的总和。其客体是社会弱者。社会支持需要从社会系统中获得各种资源，给需要帮助的群体提供全方位的服务。为需要帮助的弱势群体提供社会支持，包括正式的社会资源，正式支持来自政府、社会正式组织的各种制度性支持，主要是由政府行政部门，如各级社会保障和民政部门，以及准行政部门的社会团体，如工会、共青团、妇联等实施。以及非正式的社会资源，非正式的支持主要指来自家庭、亲友、邻里和非正式组织的支持。

上海政法学院副校长（时任）姚建龙教授指出，应理顺未检专业化和社会支持体系一体化之间的关系。他认为未检专业化和社会支持体系一体化涉及两个方面：一是未检专业化问题。与普通检察制度以事实、证据、法律等为中心的办案机制相比，未检更多在做未成年人的工作，更侧重对未成年人犯罪的预防和矫治，所以它偏重主观主义，以行为人中心主义为特点。这些工作恰是未检的正业。二是社会支持体系转接问题。在社会支持体系下，本应由未检承担的职能，通过转接、委托等行为转移到社会支持体系本身，其是否恰当，值得商榷。浙江省人民检察院未检处刘昊指出未检正业的发展方向是社会化。他认为未检正业是指为教育、感化、挽救未成年人的检察职能的延伸部分。如未检部门目前所做的社会调查、心理援助、就业帮扶等工作。尽管

---

〔1〕 20世纪中后期，英国和经合组织国家先后开始政府改革运动，这一改革运动被称之为"新公共管理运动"。这一运动是由撒切尔早期政府在20世纪80年代末推行的公共部门改革运动。它废除了在公共服务中传统的官僚独占制度，并且引进多种市场和私营部门先进的管理技术和手段，着重强调顾客是公共服务行业中的导向，我们要以最少的成本建立最高效率的社会政府。

这些职能难以为司法机关传统职能所涵盖，但又为少年司法运作所必需。没有正业，少年司法就不能称其为少年司法。其发展方向是社会化。在当前社会化支持体系尚不完善的情况下，检察机关应立足检察职能，把握好职权边界，有意识地推动未成年人司法社会支持体系的建立。推动建立未成年人司法社会支持体系需要社会方方面面的积极参与，华东政法大学研究生院院长洪冬英教授提出社会支持体系需要检察权的有效行使。检察权的行使是社会协同和专业协同的有效结合。社会协同是指人民检察院与不同社会机构之间如社会救助部门、儿童救助中心、儿童看护中心等进行协同。专业协同是指除法律外，还需要心理学、教育学、社会学等学科的融合。

二、未检专业化与众多未成年人合法权益保护

作为国家法律监督机关，检察利剑贯穿至未成年人刑事案件诉讼的始终，未检部门在充分发挥"捕诉监防"一体化作用的基础上，积极探索未成年人民行检察监督、未成年人公益诉讼等职能，力求优化未成年人成长环境，实现对未成年人的全方位司法保护。

针对此问题，温州市鹿城区人民检察院未检部员额检察官金琳对未检如何介入未成年人民事、行政诉讼进行了制度设计。她认为：首先，为了保障检察机关介入的效果，应针对已有的检察建议工作规定出台相关细则，并在《民事诉讼法》《行政诉讼法》有关人民检察院行使监督职能的章节中确定检察建议的效力。其次，完善介入的具体程序。介入的具体程序包含两个方面：一方面包括对未成年当事人一方向检察机关提出权益受侵害的，人民检察院应当作出向有关部门提出或者不予提出检察建议或者是否进行民事行政诉讼监督的决定；另一方面包括对检察机关依职权发现未成年人民事、行政权益受到侵害的，分两种情况处理，对在刑事办案中发现可能涉嫌新罪名的，按照审查逮捕、立案监督或者审查起诉要求侦查机关对新犯罪事实立案侦查的形式进行处理。对尚未构成犯罪的，视情况发出检察建议或者履行支持起诉、提起公益诉讼，涉及相关社会性事务的，登记后依托转介机制移交相关部门处理。检察机关要与行政机关在职能上做好区分和衔接。最后，应遵循尊重未成年人意愿原则。未检部门长久以来以刑事办案为工作重点，开展民事、行政检察监督工作存在许多痛点和难点，绍兴市越城区人民检察院徐倩对破解未成年人民事、行政检察监督难题的主要路径做了详细阐述。她认为：首先，应当转变工作理念。未检办案人员要紧紧围绕检察机关是国家法律监督机关的宪法职能定位，要将全方位关护未成年人权利的实现作为工作的出发点，把未成年人身心健康发展作为检验工作的标准，努力走出疏于监督、怠于监督的误区，通过开展民事、行政检察监督，推动职能部门积极履职。其次，应当完善法律法规。针对当前《未成年人保护法》《预防未成年人犯罪法》等专门性法律中规范过于笼统的现实问题，要继续完善司法解释和执法标准条款，制定具体的实施细则，增强法律的可操作性。最后，应当拓宽信息渠道。未检部门要全面整合各方力

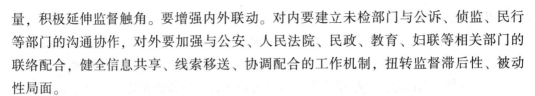

量，积极延伸监督触角。要增强内外联动。对内要建立未检部门与公诉、侦监、民行等部门的沟通协作，对外要加强与公安、人民法院、民政、教育、妇联等相关部门的联络配合，健全信息共享、线索移送、协调配合的工作机制，扭转监督滞后性、被动性局面。

校园欺凌给青少年身心健康造成极大影响，给家庭带来负担，给社会造成诸多不良影响。宁波大学 2018 级诉讼法学硕士研究生姚宇波指出，解决此行为的有效途径之一是建立学校与外部主体的衔接机制。欺凌行为的范围广泛，学校作为处理校园欺凌事件的"主战场"，需要学校在处理校园欺凌行为时做好和外部主体的衔接，包括与社会力量、执法部门以及法律援助机构的衔接。华东政法大学研究生院院长洪冬英教授亦强调了新时期保护未成年人合法权益工作的重要性。她表示保护未成年人合法权益工作之所以重要，一方面是因为社会需要美好明天。该美好明天就寄托在未成年人身上，因此要给予未成年人一个良好的生存发展环境；另一方面是因为解决与预防社会恶性案件迫在眉睫。从"三鹿奶粉事件"到"红黄蓝事件"再到"疫苗事件"，侵害众多未成年人合法权益的恶性案件层出不穷，这些需保护未成年人合法权益工作的有效实施。

三、未检专业化与未成年人分类观护机制的探索

涉罪未成年人观护是指检察机关将采取非羁押强制措施或刑事诉讼程序已终结的涉罪未成年人交由社会力量组成非专业观护组织，对其进行专业化的考察、帮教和矫正，以预防其再犯的活动。[1] 对于观护的概念，上海政法学院副校长（时任）姚建龙教授指出，"观护"是一个历史悠久的概念，在清末、民国时期就有此说法，但如今"观护"概念还仅限于涉罪未成年人，过于狭窄，应将罪错未成年人群体全部纳进来，扩展观护载体完善分类观护制度。

针对五类重点群体之一的不良行为或严重不良行为青少年群体的处置和预防，共青团湖州市委杨晓琴认为，第一，发挥家庭引导功能作用。①巩固和发展家长学校。②要加强对家庭教育反面案例的分析，积极探索引导不良行为青少年家长介入帮教工作。③关注不良行为青少年的家庭教育。第二，发挥学校引导功能作用。①教育部门要在各级各类学校深化推广德育导师制的基础上，强化育人队伍建设，重点突出班主任及心理辅导老师队伍的培养。②要提高法制教育的针对性和实效性。③加强心理健康教育。第三，发挥工读学校功能作用。①司法、教育部门要探索建立湖州市工读学校，并使之在办学模式方式上，由单一专门教育模式转向与劳动技术、职业教育相结合的综合教育模式。②在教育功能上，由专门教育、托管教育向校外教育、上门帮教、跟踪教育延伸，最终形成不良行为或严重不良行为青少年专业化的校园帮扶体系。针

---

〔1〕 参见湖州市南浔区人民检察院湖浔检发（会）〔2013〕3 号文的规定。

对称之为"触法少年"即实施严重不良行为或已经触犯法律，但因年龄或情节等法定原因，没有被追究刑事责任的未成年人，上海市浦东新区人民检察院顾玎琮提出未成年人保护处分制度。她认为该制度出于预防犯罪的目的，由公安、司法机关对"触法少年"进行必要的、非刑罚化的处置、开展强制性的教育矫正，有针对性的观护帮教是其中重要的组成部分。同时，在进行保护处分过程中，一是要强调保护处分全程中的权益保护。保护处分措施中的许多措施都直接涉及人身自由的限制。强制性来自于司法属性，应当加强权益保护。二是关注保护处分制度中的观护帮教部分的专业发展。包括社会化运作和项目化运作。三是将保护处分工作的探索向全程化、全面化推进。打通从公安机关、教育部门、社会组织部门多方面的个案线索发现和移送机制，落实社会化的观护帮教。

为更好地开展未检工作，无锡市人民检察院未检工作处蒋国锦结合未检社会支持体系建设的无锡实践指出未检工作应当从三个方面完善：一是创设社会观护教育基地；二是推动建立青少年法治教育实践基地；三是全面深化"五位一体"未检工作。华东政法大学博士生导师邱格屏教授针对此问题指出，应建立一套统一评估未检工作的体系。她认为未成年人理论研究严重落后于实践探索。虽然现在未检工作做得深入细致，尽善尽美，但未检工作缺乏理论性指导，缺乏有效的社会评估体系。

"四大检察"全面协调充分发展背景下的未检监督研讨会综述[*]

单旭丹 刘 昊 樊志美[**]

为积极回应新时代人民群众对未成年人权益保护的新需求，充分运用"四大检察"职能，提升浙江省未成年人司法保护能力水平，高水平推进省域治理现代化，2019 年 12 月 18 日，由浙江省人民检察院主办、湖州市人民检察院和湖州市南浔区人民检察院共同承办的浙江省未成年人刑事司法研究会 2019 年学术年会在湖州市南浔区召开。浙江省人民检察院党组成员、副检察长胡东林，湖州市人民检察院党组书记、检察长孙颖等领导，以及北京师范大学刑事法律科学研究院教授、博士生导师宋英辉，上海社会科学院法学研究所所长、教授、博士生导师姚建龙，西南政法大学法学院教授、博士生导师高维俭等专家学者出席了本次年会。来自法院、教育、公安、民政、妇联、法学会等浙江省直有关部门代表，阿里巴巴、蚂蚁金服相关部门负责人以及浙江省各市级人民检察院、部分基层人民检察院分管领导和未检部门负责人共 80 余人参加了本次会议。

与会人员围绕"未成年人检察刑事诉讼监督""未成年人检察监督方式综合运用""未成年人检察监督与社会治理""未成年人检察监督基础支撑"四个议题进行了深入研讨。会议还就《浙江省人民检察院关于推行未成年人检察融合式监督模式的指导意见（征求意见稿）》进行了讨论和征求意见。

一、未检刑事诉讼监督

刑事检察虽是检察机关的传统业务，但司法实践中"重办案、轻监督"的问题依然存在，与会代表指出有必要充分运用立案监督、侦查监督、追诉漏罪漏犯、刑事抗诉等手段，进一步做优刑事检察，更好地维护未成年人合法权益。

---

[*] 本文曾发表于《青少年犯罪问题》2020 年第 4 期。

[**] 单旭丹，浙江省人民检察院第九检察部员额检察官；刘昊，浙江省人民检察院第九检察部检察官助理；樊志美，姚建龙教授学术团队工作室成员。

（一）关于刑事立案监督

与会代表探讨认为立足办案、建立跨部门案件线索移送机制和开展专项监督行动是及时发现监督线索、加强立案监督的有效方式。

以立足办案为例，永康市人民检察院运用关联案件信息通报、串并审查和共同协商"三关联"工作法，重点关注侵害未成年人犯罪、团伙犯罪和共同犯罪人员另案处理案件，从中排查发现监督线索。乐清市人民检察院抓住涉案人员言辞证据矛盾进行讯问突破，通过对客观性证据尤其是电子证据的提取固定和比对分析，有效追查漏罪漏犯。诸暨市人民检察院对 6 起涉未成年人聚众斗殴案件进行串联研判，并通过查阅案卷、实地走访、梳理报案记录等，从中发现并移送黑社会性质组织拐卖未成年人重大犯罪线索。宋英辉教授认为，未检监督具有特殊性。检察机关未检部门在办理未成年人涉黑涉恶案件时，除监督外，更要考虑导致未成年人参与黑恶势力、实施黑恶犯罪的深层次原因，办案只能解决后端问题，还要通过监督去解决社会治理的前端问题，以维护好广大未成年人的合法权益。雷小政副教授认为，要深化情报数据收集能力，要延伸监督能力，权益保护要向特殊人群深入，监督范围要向重点领域扩大。

以线索移送机制建设为例，湖州市人民检察院未检与刑执部门驻看守所检察室通过完善信息共享通报机制，明确由检察室第一时间对入所未成年人进行谈话并将信息提供给未检部门，再由未检部门进行年龄先行审查，以及时发现未达刑事责任年龄等监督线索。湖州南浔区人民检察院则联合公安机关建立案件信息通报机制，检察机关在及时掌握公安机关刑事拘留信息的基础上，把监督关口前移至刑事拘留前，及时掌握公安机关采取非羁押措施侦办的案件，监督盲点得以补强。对此做法，宋英辉教授持肯定态度，并指出我国的刑事诉讼既不同于大陆法系国家的检察指挥侦查，也不同于英美法系国家的检警分立，是既相互分立又密切配合的检警关系。实践当中，检察监督相对滞后，侦查完成后再进行监督则很难弥补，因此，监督端口前移有利于解决监督滞后问题。

以专项监督为例，宁波市刑事拘留检察院探索开展了性侵未成年人违法犯罪立案监督专项行动，集中对辖区内近 5 年的性侵未成年人行政处罚案件逐一进行摸排，对群众控告申诉事项进行深挖排查，共监督公安机关立案 5 件 6 人。绍兴市上虞区人民检察院通过设立检察官办公室，利用公安机关"打防控"系统，对该立未立、立案未查、该捕未捕、怠于侦查等案件线索进行重点排摸，加强了刑事诉讼监督。乐清市人民检察院以机制建设为依托，以未成年人案件立案刑事拘留后未报捕、取保候审后未移诉、不捕后未撤案等为重点，每半年开展一次立案侦查活动，并确立公安法制部门为工作对接职能部门，细化措施保障监督成效。对此，宋英辉教授表示，既要在办案中监督，在监督中办案，更要立足本地实际，充分利用本地资源通过未检监督积极参与社会治理。

（二）关于提前介入侦查

提前介入侦查是法律赋予检察机关介入侦查引导取证的一项职能，除可以提高取证质效外，也为检察机关强化监督提供了便利。与会代表认为，对于未成年人案件，提前介入侦查在保障未成年人特别程序落实和引导侦查机关规范取证方面有显著价值。

如嘉兴市人民检察院指导辖区内嘉善县、桐乡市等基层人民检察院设立"一站式"办案区，监督侦查机关依法落实女性工作人员在场、合适成年人到场等程序要求，督促性侵害未成年人案件规范办理。永康市人民检察院针对公安机关无专人办理涉未成年人案件的现状，通过个案监督来促进类案规范化办理，督促依法落实未成年人特别程序。宋英辉教授对此表示认同，他认为未成年人刑事检察监督要充分重视未成年人的身心特点，尊重未成年人的司法规律。乐清市人民检察院一方面加强个案指导，从审查起诉和庭审需要出发，引导侦查机关取证、固证；另一方面注重发挥类案引导作用，对侦查机关某一类案件或某一时期取证工作中的不足进行总结归纳，并及时反馈交流。嘉兴市人民检察院对重大疑难敏感案件，通过提前介入第一时间掌握情况、报送信息、妥善处置，研究梳理侦查取证提纲、社会治理提纲，做到引导侦查和社会治理同步开展。余姚市人民检察院对一起有性侵前科的人员在公共场所猥亵儿童，公安机关因证人未找到、以证据不足为由作行政处罚的案件进行监督立案，并引导公安机关寻找关键证人，推动完善证据链条，加大性侵害未成年人案件惩治力度。对此，宋英辉教授认为，要使监督活动程序化、规范化，使监督更加透明、全留痕、可追溯，有利于总结经验和教训。

（三）关于刑事抗诉工作

金华市人民检察院确立了刑事判决裁定"四个并重"的审查理念，即侵害未成年人犯罪轻判与未成年人犯罪重判并重、定罪与量刑并重、财产刑与羁押刑并重、程序与实体并重，并从重点审查性侵未成年人犯罪轻判、未成年人犯罪重判、判决事实认定错误和法律适用错误等案件入手，加强和改进涉未刑事抗诉工作。丽水市人民检察院立足未检特殊保护理念、特殊程序落实和特殊规定适用，在提升全面审查能力、文书说理能力和出庭抗辩能力的基础上，通过精细化办案，提升刑事抗诉质效。雷小政副教授建议在未成年人法律监督中完善类案检索大数据报告，建立类案数据库和类案监督规则，提升未成年人法律监督精准化。

二、未检监督方式综合运用

2018 年，最高人民检察院在全国 13 个省市部署开展未成年人刑事执行、民事行政检察业务统一集中办理"两项试点"工作，自此，未检监督从传统刑事领域拓展到刑事、民事、行政和公益诉讼"四大检察"领域的全覆盖。宋英辉教授认为，未检监督涵盖刑事、民事、行政和公益诉讼各个领域，而儿童利益具有鲜明的国家利益、社会公共利益属性，应更多从国家和社会公共利益角度出发，加大检察监督力度。

（一）监护侵害与缺失监督领域

遂昌县人民检察院为实现对困境儿童的精准干预，出台专门实施意见，厘定困境未成年人具体对象，并在具体办案中，高度重视困境未成年人的监护问题，对发现有无人监护、监护人不适格等情形的，及时启动检察监督程序。桐乡市人民检察院对办案中发现的涉案未成年人监护困境问题，通过口头提醒、书面告知和亲职教育"三机制"加强监护提示，建议监护人及时委托监护、转移监护权和支持起诉撤销监护权"三举措"强化监护监督，并通过构建困境未成年人特别司法救助、心理疏导长效救助和社会力量参与救助等配套机制，提升监护困境未成年人综合救助实效。台州市人民检察院运用民事监督手段，对未成年被害人提起的撤销监护权、追索抚养费、医药费等民事诉讼支持起诉，切实维护未成年人合法权益。在监护缺失问题上，郭兵副教授认为，桐乡市检察机关经验总结涉及的口头提醒机制具有创新意义，可作为今后立法借鉴。《行政处罚法》规定了"警告"这样的行政处罚措施，检察监督可以借鉴这一规定，体现教育与处罚相结合的原则，督促家长履行监护义务。

（二）行政检察监督领域

绍兴市越城区人民检察院对辖区内中小学教职员工开展入职资格审查时，发现部分人员有不良行为记录或违法犯罪问题不宜继续任职，而主管部门未予处理，遂向区教体局制发检察建议，督促其对不合格人员依法及时清退或惩戒。同时，联合人民法院、公安、教育等部门完善教职员工准入机制，对从业人员进行动态管理。郭兵副教授提出，在我国，教师职业准入属于行政许可范畴，目前的教育法规对职业禁止的规定尚不明确，那么，推行"黑名单制度"的法律依据是否充分？职业禁止的期限该如何规定？是终身职业禁止，还是一定期限内禁止？这些问题都值得深入探讨，也是检察机关今后需要重点关注的地方。从行政法角度看，教师职业准入涉及行政许可，需要有充分的上位法依据。在检察监督问题上，多数人民检察院采取综合性视角，案件类型、监督方式呈现多样化。有些地方监督的领域则比较专项，针对的是未成年人犯罪、监护侵害等领域。具体而言，对涉及少儿培训的问题特别值得关注。对校外培训机构的监管，仅仅依靠教育行政部门一家监管非常困难，因为教育行政部门执法力量不足。还有对培训机构中聘用外教的监督问题，具有一定普遍意义。我国教育法对于外教从事教育职业有着非常明确的规定，不少培训机构在使用外教时并没有依法招聘、使用和管理，这也是值得重点关注的问题。

宁波市北仑区人民检察院发现一名取保候审的高中生被限制参加高考报名，宁波市高招办关于被采取强制措施不得参加高考报名的规定有违《未成年人保护法》《预防未成年人犯罪法》相关规定，侵害了未成年人受教育权，遂督促主管部门恢复该名学生高考报名权。雷小政副教授评论指出，修改后的《行政诉讼法》及相关司法解释明确规定了在具体行政诉讼中对规范性文件一并审查的制度，这是立法的一个重大突破。对于规范性文件不合法的，司法解释确立了司法建议制度，人民法院可以在裁判生效

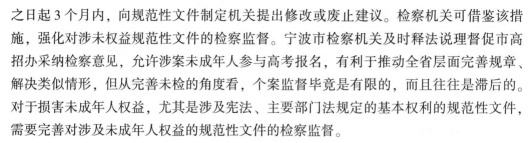

之日起 3 个月内，向规范性文件制定机关提出修改或废止建议。检察机关可借鉴该措施，强化对涉未权益规范性文件的检察监督。宁波市检察机关及时释法说理督促市高招办采纳检察意见，允许涉案未成年人参与高考报名，有利于推动全省层面完善规章、解决类似情形，但从完善未检的角度看，个案监督毕竟是有限的，而且往往是滞后的。对于损害未成年人权益，尤其是涉及宪法、主要部门法规定的基本权利的规范性文件，需要完善对涉及未成年人权益的规范性文件的检察监督。

（三）未成年人公益诉讼领域

温州市瓯海区人民检察院发现辖区内多家母婴用品店存在婴幼儿食品、保健食品进货渠道随意、未按规定建立索证索票导致部分厂家资质不明、产品质量无法保证等问题，向该区市场监督管理局制发行政公益诉讼诉前检察建议，督促主管部门履职尽责，及时整治婴幼儿食品安全管理乱象。江山市人民检察院幼儿园发放过期食品、严重侵害众多幼儿健康问题，经调查取证后，及时向教育、市场监管部门制发诉前检察建议，督促主管部门消除安全隐患，并探索在公益诉讼环节引入社会力量参与初查、回头看等。绍兴市越城区人民检察院就校园周边违规设置烟草零售点、非法接送学生车辆问题等，分别向该市市场监督管理局、烟草局、交警支队等部门制发检察建议。郭兵副教授指出，就校园 100 米范围内禁止销售烟酒等问题，2017 年浙江省已经作出了相关规定，但实践中，校园周边还是有销售烟草制品的现象，检察机关对这一问题的介入很有必要。同时认为未检监督有不少新领域值得关注。比如网络安全问题，国家网信办出台了《未成年人网络保护条例》，修订的《未成年人保护法》也对网络保护做了专章规定，网络空间以及新技术领域中未成年人权利保护问题，检察机关要加大探索力度，以为将来的立法提供更多支持。在新技术领域，比如，金华市某学校对学生上课注意力进行监测，引发社会广泛关注，其中包括人脸识别等技术问题，对于儿童权利的维护特别重要。在 3 岁以下婴幼儿照护领域，即早教领域，国务院出台了相关指导意见，明确要加强专门监管。此外，培训机构"跑路"的问题，也涉及对未成年人合法权益的维护，检察机关加大监督或许会是一个很好的方式。

姚建龙教授指出，未检具有特殊属性和独立品格，《未成年人保护法》《预防未成年人犯罪法》应当明确将检察机关作为"两法"的法律监督机关。按照这种制度设计，检察监督的内容内涵将被大大拓展。检察机关不仅是国家公诉人、国家监护人，更是"儿童权利监察官"，这种设计是联合国儿童权利保护相关规则和世界发达国家的普遍做法，也符合我国宪法对检察机关法律监督机关的定位，是对检察实践探索经验的确认。重申未检监督的特殊属性，应当突出其独立地位，无论是学理还是司法实践，完全可以明确提出"五大检察"的概念，并使其成为一种常识。此外，姚建龙教授建议探索长三角少年司法一体化建设。长三角地区要加强交流，检察一体化可以使相关工作事半功倍。目前，不同地区的未检追诉标准、办案机制、模式均不同，但至少长三角范围内可以确定相对一致的标准。

西南政法大学法学院高维俭教授赞同未检应具有独立属性的观点，认为其理念、原则、对象、目标和制度等都不同于成人司法，未检坚持教育为主、惩罚为辅的原则，而成人司法则以惩罚为主；未成年人刑事案件应该倚重社会来开展专门教育，办理未检案件并不是简单的定罪量刑。他认为应当明确少年法律关系这一概念。以监护关系为例，监护关系不同于普通民事法律关系，民事法律关系是平等主体之间的关系，而监护关系中监护权具有一定强制性；监护关系也不全是行政法律关系，国家对孩子进行兜底监护，建立的也不是行政法律关系，因此监护关系应属于少年法律关系，由此认为开展未检监督，应首先明确监督的"谱系"。

三、未检监督与社会治理

在推进国家治理体系和治理能力现代化的大背景下，需要检察机关立足案件办理，深入研究案件背后的问题成因，积极助推未成年人保护，优化社会治理。

（一）社会治理之问题发现

发现问题线索，是未检积极参与社会治理之基础。为此，杭州市人民检察院联合多部门出台了侵害未成年人案件强制报告制度，与蚂蚁金服合作推出了支付宝"未成年人保护"举报平台，设置了"校园安全、侵害未成年人、强制报告制度"三大模块，向公众广泛收集各类监督线索。江山市人民检察院优化"网格+检察"工作机制，联合市教育局将全市所有学校纳入社会治理网格化平台，明确网格员需及时上报校园暴力欺凌、性侵未成年人、校园食品安全等涉未权益损害线索。绍兴市越城区人民检察院延伸监督触角，通过刑事办案，自行发现或收到内部移送线索数十条；通过外部协作，联合公安机关对全区204所幼儿园、中小学校万余名教职员工进行全覆盖排查，从中发现部分人员有不良行为记录或违法犯罪问题，并及时介入监督。遂昌县人民检察院明确困境未成年人标准，联合民政部门筛查全县困境未成年人名单，并组织力量入户走访，全面掌握第一手资料，为制定个性化帮教方案奠定了扎实基础。高艳东副教授评价，杭州检察机关利用技术手段辅助未成年检察工作，将互联网运用到司法、社会治理的做法，为检察工作插上了科技的"翅膀"，为未成年人保护提供了一种新方式，既是开创、更是趋势。

（二）社会治理之督导履职

在社会治理大格局中，检察机关的职能属性决定着其参与社会治理模式应以督导部门履职为常态。湖州吴兴区人民检察院就办案中发现的宾馆入住把关不严、住宿登记不规范，娱乐场所违规接纳未成年人等问题，向主管部门制发检察建议督促整改，并建立协作机制推动常态化执法，推动该类场所规范经营。姚建龙教授认为，酒吧治理涉及工商、卫生、文化、消防等多部门，呈"九龙治水"状态。上海曾立法明确由文化部门牵头，要加强长三角少年司法一体化交流与发展。雷小政副教授认为，对酒吧、游戏厅、宾馆等的检察监督，在当前行政部门保护未成年人权益滞后的情形下，是强化政法机关参与社会治理的好做法，要进一步完善跨部门、跨区域协同监督机制。遂昌县人民检察院就辖区内困境未成年人辍学，未能完成九年制义务教育问题，向教育部门制发检察建议，并协助教育部门帮助 17 名辍学未成年人重返校园；后又建议教育部门增设特殊智力儿童高中班级，有针对性扩大教学场所、完善教学设施和教学力量。绍兴市越城区人民检察院就校园周边食品安全、违规设置烟草制品零售点等问题，分别向区市场监督管理局、烟草局制发检察建议，要求加强监管和整治，共同保护在校未成年人远离"三无"食品和烟草制品。高维俭教授点评指出，针对社会治理热点和突出问题，检察机关立足职能，做了切实探索和有益创新，取得了未成年人权益保护实效。检察建议是检察机关参与社会治理的重要抓手，针对的领域广泛、事宜众多、效果较好，但在参与社会治理过程中，要注意对"度"的把握。作为司法机关，检察机关应更多承担起裁判者、建议者或引领者的角色。高艳东副教授指出，检察工作从司法领域延伸至社会治理领域，提升了社会治理水平，是对检察工作定位的重大突破。雷小政副教授指出，未检监督的发展离不开社会治理体系的平衡和充分发展。不少地方强化了对酒吧、游戏厅、宾馆等治理体系的检察监督，这是强化政法机关参与社会治理的好事。

（三）社会治理之长效建设

未成年人保护工作是一项系统工程，需要职能部门合力共建，社会公众广泛参与，积极构建起社会治理长效机制。在"杭州女童模妞妞被其母踢踹"视频网络发酵后，杭州市滨江区人民检察院会同区市场监督管理局、团区委出台全国首个"童模"保护机制，对"童模"活动场所、内容和强度，从业者和监护人责任等作出明确规定，为规范"童模"行业以及儿童参与商业活动立法作出了有益探索。平阳县人民检察院聚焦女童这一特殊群体，联合民政、团委、妇联等职能部门探索开展"织网式"保护，全面梳理困境儿童名单，以预防犯罪侵害为目标，以大数据平台为载体，以专业化量表为抓手，加强性侵等犯罪预警监测，维护特殊未成年人合法权益。湖州市吴兴区人民检察院与公安、文广、市场监管等部门建立协作机制，利用校园检察官工作室、志愿团队及人大代表联络室等力量，加强普法宣传，提升从业人员法律意识，推动形成社会监督合力。高艳东副教授指出，检察机关主动进学校，关心困境、辍学儿童，将检察官的定位从打击犯罪拓展到预防犯罪，对防范未成年人被侵害起到良好效果。嘉兴市人民检察院发挥全市预防青少年违法犯罪和未成年人保护办公室的作用，围绕预青未保职能，搭建协作平台，优化综合治理。姚建龙教授认为，嘉兴市探索将未保办公室和预青组办公室设在人民检察院的模式值得借鉴，为我国未来改革提供了很好经验。检察机关承担未成年人保护检察监督职能，应当明确角色、边界和载体。检察监督方式本身和载体要作为一个重大议题提出来，以何种方式进行监督各地都在探索，如何规范监督也需要充分考量，要在省级甚至国家层面出台有关检察监督方式、载体的指导性意见，而这与《未成年人保护法》《预防未成年人犯罪法》的修订密切相关。

四、未检监督基础支撑

与会代表一致认为，在大数据、区块链、人工智能等新技术迅猛发展的当下，未检监督的专业化、规范化发展同样离不开信息化、智能化的基础支撑。

（一）关于信息化建设问题

杭州市江干区人民检察院依托杭州"互联网之都"的优势，加强与互联网企业合作，打造了电子数据实验室和精准帮教辅助系统两个平台，通过技术协助，解决未检业务网络犯罪证据体系构建难、刑事诉讼监督线索发现难和性侵案件口供突破难三大难题；通过精准帮教系统，打破过去线下帮教落地、评估难困境，解决涉罪未成年人回归社会的"出口"问题。温岭市人民检察院联合团市委成立温岭市青少年司法社会服务中心，共同开发青少年社会观护一体化智慧系统，采集重点青少年个人及家庭信息，设置四色预警，涵盖"前期预警+中期帮教+后期关爱"三大内容，有效开展预防，实现精准保护。湖州市南浔区人民检察院在自主开发的"智慧未检"平台中设置"人格甄别、分类观护、呼叫平台"等职能模块和"心语热线、普法预约、网上课程"等公众模块，在线链接起全区涉未成年人保护各方力量。以平台"呼叫模块"为例，一方面合适成年人、法援中心负责人和法援律师等特别程序参与人线上自主呼叫应答，使检察官从以往"1对N"的繁琐事务性工作中解脱出来；另一方面通过"统计"模块对合适成年人到位率、律师意见反馈率等进行分析，提示了工作短板，提高了办案效率。橙鹰上海事业部副总裁谢巍提出，要进一步加强检企合作，建设数字经济时代的"未检业务新模式"，做到基础先行、运营护航。高艳东副教授认为随着信息化、数据化、技术化手段的大量引入，技术不仅可以改变法律，也将进一步提升未成年人保护工作的质效。未检监督以技术和信息化为基础支撑，将大大提高未成年人保护的整体力度，开创出一条与众不同的路径。雷小政副教授建议在未成年人法律监督中完善类案检索大数据报告制度。如办案人员可以查询和使用案例库中全国案件数量省域分布、阶段性案件数量变化、涉及的行业分布、可供参考例案索引、监督规则提要等。这可以使得监督更有说服力，减少公安、人民法院的抵触情绪。

（二）关于综合平台搭建问题

宁波市鄞州区人民检察院依托该院主导构建的区未成年人一体化保护平台，借助"浙江公安重点人员动态管控系统"和"全国违法犯罪人员信息资源库"两个数据库筛选违法犯罪人员信息，联合公安机关和人民法院等探索建立性侵害违法犯罪人员信息库，并牵头相关职能部门建成性侵害违法犯罪人员信息查询机制，为辖区内密切接触未成年人行业用人单位及主管部门提供查询服务，有效降低了未成年人遭受性侵害的风险。温岭市人民检察院参照举报中心制度，搭建起未成年人保护检察监督平台，吸纳机关、团体、学校、村居及线上社区等多方力量参与，充分利用"控、访、电、巡"等多个渠道，将收集记录的线索信息实行账单式、表格化管理，根据性质类别、可能涉嫌罪名和侵害对象等要素分别建立台账，进行集中会诊、科学分流和精准处置，提升了监督线索分流处置能力。杭州市江干区人民检察院探索重点打造家庭、社会、学校、司法四位一体平台，联合团委、妇联等部门建立强制亲职教育模式，建立标准课程体系，定制个性家庭团辅方案；联合教育、司法等部门共同开发分级分类法治教育课程体系，共建阵地、共享法治教育资源；联系公安、人民法院等部门共同建立未成年人刑事专业化办案队伍，建立覆盖未检业务需求的全流程保护体系；联系政府相关职能部门提供保护资源，邀请心理卫生服务组织、社工组织等入驻平台，提供心理疏导、就业信息发布等各类帮教相关服务。蚂蚁金服安全协作部总监连斌指出，检察机关应借助互联网、大数据、应用平台及智能化等手段，通过检察监督进一步推动社会治理优化。

宋英辉教授结合与会代表的发言总结指出，浙江省检察机关充分重视未成年人身心特点，尊重未成年人司法规律，立足办案，"在办案中监督，在监督中办案"；立足实际，通过办案与监督，积极参与社会治理。通过与会人员的介绍，可以明显看到浙江未检监督已呈现出四个转变，具体可表述为：监督领域从传统刑事监督向刑事、民行、公益诉讼等综合性法律监督转变；监督范围从单纯的个体保护监督向不特定的涉众多未成年人监督转变；监督方法从检察机关一家的单打独斗向多主体共同参与的监督体系转变；监督模式从检察机关积极参与社会治理向推动构建未成年人综合保护体系转变。浙江省的探索实践是对新时代未检工作的有益尝试，也给其他地区提供了有益借鉴。

第三辑　案　例

罪错未成年人分级干预

2019 年 8 月 14 日 20 时许，未成年人小谢和小顾因为打篮球发生了口角继而约架，小谢随即纠集了 4 名同班同学，小顾也纠集了 2 名同班同学、2 名学弟以及 2 名有前科劣迹的成年社会闲散人员，双方共 12 人在南浔区某镇某超市 C 区地下停车场以拳打脚踢的方式进行斗殴，未造成轻微伤以上后果。

将前沿理论运用到办案实践

沈劭儿*

这个聚众斗殴案件的办理进程很快，依法审查后，笔者果断地作出了处理决定：(1) 小谢一方共 5 人，根据浙江省高级人民法院《关于审理聚众斗殴犯罪案件相关问题的纪要》的规定，属于一般不予追究刑事责任情形，随即监督公安机关撤案；(2) 小顾一方 7 人，2 名成年人提起公诉、小顾作出起诉决定、2 名同班同学作出附条件不起诉决定，还有 2 名学弟因为不达刑事责任年龄而不予追究刑事责任。

案件办完了，可当时笔者的心里却总有一种困惑：明明是实行了同样的违法行为，为什么涉案人员会出现截然相反的处理结果？这样一个看似准确的处理决定，能否真正达到"教育、感化、挽救"的目的？答案是否定的。于是，南浔区人民检察院和姚建龙教授学术团队工作室的成员刘悦、刘金晓、丁明洋等以这个案件为切入点，一起探讨、研究，拟定了未成年人罪错行为的四个分级，并形成了从检察先议到罪错分级到保护处分这样一系列的理论研究成果，为检察办案提供了非常好的理论支撑，极大强化了我们的办案信心。于是，在这个聚众斗殴案件中，相关人员一起将 10 个涉案的未成年人按照研究进行了分级，并根据每一级的行为严重程度分别予以训诫、强制法治教育、参与公益服务等教育矫治措施，来开展罪错未成年人分级干预。最后，他们的行为都有了不同程度的改变，有的回归了学校，有的实现了就业。这个时候，笔者

* 沈劭儿，南浔区人民检察院检委会委员、第三检察部主任。

才感觉这个案件被真正办结了。

基于案件的成功办理，我们的研究成果也取得了不错的成绩，两次获得浙江省未成年人司法优秀研究成果一等奖，并被《人民检察》《未成年人检察》《青少年犯罪问题》等刊物刊载，一个课题被评为最高人民检察院检察应用理论研究课题并于今年顺利结项。

从理论到司法实践的突破

刘悦[*]

笔者的导师姚建龙是我国少年司法领域首屈一指的专家，多年来一直深耕这一领域。一直以来，他倡导应当在我国建立独立的少年司法体系，并且在少年司法体系中应当对未成年人的罪错行为进行科学分级和干预，他的思路在《未成年人罪错"四分说"的考量与立场》一文中有详细的介绍及论述。法学理论到实践有着巨大的鸿沟，尤其在法律没有规定的情况下，将理论运用于实践，对司法实践中未成年人的罪错行为进行科学分级和干预成为姚老师一直想付诸实践的工作。由此，他成立了"姚建龙学术团队工作室"与湖州市南浔区人民检察院未检部门合作，探索理论与司法实践的结合与运用。

基层人民检察院工作非常繁忙，未检部门的检察官除了正常办理案件外，还有大量诸如讲法治课、走访学校等案外工作，与"姚建龙学术团队工作室"的合作也属于他们的案外工作之一。作为一名曾经在境外基金会工作多年的员工，笔者深知基层工作艰难和不易，同时也产生了一丝担忧，担忧罪错分级的合作难以真正付诸实践。但很快，南浔区人民检察院的检察官就打消了笔者的顾虑。到达南浔的当天大家就坐下来商讨未成年罪错行为分级这一论文的构思，一周之内论文初稿完成，此后反复对论文内容进行推敲、讨论，对文字内容进行反复打磨，直至最终成稿，检察官们对未成年人罪错分级制度的充分参与和设计，让罪错分级干预的理论真正得以在司法实践中被践行。尽管成稿的文章还不够完美，尽管依据文章内容作出的未成年案件处理还相对粗糙，但从理论到实践，这已经是突破性的一步。

重视检察机关在体系性构建中的作用

王亮[**]

近年来，未成年人违法犯罪低龄化的问题引起了强烈的社会共鸣，成为人民群众

---

[*] 刘悦，姚建龙教授学术团队工作室成员、鲁东大学博士研究生。
[**] 王亮，浙江省人民检察院第九检察部副主任。

最为关切的问题之一。对这些孩子该如何做到"提前干预，以教代罚"，避免"一罚了之、一放了之"的困境，是我们一直在思考的问题。2019年2月，最高人民检察院《2018—2022年检察改革工作规划》明确要求"探索建立罪错未成年人临界预防、家庭教育、分级处遇、保护处分制度"，南浔区人民检察院抓住机遇，顺势而为，顺势有为，打造检校合作教授工作室模式，将姚建龙教授团队的理论研究运用到未检部门案件办理过程中，做未成年人罪错行为分级干预制度构建的先行者，成为各地检察机关实践探索学习的样板。

笔者认为，预防未成年人违法犯罪与未成年人保护工作需要全面贯彻习近平法治思想，学习贯彻新修订的两法，强化体系性构建，牢固系统性思维。首先，深耕细作未检刑事案件，规范落实涉未特别程序和特殊制度，重点推动提高社会调查的比例和质量，健全完善未成年犯罪嫌疑人人格甄别机制，促进对罪错未成年人的精准处遇和个性化帮教。其次，持续探索未检融合式监督模式，加强涉未案件背后问题的成因分析，坚持督导而不替代，通过未检业务统一集中办理，推动未成年人保护社会治理，实现全面综合司法保护。最后，充分认识新修订的《未成年人保护法》《预防未成年人犯罪法》对检察机关的新要求，充分发挥两法赋予检察机关的新职能、新任务，主动落实司法保护责任，把司法保护融入其他五大保护工作，为未成年人健康成长、社会和谐稳定贡献未检力量。

接下来，希望南浔区人民检察院依托"姚建龙学术团队工作室"理论研究为基础，以贯彻落实两法为契机，以精细化办案为基础，以加快推进未检业务统一集中办理为抓手，以深化未检领域数字化改革为牵引，努力打造好"智童"涉未监督治理平台，助力涉未社会综合治理，最大限度为未成年人提供更好的司法保护。

涉未公益诉讼

2019 年，南浔区人民检察院办理了一起未成年人交通肇事案，系未成年人骑电动车在回家的路上撞到了三轮车，导致对方抢救无效死亡（死亡的是成年人）。检察官在案件办理过程中发现，该案发地点为辖区内某小学附近，且案发时间为放学时间段。这引起了检察官的高度注意。案件办理后，在相关部门配合下，检察官对类似案件进行了调查和梳理，发现仅 2019 年辖区内校园周边就发生了 3 起死亡案件，数据证实了校园周边存在交通安全隐患，对辖区内未成年人合法权益存在安全威胁。

"检察+外脑" 推动校园周边交通治理

陆佳丽*

一起未成年人交通肇事案，暴露了辖区内的校园周边交通安全可能存在隐患，但是造成交通事故的主要原因是什么？如何以起诉的标准来调取证据？公益诉讼检察建议的关键点应该着眼于何处？这几个问题，为刚开始办理未成年人公益诉讼案件的工作人员造成了困惑。由于疫情的关系，检察机关工作人员与姚建龙教授的学术团队工作室的成员申长征、黄煜秦、祁正陆开展了一次线上讨论会。通过讨论会，工作人员决定采用实地走访、数据分析等调查取证手段。在那个冬天，迎着雨和雪，工作人员实地走访了南浔向阳学校、南浔锦绣实验学校、双林庆同小学等十余所学校，向区公安分局调取了相关事故认定书，发现部分校园门口存在道路交通安全设施不健全的问题，导致家长和学生随意横穿马路，经过车辆未减速通过等情况，客观上造成了上下学高峰期交通混乱，易发生交通事故。

在取证完毕后，检察机关工作人员再一次求助线上智囊团，对于校园道路交通安全问题背后的原因深入分析论证，发现一方面系学生及家长在主观上没有养成良好的出行习惯，另一方面系校园道路周边交通设施不完善。针对这两个原因，检察机关工

---

* 陆佳丽，南浔区人民检察院第三检察部副主任。

作人员制作了公益诉讼检察建议，而这份检察建议是 2020 年全省首个公益诉讼"等外"诉前检察建议。而区教育局和区公安分局在收到检察机关的检察建议后，对于检察建议提到的问题高度重视，多部门联合执法，共同完善校园周边道路交通设施，提升学生及家长的道路交通安全意识。后续工作人员进行回访时，发现在高峰期校门口的交通状况有了明显好转，同步对比了上述学校周边道路交通事故量后，检察机关工作人员惊喜地发现事故发生率同比降低 35%。现在每当笔者下班路过附近学校的时候，总会想这条斑马线是不是就是检察建议推动后画上的呢？这就是工作带给我的一点小确幸。

以诉前检察建议推动校园周边交通治理

申长征*

作为一名自本科期间就学习法律的学生，可以说最初对未检的认识还仅仅是一个概念，甚至觉得这在一般的刑事、民事诉讼中都是无足轻重的部分。进入研究生阶段跟随姚建龙老师学习未成年人法，并有此难得的机会深入南浔区人民检察院未检部门的一线了解工作实际，无疑是一个很大的收获，自己的误解有了很大的改变。姚老师一直强调一个理念，那就是未成年人的事一定是国事而不仅仅是家事，未成年人的利益就是最大的社会公共利益。在还没有国家法律明确规定的情况下，如何将这样的理念深入未检的工作实际中，怎么样更好地保护在校学生们的切身利益，也成了理论与实践交融时所应当重视的问题。经过多次的研究讨论、撰写、修改、打磨文章，《未成年被害人"一站式"询问机制研究》也在论文竞赛中获奖，为南浔未检的理论研究贡献了自己的一分力量。

在这次参与校园周边交通安全治理诉前检察建议的前期调研工作中，笔者发现很多时候以前认为理所当然被检察官们应该熟悉的刑法条文、刑事诉讼法条文开始不怎么有用了，需要学习的东西还有很多，这也是第一次让笔者切实感受到以深入实地调研、访谈的方式确定下一步方向的重要性。中小学周边交通状况存在上、下学两个高峰时间，牵涉学生家长、学校、政府部门等，如果没有足够的重视极易造成交通拥堵或者发生交通事故。非常欣喜的是在我们的努力下，学校的周边交通安全状况明显改观，交通秩序也更加井然，我们也在帮助学生们解决切身需求的过程中收获了十足的喜悦。

高度重视未检公益诉讼的重点领域与规范化办理

田相夏**

近年来，随着党和国家对未成年人保护工作的高度重视，检察机关等司法机关强

---

* 申长征，姚建龙教授学术团队工作室成员、北京师范大学博士研究生。
** 田相夏，华东政法大学《青少年犯罪问题》编辑部编务主任、上海市法学会未成年人法研究会副秘书长。

化了未成年人案件的办理，对未成年人权益保护工作发挥了巨大功效。在新时代，随着社会的不断发展与法律法规的变化，未成年人权益保护工作给检察部门提出了新的要求和挑战。对此，检察机关应该如何应对这些挑战，更好地保护未成年人合法权益，成为新时代检察工作要回应的命题。由此，检察机关在案件办理过程中，将视野投向了未检公益诉讼。在法律依据相对缺乏的情形下，检察机关如何发现公益诉讼的领域、如何规范开展检察公益诉讼工作，如何协同相关部门开展公益诉讼，就成为摆在检察机关面前的难题。对此，南浔区人民检察院对检察机关面临的公益诉讼难题进行了富有成效的努力和尝试，值得检察机关深入研究和借鉴。

笔者认为，首先，检察机关应该高度重视未检公益诉讼职能。相较于传统的检察诉讼只能就案办案，解决个案中的未成年人权益保护问题。检察公益诉讼可以解决类案中未成年人权益保护的难题，不但有助于解决个案中未成年人自身取证、诉讼等维权方式式微的困境，更是检察机关充分践行国家治理体系和治理能力现代化的体现，有助于从根本上实现未成年人合法权益保障的高效性。

其次，检察机关应该在日常案件办理中提高公益诉讼的思维。未检公益诉讼并非无可着手，一定存在于未成年人权益保护的重点领域或主要案件类型中。未检公益诉讼是一种解决未成年人权益保护案件的新路径、新思维和新观念。南浔区人民检察院并非简单为了公益诉讼而进行公益诉讼，而是将公益诉讼的职能和理念运用到日常办案过程中，针对个案的办理，能够举一反三、能够增强职业敏感性、能够提高政治站位，自觉将检察职能运用到日常案件办理中，不但有效地解决了个案中未成年人权益的保护问题，更能通过公益诉讼而发挥检察职能对类案解决起到较好社会效果。由此，需要检察机关将公益诉讼思维融入日常案件办理过程中，针对未成年人权益保护具有公益诉讼类型化的案件，及时梳理和总结。

最后，未检公益诉讼需要更加规范化办理才能发挥最大功效。未成年人权益保护是一项系统工程，单靠某个部门并不能实现未成年人最大利益。由此，检察机关需要在公益诉讼中，认真践行和研究《未成年人保护法》赋予的检察职能，充分发挥权限，调动、规范、督促、监督相关部门共同维护未成年人权益；同时更需要检察机关在公益诉讼办理后，认真总结、及时汇报、扩大宣传，类型化公益诉讼办理领域、专业化公益诉讼办理队伍、规范化公益诉讼办理的流程，不但取得了党政部门的重视和其他职能部门的配合，更取得了人民群众对公益诉讼的认可，从而发挥了更大功效。

涉案困境儿童救助

2019年9月，南浔区人民检察院在办理未成年人小阳贩卖毒品案件中发现，小阳自幼父母离异，随父亲生活，由于父亲长期处于被羁押状态，无法正常履行抚养义务，小阳被送回老家生活，期间遭到临时监护人的虐待，基本生活需求得不到保障，其心理上认为父母均抛弃自己。同时，小阳父亲有多年吸毒、贩毒行为，对小阳的身心造成了严重损害，导致其曾出现跳楼、割腕等严重自残行为，且走上了犯罪道路。2020年3月19日，小阳母亲向南浔区人民法院提出变更抚养关系之诉，区人民检察院支持起诉，同年4月20日，经人民法院调解，确定变更抚养关系，小阳由母亲抚养。

变更抚养关系：将最有利于未成年人原则贯彻始终

陈胜男 *

笔者始终记得第一次见到小阳的场景，是审查逮捕阶段笔者去看守所给他做笔录，他问笔者自己还能不能出来，笔者告诉他取保候审需要交纳保证金或保证人，他哭着告诉笔者，已经没有人管他了，之后笔者和小阳用了一整个下午的时间聊完了他的成长故事。走的时候笔者告诉他，不会没有人管，国家来管、检察机关来管。

承诺是给出去了，但是怎么管呢？笔者和陆越讨论了很久。一致认为，问题出在监护上，还是要从根本上解决问题。当时浙江省检察机关正在试点未检业务统一集中办理工作，南浔区人民检察院利用和姚建龙教授学术团队工作室检校合作的优势，探索开展融合式监督治理，最终检察机关决定通过支持起诉的方式为小阳变更抚养关系。

经过人格甄别检察机关发现小阳有严重抑郁情绪，于是检察机关联系心理支持团队开展心理疏导；小阳的母亲对于抚养小阳提出了顾虑，为此检察机关联合区妇联对她开展亲职教育；小阳心理上认为母亲抛弃了自己，为了修复亲子关系，检察机关安排了多次亲情会见；人民法院认为小阳在服刑无须考虑抚养问题，为此检察机关多次

* 陈胜男，南浔区人民检察院第三检察部检察官助理。

与法院沟通，从特殊保护、再犯预防等角度，充分说明变更抚养关系的必要性。最终，小阳的母亲向南浔区人民法院提起变更抚养关系民事诉讼，区人民检察院依法支持起诉，案件获得人民法院有效判决支持。

在这个案件的基础上，检察机关和姚建龙教授学术团队工作室成员针对检察机关如何参与困境儿童监管问题进行了探讨，检察机关认为还是要立足监督职能，将未成年人最大利益放在首位，于是检察机关参与推动了辖区困境儿童救助机制的建设，检察机关以督促起诉、支持起诉等监督方式，为困境儿童提供了全面可靠的司法保障。

前不久笔者收到了小阳的来信，他告诉笔者释放以后要"珍惜身边的人、过好眼前的生活、走好人生的道路"，笔者想告诉他的是，你只管往前走，我一定在你身后。

让冰冷的法律程序升温

陆越*

小阳抚养关系纠纷支持起诉案是笔者在南浔区人民检察院实习期间参与的一起案件。"让冰冷的法律程序升温"，是笔者对这起案件最大的感受。

一是敢为人先的探索精神。南浔区人民检察院大胆采用专家团队工作室的形式，力求未检工作的创新，将前沿理论运用到司法实务中，例如，本案未检检察官正是依托人格甄别前置，践行"办案中监督"理念，才发现了小阳可能存在监护侵害情形，为而后的帮扶工作奠定了基础。

二是联系实际，推动长效机制。本案中小阳跟随务工的父亲从老家来到南浔，由于监护人长期处于服刑或强制戒毒状态，致其处于监护缺失的窘境。实际上，南浔作为较大的外来人口务工区域，小阳案的出现仅仅是诸多南浔困境儿童的一个缩影。在办案的同时，南浔区人民检察院根据本地实际情况，推动长效机制建设，构筑涉未综合治理体系。例如，联合民政、妇联、团区委等多家部门开展成长支持活动，对辖区内700余名困境儿童进行摸排，重点走访服刑人员子女、涉毒人员子女等特殊困境儿童，针对摸排情况，对符合条件的未成年人提供司法支持。

三是担当情怀，这也是让笔者由衷敬佩的一点。从院领导到科室主任再到检察官助理，在工作中，始终贯彻"教育、感化、挽救"的方针，坚持儿童利益最大化的原则。让人深感，其不仅仅是在工作，更是在承担"未成年人救世主"的角色。聚焦于本案，参与办理的陈胜男检察官助理从办案开始到王某某未管所服刑完毕，一直与其保持着联系，用她的话说，"真心换真心，是我从小阳案中最大的感触"。笔者想，这也许是作为未检人与涉罪未成年人沟通最大的法宝，更是他们的初心与使命。

---

* 陆越，姚建龙教授学术团队工作室成员、上海市第二中级人民法院法官助理。

如今，小阳已服刑完毕，回归生活，在人民检察院的帮助下，小阳的抚养权成功变更为由其母亲行使，母子冰释前嫌，此案虽告一段落，但南浔区未检的道路却在一直前行。

检校合作：理论与实践的双赢

尹琳*

困境儿童救助问题，长期以来一直困扰着检察机关。南浔区人民检察院未检部门支持的这起困境儿童监护权变更诉讼案件，给人民检察院提供了新的视角。这次诉讼的成功，是南浔区人民检察院与姚建龙教授学术团队工作室检校合作的优秀成果，更是理论与实践的双赢。

首先，检校充分发挥合作精神，找到问题处理的入口。检察官在办理未成年人贩卖毒品案件中，发现涉案未成年人处于监护缺失的状态。就如何救助监护缺失的涉案未成年嫌疑人，检察官积极与姚建龙教授学术团队工作室成员展开商讨，工作室成员提供理论支撑，并最终决定通过支持涉案未成年人母亲起诉变更抚养权，以使涉案未成年人获得有效的监护。

其次，人民检察院积极借助外力，为自身活动寻求法律依据。南浔区人民检察院在办理该案件过程中，负责未检工作的第三检察部主任沈勋儿曾咨询过笔者，询问是否可以支持起诉。笔者当时明确表示，当然可以。《未成年人保护法》第106条明确规定，"未成年人合法权益受到侵犯，相关组织和个人未代为提起诉讼的，人民检察院可以督促、支持其提起诉讼……"本案涉及未成年人的监护没有得到保障的问题，人民检察院理应有督促、支持其母亲起诉的权限。

最后，检校紧密配合，使未成年人保护落到实处。在办理该案过程中，针对涉案未成年人存在的心理问题和其母亲的顾虑，以及为了恢复涉案未成年人与母亲的亲子关系，检察官与姚建龙教授学术团队工作室成员，积极配合，多方奔走，努力解决问题。最终，在检校紧密合作下，涉案未成年人的利益得到了最佳的保护。

检校合作，既使理论找到了实践的场所，也使实践获取了理论的支撑。南浔区人民检察院的这次成功尝试就是最好的例证！

---

* 尹琳，上海社会科学院法学研究所副研究员。

未成年人入住旅馆风险防控

2019 年 12 月，湖州市南浔区人民检察院接到一名未成年人被性侵的举报线索后，充分发挥未检专业化办案优势，对涉案被害人启动心理疏导前置程序，围绕线索主动开展调查，取得了有力的客观性证据，并于 2020 年 2 月 20 日依法监督公安机关立案 6 人。10 月 20 日，南浔区人民法院对 6 名被告人作出有罪判决，其中第一被告被判处有期徒刑 10 年。

监督与治理同步：探索数字检察推动长效治理

沈澄*

此案是南浔区人民检察院办理的首个立案监督十年以上的案件，检察机关联合公安机关，克服了案发时间久、证据基本灭失、被告人反侦察意识强等办案难点，在最大限度减少被害人二次伤害的基础上，保证了案件的顺利办结。最让笔者印象深刻的是，当笔者告诉被害人判决结果时，她告诉笔者：有一天，她也想成为一个可以维护公平正义的人。这句话，让笔者觉得历时半年的工作都有了意义，但同时笔者也在想一个问题：这个案件中难道仅仅只有被告人应当受到处罚么？旅馆从业者违规接纳未成年人入住问题为何屡禁不止？

此时恰好是姚建龙教授学术团队工作室与南浔区人民检察院合作的第二年，在检校合作阶段性总结会议上，笔者向姚建龙教授介绍了案件情况，姚建龙教授对于本案暴露的社会治理问题，向检察机关工作人员介绍了上海市的数字防控经验。后续，在姚建龙教授学术团队工作室提供理论研究分析的基础上，南浔区人民检察院联合公安机关共同研发了未成年人入住旅馆风险自动预警系统（DWS 智瞳系统）并出台了配套制度。系统将根据未成年人以及同住人员的住宿登记情况进行大数据比对，并根据比对的情况进行绿、黄、红三个由低到高的风险等级预警，公安机关根据预警等级采取

---

* 沈澄，南浔区人民检察院党组成员、副检察长。

不同的风险防范措施。同时，系统将记录每一个预警情况的处理流程、结果等详细情况，并进行实时分析，对处理上可能存在的瑕疵或者违法情况予以分级预警，由检察机关核实后进行监督，确保公安机关进行合法有效的风险控制，更加科学、高效、合法地从源头上防止未成年人因入住旅馆而遭到侵害，最大限度提升涉未案件监督的治理效能。

目前，DWS 智瞳系统已经初步投入运行，数据平台全天 24 小时守护着每一个未成年人，每一条红色预警都预示着一个潜在风险会被化解，"保护少年的你"是我们未检人始终不改的初心。

保护未成年人最好的方式是预防

黄煜秦*

笔者在一开始接触这个案件时，内心是难以置信和充满愤怒的，笔者不忍心想象被害人究竟经历了什么，但是为了获得司法裁决，她需要向办案人员复述自己被侵害的经过，而且她还缺少家人的关心和支持。幸而办案人员采取了"一站式"办案模式——对被害人在保护站内一次性开展案件询问、身体检查、证据提取、心理疏导、司法救助、预防教育等工作，避免了被害人在调查工作中经受更多侵害，同时办案人员还提供了心理救助、家庭教育指导、专人沟通对接等救济方式，尽最大可能地治疗被害人的心理创伤，让这段经历使得被害人可以跨越而非沉湎于痛苦，帮助她重新走向未来。在笔者看来，帮助一个未成年被害人重拾对未来人生的希望是比惩治被告人更重要的工作，甚至可以说，惩治被告人仅仅只是未成年被害人身心创伤的治疗方法之一，未检工作不能仅仅只是这一项内容，需要付出更多努力，联合各方努力，从不同方面着手帮助未成年被害人。

除此以外，笔者觉得保护未成年人的最好方式并不是在伤害发生后采取补救措施，而是应采取预防措施，将可能产生的危险扼杀在摇篮之中。在这起案件中，如果宾馆前台或经营者有更强的责任心，履行法律规范，拒绝未成年人入住，那么这一起悲剧是否就不会发生呢？人们应从中吸取教训，将未成年人保护这张大网织得更严密一些，未成年人入住旅馆风险自动预警系统（DWS 智瞳系统）和其配套制度是这张大网的新增针脚之一，通过 24 小时全天候对于未成年人入住宾馆的监控，可以帮助我们合法有效地防控风险，笔者希望这一措施可以推广到全国各地，能让更多未成年人远离潜在的风险。

笔者将要成为一名检察官助理，笔者希望自己能永远记住这个案件，记住在看到

---

* 黄煜秦，姚建龙教授学术团队工作室成员、上海市黄浦区人民检察院检察官助理。

这个案件时的心情，记住这个案件带给自己的启示和经验，在将来的工作中能为未成年人保护工作继续努力。

办理一案 治理一片

陈庆安*

未成年人是社会与国家的未来，对未成年人的保护是国家稳定发展、社会长治久安的前提条件，这不仅是当下的社会问题，更是国家未来的发展问题。未成年人因为身心发育不够成熟，在遭受性犯罪侵害后的短时间内，会经历不同程度的羞愧、痛苦、恐惧、自责等激烈的情绪反应，严重的甚至会出现创伤后应激障碍。但更为关键的是，性侵害的恶劣影响长远而且难以修复，影响未成年人一生的身心健康。对未成年人的保护是我国检察工作的重要一环，未成年人检察工作在加强针对未成年人性侵犯罪的打击力度的同时，积极探索多维度的法律手段预防和消解未成年性侵犯罪的发生就显得尤为重要，对此，沈澄检察官和实习生黄煜秦都有清醒的认识。

沈澄检察官在办理未成年人被性侵立案监督案件的过程中，敏锐地意识到旅馆业从业人员的不作为常常是导致未成年被害人被性侵的关键因素。实际上，这些年暴露出的未成年人被性侵案件中，旅馆业的不作为总是被屡屡提及，有时甚至充当了帮凶的角色。沈澄检察官积极与姚建龙教授学术团队工作室、相关公安机关合作，共同研发了未成年人入住旅馆风险自动预警系统并出台配套制度，这必然能够更好地督促旅馆业从业人员、更好地履行对未成年人保护的社会责任、更好地预防针对未成年人性侵案件的发生。沈澄检察官积极主动的检察工作风格，也会对实习生黄煜秦带来积极正面的影响，相信黄煜秦一定会在接下来的检察工作中，积极履行自己要将南浔区人民检察院研发的未成年人入住旅馆风险自动预警系统及其配套制度推广到全国各地，让更多未成年人远离潜在风险的承诺。

未检工作，不但需要面对犯罪分子时的"金刚怒目"，更需要温情抚慰被害人的"慈母情怀"，未成年检察人员的培养、带教过程中，既要重视检察业务能力的提高，更要有积极预防观念的传承，沈澄检察官和实习生黄煜秦的带教工作，完美地诠释了这一原则。

---

* 陈庆安，上海社会科学院法学研究所研究员、法学博士。

智慧未检

"数字+科技"推动未成年人综合保护

周思娟[*]

在 2018 年的时候，南浔区人民检察院就主动顺应新时代数字化发展大势，开始自主开发"智慧未检"App，内设"人格甄别、分类观护、呼叫平台"等职能模块、"心语热线、普法预约、网上课程"等公众模块，在线搭建社会支持体系、全网接受群众举报咨询，通过科技赋能实现监督线索实时接收、专业资源及时匹配响应、考察观护动态适时掌握，为履行未检监督职能、推动未成年人社会综合治理夯实基础。基于智慧未检的有效实践，由检察官沈勔儿和姚建龙教授学术团队工作室成员李璟儒共同撰写的《智慧未检体系构建的理论基础与实践展开——以南浔区人民检察院智慧未检工作探索为例》一文，荣获全国未检理论征文优秀奖，用理论奠定了可行性基础，为下一步数字未检发展做出了前沿分析。作为一名检察官助理，笔者实实在在感受到了数字未检给办案带来的高效和便利，比如原本觉得难度很大的附条件不起诉人员公益服务跟踪问题，App 的打卡签到功能可以轻松解决，还能自动统计服务时长，让检察机关可以科学、高效地评判涉罪未成年人在考察期的表现。

如今在浙江省数字化改革元年的政策环境背景的支撑下，智慧未检项目被全市推广，相关理念和设计被"浙江检察"移动检务端吸收运用。今年，南浔区人民检察院联合公安研发了 DWS 智瞳系统，以大数据比对分析对未成年人入住旅馆情况进行系统自动风险预警，最大限度防范未成年人因不当入住旅馆行为而遭受侵害。

对数字未检的未来，笔者充满期待。希望不久后，检察机关能够精准发现涉未社会治理中的问题并实现和公安、教育、民政等职能部门进行在线线索流转、整改反馈脉络，一起构建空中家庭、学校、社会、网络、政府、司法"六位一体"的未成年人综合保护数字化监督大平台，完成智慧未检的全面转型升级。其实，南浔区人民检察

---

* 周思娟，南浔区人民检察院第三检察部副主任。

院和姚建龙教授学术团队工作室，已经在向这个目标迈进！

智慧化理念引领智慧未检体系建设与发展

李璟儒*

自最高人民检察院提出智慧检务建设的要求以来，全国各地未检部门积极响应、努力探索，而智慧未检实际上就成为智慧检务的先行者和试验田。南浔区人民检察院是全国智慧未检工作起步较早的检察院之一，将智慧化理念和技术运用到未检工作中，如在 2018 年的时候，就自主开发出了"智慧未检"App，这些早期的探索和实践为全面构建智慧未检体系注入了生命。

2018 年 10 月，检校合作以来首个以专家个人名义命名的团队工作室——"姚建龙教授学术团队工作室"在南浔区人民检察院挂牌成立。2019 年 3 月，笔者以工作室成员的身份来到南浔区人民检察院实习。在实习期间，使用"智慧未检"App 呼叫合适成年人到场，开展线上帮教工作，定时回访等，让笔者对智慧未检有了更加直观和深刻的认识。在南浔区人民检察院实习期间，沈勐儿检察官就智慧未检体系的构建给出了启发性的观点，检察机关结合南浔区人民检察院智慧未检工作的实践进行多次讨论、调查、研究，耗时 1 月有余，最终成稿《智慧未检体系构建的理论基础与实践展开——以南浔区人民检察院智慧未检工作探索为例》一文。文章在对智慧未检体系构建的相关概念和理论进行辨析的基础上，对南浔区人民检察院智慧未检工作的实践探索进行了学理化梳理，为进一步推动智慧未检体系的构建和完善提供了一定的理论借鉴。

距离撰写完成上述文章已经三年了。前不久，在新闻中笔者又看到南浔区人民检察院创设性的与公安机关共同研发 DWS 智瞳系统，实现科学、高效、合法地从源头上防止未成年人因入住旅馆而遭到侵害，更好地守护未成年人。足见，南浔区人民检察院在智慧未检的建设中从未止步，并且不断升级完善，正是这种探索和实践，为智慧未检的建设赋予了生命。现阶段，展望全国各地智慧未检的发展，依旧存在着不平衡性，各地发展的不均衡和未检业务不同领域应用的不平衡。展望未来智慧未检体系的构建，更应注重合作与共享，地区之间的合作共享、实践与理论的结合，让智慧未检在实践、理论和规划的体系下全面发展，真正提升检务效能。

---

* 李璟儒，姚建龙教授学术团队工作室成员、北京市门头沟区人民法院法官助理。

从智慧化到数字化 未成年人司法保护一直在路上

胡涛[*]

南浔区人民检察院 2018 年开发的"智慧未检"App，以需求为导向，设立在线人格甄别、分类观护、呼叫平台等职能模块，既保障了涉未刑事案件办理流程的高效运转，又强化了专业化办案和社会化服务的有机衔接。实践中，该院坚持强化理论指导，与姚建龙教授学术团队工作室开展"检校合作"，将智慧未检作为合作研究的重点课题。检察官沈勔儿与姚建龙团队工作室成员李璟儒撰写的《智慧未检体系构建的理论基础与实践开展——以南浔区人民检察院智慧未检工作探索为例》，是其中的优秀成果。

浙江省人民检察院部署"十四五"时期以数字化改革为牵引争创检察工作现代化先行省，也推动了未检工作从智慧化到数字化的不断深化。南浔区人民检察院以此为契机，在以往工作的基础上，联合公安机关开发 DWS 智瞳系统，并依托浙江检察智辅系统建设未成年人综合治理监督平台。在此过程中，更需要尊重司法规律和学术精神的创新改革，把握数字化改革趋势，推动检察机关和专家学者的深度合作。围绕数字未检建设目标：一方面，完善数据资源采集责任，建立数据采集责任目录，利用统一业务系统，加强未检与刑事检察、民事检察、行政检察和公益诉讼等部门的配合协作，完善信息共享机制；另一方面，规范数据传输，确保数据即时和信息安全，这些都需要检校之间的精细论证，共同助力。

希望专家学者们积极参与、深入研究，共同推进未检监督办案大数据精准研判、科学决策、监督治理等新机制。希望南浔区人民检察院保持工作激情与学术热情，积极融入全省数字检察和检校合作大格局，助推全省未检法律监督高质量发展。

---

[*] 胡涛，浙江省人民检察院综合指导处副处长。

第四辑　感　悟

深化检校合作要有新思维

姚建龙*

一、深入推进检校合作是对法学理论、法治实践、法律人才培养三者关系的正本清源

2020 年 9 月 10 日，中宣部、教育部、中央广播电视总台联合发布了 2020 年"最美教师"入选名单，网红医生张文宏以"复旦大学教授"的身份入选。我在想一个问题，最美教师名单中是否应当有"检察官"入选？

人们常说法学与医学是相通的，两者的确有很多相同之处。例如，法学院和医学院都是大学最早设置的学院，法学和医学也都是大学最早设置的专业。好的法官和检察官往往也是大法学家，好的医生也同时是医学大家。法律人才的培养和医学人才的培养都强调"诊所式""临床式"培养，强调理论和实践的紧密结合。

正因为如此，最好的医院往往是大学的附属医院，最好的医生也往往同时兼具大学教授的身份。可以说，医学院与医院不是合作关系，而是合二为一体的。但不知从什么时候开始，人民法院、人民检察院开始和法学院的距离越来越远，法学理论与法治实践分离。总书记在"五三讲话"中对法学研究、法律人才培养提出的要求，十分具有针对性。浙江省检察机关制度化、持续深入推进检校合作，推动了法学理论、法治实践与法律人才培养关系走向正轨，可以说意义重大。

二、率先在南浔区人民检察院探索设置以专家个人名字命名的工作室，是谨慎、"压力山大"而有效的尝试

两年前我拜访贾宇检察长时，贾宇检察长对我提出了"检校合作出实效、合作方式有新意"的期待。怎么落实，我想了很长时间。有一次参观某地古城墙，看到砖头上刻有工匠的名字。在器物上刻上工匠名字有利于保证制造质量，这是中国古代的智

---

* 姚建龙，上海社科院法学研究所所长、研究员、博士生导师。本文系姚建龙教授在浙江省检察机关检校合作工作推进会（2020 年 9 月 18 日）上的发言要点。

慧。受此启发，在与湖州市南浔区人民检察院深入沟通达成共识的基础上，于 2018 年 10 月设置了第一家以学者个人名字命名的专家工作室。

工作室运行两年来，可以说是取得了合作共赢的显著成效。对于我的学术团队而言，在人才培养、学术调研、理论转化等方面的收获是切实的。对于南浔区人民检察院而言，在考核加分、社会影响、探索创新、疑难案件办理等方面的收获也是实在的——当然我要强调的是这主要是南浔区人民检察院本身做得好，我们只是起了点让一个基层院被上级和社会"想得起，看得到"的作用。不久前，南浔区人民检察院被中央精神文明建设指导委员会确立为首批重点工作项目 15 个基层联系点中唯一的政法机关。

专家工作室这样一种检校合作模式有什么特点呢？我的感受是三点：一是重视。因为以个人名字命名有"爱惜羽毛"效应，双方和上级部门都非常重视，合作也顺畅。二是持续。不容易产生其他检校合作形式容易产生的因为人员调整、领导更替等变动性事项而中断合作的情况。三是专业。每一位专家都有自己的主攻领域甚至学术标签，这保证了工作室模式检校合作的专业性、纵深性。

此外，在传统学者挂职检察机关政策收紧的情况下，专家工作室也提供了如何深入推进检校合作的新思路。正如 2019 年 9 月 30 日贾宇检察长批示所指出的："在外省专家学者挂职检察机关工作出现新情况下，设立'教授工作室'是一个可行的方式。"目前，以法学专家个人名义在检察机关设置工作室的模式，已经在浙江省推广。对此，我们感到欣慰。

三、工作室未来的发展方向是否可以借鉴大学附属医院的模式——当然"附属"不是削弱而是更强调检察院

学术团队工作室将如何继续深入发展？这是我一直在思考的问题。近期学术团队拟与南浔区人民检察院拓展三项合作：一是依托上海社会科学院法学研究所学科专家齐全的优势，遴选法学所优秀专家成立南浔区人民检察院专家咨询委员会。检察机关依托一家法学研究机构设置专家咨询委员会，在国内估计也是首次尝试。二是在南浔区人民检察院遴选优秀检察官聘任为上海社会科学院法学研究所检察实务专家。三是探索在南浔区人民检察院设置上海社科院法学研究所未成年人司法研究室的可行性。目前，我们所设置的研究室基本上是按照法学二级学科进行。对于一些特色性的法学研究领域，是否可以采取更加灵活的方式，这是值得探索的问题。

如果再深入一步，检校合作将走向何方？我在想，医学院都有附属医院，上海社科院法学研究所和南浔区人民检察院是否可以借鉴这种模式，设置"附属检察院"——请大家不要、不要、不要（重要的事情说三遍）盯着"附属"两个字，我要强调的是研究、借鉴医学院将临床系设置于医院的方式，更加深入地推进检校合作，更加深入地推进法学研究机构与司法实务部门的融合、共赢。这种模式，更加强调上级检察机关的领导，而不是削弱。

检校合作这三年

毕 琳*

三年前，经过一些深思熟虑，一些大胆尝试，南浔检察开启了和姚建龙教授及其工作室的合作篇章。检校合作这三年来，让我们受益匪浅，在推进未检的深度、广度和高度上不断精进。今天在微信公众号上开辟"三载童行·检校共说"专栏，既是对合作的一点小结，也是希望能和大家分享一点心得和体会。

对南浔检察而言，检校合作的"初心"其实很简单，想为我们的未检工作找一个"外脑"，从而弥补我们在司法理论方面的短板。但是三年合作下来，检校合作的意义已经不仅是简单的优势互补，而可以说是真的实现了法学研究、法学教育、人才培养与司法实践的深度融合。现在回想起来，我很庆幸我们做了这次尝试，也牢牢把握住了这个机会。

总体而言，我想用三个字概括南浔检察与姚建龙教授学术团队工作室的合作。一是"实"，即双方合作不是表面文章，而是真正围绕未检工作需求开展，实实在在地形成一批高质量的研究成果；二是"广"，即双方合作不仅限于理论课题，而是扩展到人才培养、平台搭建、实践探索、业务建设等方方面面；三是"深"，即双方合作不断深化，在健全理论研究机制，创新人才培养机制、提升司法实务参与度等方面最大限度实现资源共享、优势互补，共推南浔未检工作做实、做新、做出品牌。

三年来，检校以"专家工作室"这种模式合作得到省、市级人民检察院领导的广泛认可，被浙江省人民检察院确定为检校合作创新实践基地，这是对南浔检察的肯定，也是对区院的鞭策和鼓励。下一步，希望能够携手姚建龙教授学术团队工作室，在省、市院的领导和支持下，以共识促共建，不断探索检校合作的优化升级。

---

* 毕琳，湖州市南浔区人民检察院党组书记、检察长。

底气与勇气

章春燕*

2019年，南浔区人民检察院的检察官遇到了这样一起聚众斗殴案，参与聚众斗殴行为的未成年人一共有12人，但在这12人中，构成刑事犯罪的只有5人，有2人因未达刑事责任年龄没有被追究，还有5人未达到积极参加者的程度，属一般违法行为……

在办理案件过程中，有个嫌疑人的话给检察机关工作人员很大的触动，他说："这事儿，归根到底就是我倒霉，谁让我年龄比他们大呢！"与此同时，在这一年，大连女童被害案让社会公众对不达刑事责任年龄犯罪问题的关注达到了前所未有的高度。那一次我对姚建龙教授说："我们很想做分级处遇，这是预防未成年人犯罪的最核心问题。"姚建龙教授的回答简单而坚定："大胆尝试，我们船小好调头！"

于是在这个案件中：检察机关工作人员对不达刑事责任年龄未被追究的2人（也就是通常说的触法少年）试行了检察先议，推进同案同步审查，并根据其行为的严重程度会同职能部门落实了固定时长公益劳动、固定时长法治教育以及网格观护等矫治措施。

对于有一般违法行为的5人，在监督公安机关落实治安处罚的基础上，要求附加采取针对性保护处分措施，改变原治安处罚"一罚了之"的现状。

当前《刑法修正案（十一）》对未成年人法定最低刑事责任年龄作出了调整，但是作为一线的办案人员，检察机关工作人员考虑更多的问题是：然后呢？……工作经历告诉我们，在降低年龄的同时必须要有一套科学完整的治理体系。在这一年多来，南浔区人民检察院与姚建龙教授学术团队工作室的刘悦、丁明洋、刘金晓等同学一起，在姚建龙教授的全力支持下，创设了未成年人罪错行为的分级标准，推动搭建了职责明确分工合作的治理模型，也通过对涉众型案件的先行先试，实践了涉未领域的阶梯式治理路径。当前南浔区人民检察院正在推动出台《区域罪错未成年人分级处遇区域

---

* 章春燕，湖州市人民检察院第六检察部主任。

治理实施办法》，南浔区人民检察院期待这些创新实践能为浙江省在重要窗口、共同富裕示范区建设进程中贡献检察涉未治理的力量。

湖州不大，南浔更小。这些年工作中最常激励南浔区人民检察院的一句话就是："小地方要有大格局，小院也要有大作为！"与此同时"立足职能，想点大事"，也是这个特殊历史时期赋予这一代检察人的特殊使命。坦率地说，这些年在湖州市南浔区未检部门的创新履职进程中，正是检校合作，赋予了南浔区人民检察院十足的底气和勇气，南浔区人民检察院内心充满感激。从南浔的实践来看，亦能充分体现当前"检校合作"的典型意义，它不仅仅是法治人才的培养和检察官队伍建设，更是理论和实践结合基础上创新发展中国特色社会主义法治理论，推动中国特色检察实践创新探索的重要形式和载体，值得进一步深化和推广。

筚路蓝缕　成绩斐然

沈　澄*

南朝齐梁年间，湖州西南，道迹法师在山中开坛讲经，诵读法华，信众云集，时有白雀旋绕，若听法状。法师圆寂后白雀依然在此筑巢、戏耍、听音，是谓典故"白雀听经"。后人为弘扬佛法，在此山建起寺庙，名为"白雀寺"。

相隔千年，水乡南浔区人民检察院的未检工作，也正与她那"成长的烦恼"不期而遇。南浔未检，始于2013年，没有经验可学、一切从零开始，只秉初心：最大限度教育挽救涉罪未成年人、最大限度减少未成年人重新犯罪。这个阶段，可称之为"知之"：知未检之重，知未检之难，知未检任重道远。须臾多年，南浔未检人筚路蓝缕，成绩斐然，屡获赞誉：有思路、有创意、有举措、有效果。领导有言：南浔未检在创新机制、转型发展、人才培养打造等方面对其他地区具有学习和借鉴的意义。浔检人攀上新阶段，可称为"好之"：好未检之成就、好未检之荣誉、好未检成为众人学习样板。子曰："知之者不如好之者，好之者不如乐之者。"我们深知："知之"则易满，"好之"未必知用，唯有"乐之"才能真正将所学转化为真知，将所得转化为卓识，将未检多年积累转化为解决真问题的方法。可是路在何方？

三年前，南浔区人民检察院迎来了与姚建龙教授的合作，短短几年，姚老师为区院指明了道路，在他的指导下，南浔区人民检察院创设了"人格甄别，分类观护"工作机制，实现对涉罪未成年人的精准矫治，还因该项目被最高人民检察院评为全国未成年人创新实践基地；南浔区人民检察院为破解涉未低龄犯罪治理难题，积极探索"临界预防、罪错分级处遇"工作，实践符合未成年人身心特点的阶梯式治理模式；南浔区人民检察院还积极推行"入职查询""强制报告"两项制度，为最大限度维护未成年被害人合法权益，推动"一号检察建议，助推校园安全建设"专项建设，工作项目被中央文明委确定为首批重点项目基层联系点。姚老师的学生们，常驻南浔区院，与区院未检干警一同办案、一同学习、一同研究，如白雀般旋绕、筑巢、听音。乐未

＊　沈澄，浙江省湖州市南浔区人民检察院党组成员、副检察长。

检之替未成年人撑伞遮阳、乐未检之成为"试验地"和"高产田"、乐未检之无限可能与无限未来。

经历多年风雨后，道迹法师灵骨所藏之宝龛，忽生青莲，渐渐形成一片荷塘。而今，浔检这方荷塘，也有小荷露尖，白雀环绕久矣。

为彼此打开新世界的大门

沈劼儿*

  2018 年 10 月 18 日上午，姚建龙教授学术团队工作室正式在南浔区人民检察院揭牌成立。当时我全程参与了前期的对接、办会和揭牌等工作，深知其中的艰难和不易，同时也感到了极大的荣幸和幸福。除了这些，其实当时我并不知道未来将发生怎样的改变，只知道鼎鼎大名的姚建龙教授原来是这样一位年轻有为、心怀悲悯但又要求严格的人，因此我更喜欢称他为姚老师，也斗胆一直这么称呼着。2018 年 12 月，姚建龙教授学术团队工作室成员刘金晓作为工作室首位实习生进入南浔区人民检察院开始实习。此后，工作室成员定期指派在校学生到南浔区人民检察院入驻实习。在和同学们相处的过程中，我渐渐发现，在相处的点滴中仿佛为彼此打开了新世界的大门，从陌生到熟悉、从好奇到适应、从茫然到融合，彼此不断提升、不断突破，成就了更好的自己。

  （1）理论与实践思维的碰撞。多年的一线办案经验，让我形成了未检办案思维。但当我想总结、提炼时，却发现很难。当然，这和我个人的能力有关，并不代表广大检察官，但理论调研能力的短板确实是南浔区人民检察院当时比较突出的问题。姚建龙教授学术团队工作室成员的入驻给了检察机关工作人员很大的帮助，检察机关工作人员在合作提炼工作经验的过程中，学习到了理论思维，而工作室成员基于南浔实践总结出来的文字，又是那么真实、令人信服。《智慧未检体系构建的理论基础与实践展开》《附条件不起诉量化动态监督考察模式研究》《未成年被害人"一站式"询问机制研究》等文章就是理论和实践完美的结合。我想，这就是实践和理论的思维碰撞，这种碰撞不仅仅有利于检校之间互相弥补短板，更有利于南浔区人民检察院自身理论与实践思维的融合，不断完善自己。

  （2）南浔未检瓶颈的突破。南浔区人民检察院"春燕工作室"从 2012 年起步，慢慢发展壮大，成为全省乃至全国检察系统有一定影响力的未检品牌，着实不易。在这样一个高定位的基础上，怎样保持领先地位，是我院在开展检校合作之前一直在思考

---

 * 沈劼儿，浙江省湖州市南浔区人民检察院检委会委员、第三检察部主任。

的问题，而且这个问题一度成了我院的难点和痛点。2018 年开展检校合作之后，《未成年人罪错行为分级干预体系主导部门的构建》《未成年人罪错行为"先议权"与分级干预体系研究》等一系列文章的产出，让我院看到了一个崭新的前沿世界，同时在合作产出的过程中也感受到了前所未有的提升。基于检校合作成果，我院将理论运用于实践，罪错未成年人分级干预这项工作获得了很多荣誉：制作的课程获 2020 年度全省检察精品微课，实践案例获评全省未成年人司法保护精品案例，相关论文获全省未成年人刑事司法优秀研究成果一等奖，并获得最高人民检察院检察应用理论研究课题。我还很荣幸地把我院检校合作的成果带到了全国未检案（事）例培训班上进行了分享。原本只是简单地想寻找一个"外脑"来弥补司法理论方面短板的我院，却在"一心做实事"的姚建龙工作室的带动和支持下，实现了南浔未检瓶颈的突破，再次保持领先地位。

（3）实现朋友的链接。从 2018 年 12 月开始，姚建龙教授学术团队工作室的成员来我院实习，期间几乎没有间断过，哪怕在疫情期间，也通过线上见面的方式开展合作。同学们都很有礼貌，也特别有规矩感。相处久了之后大家就熟络了起来，互加微信，工作时间热烈讨论，闲暇时间聊聊家常。很多时候，我并没有感觉同学们是"合作方"，更多的感觉到他们是一个个年轻的朋友，不断地为未检工作带来蓬勃的朝气，也给我们的生活带来了不一样的精彩。在检校合作的过程中，除了姚老师外，我们还结识了很多老师，尹琳老师、陈庆安老师、田相夏老师、郗培植老师等，这些专家的专业给了我们很多的帮助和支持，他们的谦和又让我们感觉没有那么大的距离感。因此，我既觉得他们是我们的老师，又斗胆地认为他们也是我们的朋友。正是这些良师益友，让我们在未检这条道路上越走越自信，也让我们在自己的成长道路上越走越坚定。

关于检校合作与武侠的发散性感悟

陆佳丽*

　　作为一个"90后"电视迷，武侠剧可以说是我小时候必看的剧目，甚至于《九阴真经》的开头我已经能倒背如流，即使是20年后的今天，我也可以脱口而出。因此，我最初的梦想是要成为一个"一剑光寒十九洲"的侠女。但是，随着长大，我明白了这世上没有内功，《九阴真经》不过是金老化用道德经而来。直到一次观摩庭审时，女检察官庭审中所向披靡的样子，才又重燃起我的"侠女梦"，法律就是"倚天剑"，仗剑为民，伸张正义是我的梦想。

　　当我圆梦穿上了一身检察蓝之后，我突然发现即使拥有了"倚天剑"，好像"武功"还是无法登峰造极，剑式虽已有形式，但却后劲不足。于是，每一年的年度总结，我总会写上"本人理论研究还不够透彻，新的一年还需加强理论学习"。直到我们南浔区人民检察院与姚建龙教授学术团队工作室开展检校合作后，我才发现金老诚不欺我，《九阴真经》的开头"天之道，损有余而补不足"，意为有多的就减少，不足的就补充一些，保持均衡，说的是武功修炼之道。而检校合作也正是这样，理论就是内功，实践是外功，两者优势互补，理论指导实践，实践为理论提供源头活水，才能使"武功"日益精进。而我也总算找到了自己的"内功"修炼方法，以姚教授为代表的学术团队，每当在我实践遇到瓶颈的时候，总是可以为我答疑解惑，以最新的理论知识来帮我"修炼"，我就好像张无忌掉下了山崖，得到了九阳神功，从此内力自生不断。

　　同时，检校合作也让我认识了许多志同道合的"武林高手"，行踪不定好像不食人间烟火的"小龙女"刘悦、古灵精怪直率豪爽的"赵敏"朱冬卿、机灵聪敏的"黄蓉"侯珲、纯真善良的"郭襄"李姝瑶等，虽然我们经历不同、性格不一，但我们都有法律人的天然正义感，并以不同的侠之方式维护着内心的公平正义。而能够收服这些个性不同"徒弟"的姚建龙教授，在我的武侠人物谱中唯有张三丰足以对标，泰斗宗师，正气凛然，宽和从容，富有同理心与正义感，乃侠之大者。

---

　　* 陆佳丽，浙江省湖州市南浔区人民检察院第三检察部副主任、检察官助理。

　　这个世界上没有倚天剑，但有成昆一样的恶人，这个世界上已经没有襄阳城，但有一群需要保护的孩子，这个世界上没有乔峰、张无忌，但有一群为正义而携手作战的检察官和学者。

关于检校合作的一些感想

周思娟*

检校合作是早在 2018 年开始的南浔区人民检察院与姚建龙教授学术团队工作室的合作项目。三年来，检校合作项目硕果累累，累计有十余位工作室成员来到浔检，并撰写了十余篇理论文章，其中刊物发表 6 篇，各类获奖 6 篇。

从事未检工作，业务能力需要伴随社会的变化而不断加强，未成年人司法保护工作已由"单一保护"向"全面综合保护"转变。未检工作从仅仅是刑事检察开始，到现在涉及包含公益诉讼、民事、行政四大检察的方方面面，从实践到理论都有值得少年司法研究之处。理论是实践的先导，实践是理论的源泉。因此，检校合作项目促进了检察办案经验与高校研究资源的优势互补，提高了检察实践水平，推动未检工作在规则制定、实践创新方面取得新的突破。

对我自己来说，其实最深的感悟在于看到一批批富有朝气的研究生来到南浔检察，参与"四大检察"的业务，再以南浔检察工作实际为基础进行理论调研，我相信研究生们在此期间将所学运用到办案中还是很有成就感的，有助于他们迅速成长。正如姚教授所说，通过检校合作双方都培养了一批专业而有情怀的少年司法人才。相信他们今后无论在什么样的岗位上从事少年司法工作，都不会忘记检校合作中带来的对少年司法实践的初步感知。

检校合作创立之初，最高人民检察院公诉厅时任副厅长、未检办副主任史卫忠对南浔区人民检察院与姚建龙教授学术团队工作室合作曾提出三点希望：一是希望工作室成员能运用自己精湛的理论研究推动未检工作的创新发展；二是希望南浔为全国未检提供可复制的工作经验；三是希望此次合作为未检工作提供有益的指导。三年来，通过双方不断的努力，在"罪错分级干预""智慧未检体系构建"等方面取得了一定的成果。相信在接下来的合作中，检校合作将进一步拓展合作领域，丰富合作形式，打造高品质的合作载体，实现检校双方优势互补、相互促进，为检校合作和未检业务发展贡献更大力量。

---

* 周思娟，浙江省湖州市南浔区人民检察院第三检察部副主任、检察官助理。

唯一不变的是对未成年人保护的初心

樊志美*

未成年人犯罪永远是被热议的话题。如何引导未成年人健康成长、呵护弱势儿童群体、阻止和预防未成年人犯罪、督促迷途少年回归社会，成为一个个亟待解决的社会议题。作为一名毕业于上海政法学院的硕士研究生，为未检工作添砖加瓦成为我的心之所向。因知之深，我怀着一颗热心，于2018年7月报考南浔区人民检察院，并成第三检察部的一名司法雇员。

两年时光悄然而逝，这是我勤勤恳恳、奋力耕耘的两年，亦是我默默无闻、坚守岗位的两年，更是我经历忙碌后收获的两年。从审查逮捕意见书、公诉审查报告等办案文书的撰写到党风廉政和反腐败工作报告、姚建龙教授学术团队工作室介绍等工作材料的写作；从课题申报材料的撰写到《浙江省未成年被害人"一站式"办案模式专家论证会会议综述》论文的写作；从"罪错先议制度"资料的收集到具体检察建议的写作……从一知半解到略知一二，从大惑不解到茅塞顿开，通过姚建龙教授学术团队工作室这个平台，我"痛苦着"，也成长着，它提高了我的文笔，让我学会了坚强，更学会了感恩。

从武术南拳到弃武从文，从检察司法雇员到高中人民教师，虽然我身份发生了变化，但唯一不变的是我对未成年人保护的初心。

---

* 樊志美，曾就职于浙江省湖州市南浔区人民检察院，担任"姚建龙教授学术团队工作室"检方协调员，现就职于浙江省金华市磐安县第二中学。

南浔区人民检察院未检工作的优势与不足

刘金晓[*]

2018 年 12 月至 2019 年 3 月，我在南浔区人民检察院实习，主要完成如下工作：学习全国未检创新基地——浙江省湖州市南浔区人民检察院未检部的先进经验；参与刑事案件的办理与疑难案件的评议讨论，撰写案件审查报告；参加南浔区人民检察院合适成年人专题培训工作；参与浙江省人民检察院重点课题设计论证申报工作；参与教育部课题《未成年人学校保护规定》在湖州市南浔区中小学的调研工作；参与对刑事案件犯罪嫌疑人的提审和讯问工作；整理 2013 年至 2018 年南浔区人民检察院未检部工作办案数据等。

南浔区人民检察院位于浙江省湖州市南浔区，未检工作是南浔区人民检察院独具特色的一面旗帜。南浔区人民检察院未检工作始终处在全国前列，探索未成年人保护性司法的绿色路径，创新未检司法方式，把提升罪错未成年人教育感化挽救成效和加大未成年人权益维护力度作为着力点，培育未成年人司法保护绿色生态。其中"春燕工作室"作为浙江省未成年人工作的一个缩影和样板，得到了社会广泛关注。工作室聚焦未成年被害人保护救助和未成年人犯罪预防，积极探索实践，形成了南浔未检特色，为推动未成年人司法保护工作，培育绿色司法"试验田"作出了很大贡献。南浔区人民检察院未检工作有以下三大特点和优势：

第一，超前的工作理念。青少年犯罪极其特殊，其特有的"标签理论""漂移理论"都从实证角度分析出其与成年人犯罪的区分与差别。因此，我国刑事政策也提出对未成年人采取教育、感化、挽救的政策。所以少年刑法脱胎于传统刑法，但又对传统刑法有许多革新之处。传统刑法的罪责自负原则、罪刑相适应原则以及罪刑法定原则都与少年刑法存在着矛盾和冲突，因此保持少年刑法的基本立场，实现从防卫社会到儿童利益最大化、从客观主义到主观主义、从报应刑论到教育刑论是少年刑法鲜明

* 刘金晓，上海政法学院 2017 级刑法学研究生，现供职于中公教育考研研究院。于 2018 年 12 月至 2019 年 3 月在浙江省湖州市南浔区人民检察院实习 3 个月。工作期间主要协助办理未成年人刑事案件，进行未成年人司法理论研究。合作的撰写论文"未成年人司法先议权与分级干预体系研究"，发表于《未成年人检察》2019 年第 1 期。

的特点和原则。南浔区人民检察院在探索未检制度过程中始终坚持儿童利益最大化理念，在打击犯罪的同时重视未成年人身份年龄信息的采集与证据核实，严格遵守《刑事诉讼法》规定的程序与规则，在权利义务告知、提供法律援助、寻找合适成年人、对未成年人的帮教考察等方面工作卓有成效，对罪错未成年人的教育和保护细致入微，将儿童利益最大化原则贯穿于工作始终，将打击犯罪和保护罪错未成年人合法权益有机统一起来，最大限度地减少罪错未成年人的再犯可能性，形成了未检工作特有的南浔模式。

第二，先进的办案方式。未成年人案件办理有其特殊性，工作的重点并非体现在诉讼程序中，而是在案外的帮教和考察，所以整合社会资源，借助社会力量来帮助罪错未成年人摆脱越轨行为，使其顺利回归社会成为重中之重。南浔区人民检察院开发的未检智能化办案系统"智慧未检"App 正式上线运行，它将人工智能、大数据与未检工作深度融合，智慧化推进全国未检创新实践基地建设。它将合适成年人到场、观护帮教、法律援助等涉及法律援助中心、群团组织、司法社工等单位和组织的工作全部纳入进去，从而解决了困扰未检工作的等待合适成年人时间长、法律援助律师意见反馈慢、帮教过程无法实时监督等问题。这款 App 设置了"人格甄别""分类关护""呼叫平台"等分类功能板块，由系统根据涉案未成年人心理状况、文化程度等信息自动筛选帮教措施，形成线上贯彻未成年人刑事案件特别程序的功能链，加强与案件有关的单位、组织和个人进行在线沟通联系从而提升办案的效率和质量。未来这款 App 的发展方向是建立对罪错未成年人强制性学习积分制度，设置对法律法规、社会公德、职业技能等课程的相应积分，通过累积学习积分来完成考察期的考察任务，实现对罪错未成年人的实质性教育和考察。

第三，依托法治教育基地，参与未成年人保护工作。2019 年初南浔区人民检察院法治教育基地落成，该基地设立的目的是积极开展未成年人法治教育，帮助未成年人树立法律信念，规范自身行为，提高自我保护意识和能力；开展法治进校园活动，加大未检宣传力度，推动法治教育与在校学生积极的良性互动，强化未成年人预防性侵、远离毒品等方面的意识；探索"一站式"询问被害人办案模式，发挥未检工作特殊手段，严厉打击侵害未成年人案件，重拳出击打击针对未成年人的违法犯罪活动，为未成年人构建独特的检察保护；积极承担社会责任，参与全社会未成年人保护体系，发挥检察机关特有的法律监督权力形成独特的"鲶鱼效应"，促进全社会未成年人保护工作落到实处。

当前南浔区人民检察院未检工作也存在困境和不足：

第一，缺乏上位法的依据。未检工作需要推动体制机制、办案方式等方面的创新，但在司法实践中检察机关的创新方式存在着立法制约。现代行政司法体制的基本要求是"法无授权即禁止"，当前《刑事诉讼法》和《刑法》对于未成年人犯罪的规定并不完备，可操作性不强，《未成年人保护法》和《预防未成年人犯罪法》又造成了责

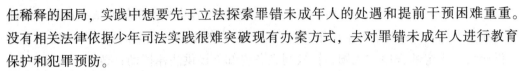

任稀释的困局，实践中想要先于立法探索罪错未成年人的处遇和提前干预困难重重。没有相关法律依据少年司法实践很难突破现有办案方式，去对罪错未成年人进行教育保护和犯罪预防。

第二，人员不足，案件压力较大。当前未成年人案件被纳入司法程序的只是少部分，但未成年人案件适用刑事诉讼特殊程序，程序较为复杂，对检察官要求高。此外未检部门的员额检察官也需要参与公诉部门的轮案来分担公诉部门的案件量，由此所带来的公诉案件和未检案件的双向压力让未检部门检察官的工作压力巨大，人员不足的问题更为突出。同时公诉案件和未检案件在诉讼程序、证据规则、法律保护等方面有很大不同，对人员专业化要求也不同，所以公诉案件、未检案件的混同也不利于办案的要求。

未检工作的专业与温度

韦　倩[*]

在 2019 年 4 月至 2019 年 6 月的实习期间,我主要完成了如下工作:完成《犯罪行为的分级干预处罚制度》一文中第四部分"以南浔实践为例"的撰写;参与未成年人不起诉听证会并完成会议记录工作;整理南浔区近年来涉及未成年人的有关"扫黄打非"案件;到看守所陪同提讯犯罪嫌疑人;陪同远程提审;整理统计 2017 年至 2019 年涉及未成年人的以拉车门方式盗窃案件,并列明具体情况和 2019 年涉及被侵害未成年人的案件,并列明具体情况;完成《南浔区涉未成年人以拉车门方式盗窃情况的调研分析》的撰写工作;完成《湖州市南浔区人民检察院未成年人刑事检察工作报告(白皮书)》的校对修改工作;完成受案登记、卷宗及文件整理工作;协助准备各项会前材料和组织"未检开放日"活动。

通过这次实习,我学到了很多在课堂上学不到的知识和技能,受益颇深,衷心感谢南浔区人民检察院给我提供的这次实习机会,在生活中,领导们关心我们吃得习不习惯,住得好不好,在工作中耐心指导我们成长进步,对这一切我都深怀感恩之心,再次感谢各位的关心与爱护。

在南浔区人民检察院的实习工作中,我深深体会到每一位未检检察官严谨的工作态度,他们认真负责地对待每起案件,阅卷、提审、取证、出庭,每一份文书都记得认认真真。在协助检察官工作中我直观地学习到未检"捕诉监防"一体化办案机制,检察官每接收一起未成年人刑事案件,即负责该案的审查批捕、审查起诉、出庭公诉、诉讼监督、犯罪预防、教育挽救工作,实现专人审查、全程办理,为涉罪未成年人提供全面高效、协调一致的检察保护。并为此专门打造了未成年人办案区,分设"心语工作室""不起诉训诫室""心理疏导室",配备了多媒体设备、图书阅览区、沙盘测试区,每个房间内都摆放着绿植、饰品、清新桌椅,通过改变提审、谈心场地,营造恰如其分的温馨氛围,实践对未成年人"教育、感化、挽救"的方针。置身其中,笔

* 韦倩,上海政法学院 2017 级刑法学研究生,现为北京市海淀区人民法院法官助理。

者切实感受到人民检察院对涉罪未成年人的重视与关爱。

在具体的实习过程中，笔者还了解了检察机关的相关职能，将自己在学校所学的理论知识向实践方面转化，体会到理论和实践的结合，深化自己对所学知识的理解，并真正地接触到了法律的最前沿工作，提高了自己的认知水平，明白了许多新的道理，有了很多新的体会：不论在校内还是今后步入工作，一定要刻苦学习理论知识，"书永远都不白读"，理论知识不仅能从总体上把握工作的方向，并且对工作有指导作用。理论知识也必须通过实践的检验和认可，这样才能与实践结合，更好地指导实践工作。

最后，感谢导师姚建龙教授给我这次实习机会以及谆谆教导；感谢师兄师姐们的鼓励，并向我们传授工作经验；感谢身边的每一个人对我的关心与鼓励，帮助我不断进步与成长。

对未检的深刻认识

李璟儒[*]

在 2019 年 4 月至 6 月的实习期间，本人撰写论文《智慧未检体系构建的理论基础与实践开展——以南浔区人民检察院智慧未检工作探索为例》，获最高人民检察院检察理论研究所 2019 年度未检理论征文优秀奖。还参与了《南浔区人民检察院未成年人刑事检察工作报告》（白皮书 2014 年至 2018 年）部分内容的修改和完善工作，并协助开展未成年人不起诉宣布暨训诫会；参加营利性娱乐场所综合执法监督，等等。此次实习中，非常荣幸能够参与到南浔区"智慧未检"App 的项目中来，相信不久之后该 App 得以推广应用，将推动未检工作转向智慧化发展，进一步提升未成年人综合保护水平，推动完善未成年人保护社会支持体系建设。此次实习还使我加深了对未成年人适用特别程序的认识和理解。未检制度是我国人民检察院针对未成年人这一特殊群体的违法犯罪行为所设计的独特制度，由我国《刑事诉讼法》以特别程序加以规定，体现出对未成年人的特殊保护和关怀。同时在案件办理过程以及和检察官前辈们的交谈中深感现今的未检工作日益重视对被侵害未成年人的救助和保护，未检工作不断发展进步，发挥未成年人综合权益司法保护作用。

衷心感谢南浔区人民检察院的支持和帮助，感谢未检沈主任在工作上给予的悉心指导，能够让我很快地适应这边的工作模式和节奏。还有未检的前辈和同事们在工作中给予的帮助、建议也使得我能顺利完成此次实习工作。

本次实习相较于以往的实习，其专业化程度更高。由于本身带有智慧未检的课题任务，因此前期主要工作是撰写该课题文章。如何在短时间内熟悉项目和未检办案工作流程成为实习初期的主要难题。我采用翻看卷宗案例的方式熟悉人民检察院的主要业务内容，以及传统的未检工作方式和流程，同时在主任老师的指导下启用智慧未检

* 李璟儒，上海政法学院 2017 级刑法学硕士研究生，现就职于北京市门头沟区人民法院。于 2019 年 4 月至 6 月在浙江省湖州市南浔区人民检察院实习。工作期间撰写论文"智慧未检体系构建的理论基础与实践开展——以南浔区人民检察院智慧未检工作探索为例"，获最高人民检察院检察理论研究所 2019 年度未检理论征文优秀奖。曾获奖学金资助，赴德国杜伊斯堡埃森大学交流，参与民政部、教育部、团中央等多项课题研究。

App 体验案件办理，如此传统和线上办理，进行双重体验，形成较为鲜明的对比，也为课题撰写积累了第一手素材，得以按期保质保量完成课题论文。与此同时进行了"智慧未检"App 的体验完善工作，在实际操作中，进一步优化"智慧未检" App 的功能，相信不久之后该 App 得以推广应用，推动未检工作转向智慧化发展，将进一步提升未成年人综合保护水平，推动完善未成年人保护社会支持体系建设。

实习中，我参加了不起诉宣布暨训诫会，感受到了司法的温度。曾参与公安、消防和文体局的执法监督工作，感受到了检察监督的职能所在，正如检察官所言，"我们的工作职责就是'找问题'，要不惧压力和眼光，依法履行我们的检察监督职责"，检察工作的正义和神圣让我深受感动。

同时，在日常工作中也有涉及材料撰写的工作，一般都需要在主任的指导下进行修改，这让我明白了论文写作和办公室文书写作之迥异，在文书、材料写作方面日后有待进一步加强。

此外，通过此次实习，也引发了笔者关于少年警务，还有未成年人罪错行为分级干预相关问题的兴趣，为后续的专业学习指明了方向。

最后，再次感谢我的导师姚建龙教授和南浔区人民检察院给予我本次实习机会，亦感谢检察官前辈们在工作和生活中对我的关怀和指导。

获得了书本上学不到的知识

屈 琳[*]

在 2019 年 7 月至 2019 年 9 月的实习期间，本人完成先议权论文的撰写；参与撰写南浔区人民检察院与上海政法学院全国青少年犯罪与司法研究及服务中心合作机制的工作专报；填写南浔区人民检察院关于社会公益服务试点项目申报；参与部分案件审理，撰写审查报告；参与疑难案件讨论；参加未成年人案件提审工作和湖州市南浔区人民检察院智慧化推进法制教育工作座谈会；协助搜集整理聚众斗殴认定的学理观点、社会服务令的相关实践探索经验以及参加申请未成年人法律援助律师及社会调查。

此次实习，给我留下最深印象的就是参与一起 4 人的聚众斗殴案件提审，在案件询问过程中，未成年人的疑惑、悔恨、悔罪表现等，都让我对坚持"教育为主、感化为辅""教育、感化、挽救"的未成年人方针政策有了进一步的认识。而我通过这次的经历，学到了书本上学不到的知识，对聚众斗殴这一罪名有了更深入的了解。

---

[*] 屈琳，上海政法学院 2017 级刑法学硕士研究生，现就职于江苏君桥律师事务所。

未检工作需要持久的耐力和坚定的信念

丁明洋[*]

我在 2020 年 7 月至 2020 年 9 月实习期间参与了未检工作司法实践，并依托"检校合作"撰写《未成年人罪错行为保护处分制度构建研究——以南浔检察院的实践探索为基础》；学习检察机关审查起诉权和监督权的行使流程；学习了解南浔区人民检察院未成年人案件刑事处置流程，以及工作机制的创新和困境；撰写论文《以"垦荒精神"突破"未检窗口"建设困境》；协助办理强奸案件 2 起和公益诉讼案件 1 起。

感谢南浔区人民检察院对于我实习期间工作的充分信任，以及当我遇到问题时的不吝赐教。因为我深知信任之难能可贵，涉及案件核心办理环节时任何细微差错，均可能带来不必要的风险，因而在我的辅助工作有可能造成不必要的麻烦的情况下，感谢各位领导在这段时间为我提供提升自我的试错机会。

作为一个"职业学生"的最大特点是长居一舍、闭门造车，并试图以坚硬笔杆和朴素正义来撬动制度缺陷的平衡点，创设一些符合理想的规则。这其中好学的常沉浸在论文的海洋和"最前沿"的裁判文书网中，不好学的则沉浸在日复一日的消磨时光中，缺少司法实践所需要的脚踏实地，极易养成一股"书生气"。于此，老师曾谈"书生误国"，彼时便和同学时时揣摩老师这话的含义，心想对应的当是"实业救国""实业兴国"之类，教我们多脚踏实地去做，要向老师身体力行学习。而这次实习就是一次践行理论的机会，也是一个感受自身理想主义能否得到实践的机会。

我的目标有三：其一，了解检察工作，为职业作规划；其二，了解基层未检工作，发现问题；其三，联系创新实践，在两法修订特殊时期提出建设性建议，形成论文。在两个多月的实习中，我的心里已经有了明确的答案，也完成了预期目标。

未检工作确是一项需要持久的耐力和坚定的信念的差事。相较于一般刑事检察业务，未检业务更考验多方的沟通和案前、案后的处置，在未成年人处置规范并不完善的情形下，还需在规范与理想之间博弈，对未成年人处置体系进行创新，没有坚定的

---

[*] 丁明洋，上海政法学院 2018 级刑法学硕士研究生，参与教育部、团中央等多项课题研究。

信念无疑是难以坚持下去的，这让我看到了不为知识所累的人在追求自己心中信念的愿景，而不再是长居校舍时的想象。

　　在这样的时代，努力建成一项自己不懈追求的事业，值得敬佩，也是我所期望能达到的，谨记于此。

此次实习与以往不同

陆 越[*]

2020 年 7 月 13 日至 2020 年 9 月 13 日，我在南浔区人民检察院姚建龙教授学术团队工作室实习。实习期间主要做了以下工作：撰写涉未网络公益诉讼相关论文；参与部分案件，撰写审查报告；协助开展未成年人不起诉宣布暨训诫会；参加有关进口食品安全性等公益诉讼的调查取证等。

此次实习与以往不同，一是对理论水平要求高，要在实习中发现问题、提出问题并且解决问题，从而完成一篇相关论文，这也激励我不断地在实践中寻找问题，也更好地去了解检察系统中各部门业务的衔接；二是氛围不同，实习中，我参与了涉未性侵案件的办理，参加了不起诉宣布暨训诫会等，第三检察部更像是一个家，从领导到科员，让我切身感受到检察官们对于职业的热爱、对于未成年人的关怀以及对于情怀的保持；三是明显发现自己的不足，在对于检察文书书写规范以及方案策划方面，仍需进一步加强。在两个月的实习里，我对未检部门的实务工作有了更深刻的了解，也激发了我将未成年人网络犯罪作为将来研究方向进行深入研究的动力。

---

* 陆越，上海政法学院 2018 级刑法学硕士研究生，现为上海市第二中级人民法院法官助理。

深刻认识到了理论与实践相结合的重要性

申长征 *

在线上实习期间，本人完成浙江省湖州市《未成年被害人"一站式"询问机制研究》课题论文的撰写工作；完成湖州市南浔区人民检察院《未成年罪错分级干预和临界预防机制研究》《未成年罪错分级干预和临界预防机制研究》论文的撰写；协助人民检察院进行相关课题初期申报及中期报告，完成课题总结。

在南浔区人民检察院近三个月的实习让我受益匪浅，不仅了解了少年司法在国内尤其具有代表性的基层实务部门即南浔区人民检察院的工作情况，更为重要的是在实习过程中逐渐认识到团队协作与分工配合的重要性。主要感悟涉及以下几方面：

第一，国内的少年司法改革处于大变革的背景下，这导致在很多实操层面的问题与宏观的政策改革之间的衔接存在隔阂乃至不必要的"误解"。在我个人撰写的相关论文即《未成年被害人"一站式"询问机制研究》中普遍存在于国内各地检察系统尤其是未检系统的"双向保护原则"，即一个较为典型的例子。在实践中往往可能为防止对未成年被害人的"二次伤害"而采用"一站式"的询问机制，然而更为重要的是，刑事司法的介入可能对未成年犯罪嫌疑人、被告人同样造成伤害，而在具体的案件中实际上二者之间的关系是需要细致平衡的，而这也是我们作为身处象牙塔之中的在校大学生所欠缺、所应当在未来的工作中予以总结、反思、概括、凝练的部分。

第二，在实习协作的过程中，我深刻地意识到了团队协作的重要性。团队并不是一个千人一面的简单累加，而是由众多各有所长、富有个性的同伴组成。为了同样的团队目标，我们需要衡量自身的不足，也需要通过自己的努力帮助团队成员弥补其欠缺的部分，对此也非常感谢南浔区人民检察院的指导老师们的悉心指导。让我深刻明白了作为团队成员之一，自己所应当拥有的集体荣誉感与归属感。

第三，我深刻认识到了理论与实践相结合的重要性。"知行合一"是每个人都会提及但很少有人会切实具备的品格，在校多年理论知识的学习不仅为未来的工作提供指

---

* 申长征，上海政法学院 2018 级刑法学专业硕士研究生，现为北京师范大学 2021 级刑法学博士研究生。于 2020 年 3 月至 5 月在浙江省湖州市南浔区人民检察院进行线上实习。

引，更为重要的是我们应当结合国内司法实践的切实现状，了解自己所处工作的环境和社会背景，明白自身所学知识能够在这样的背景中发挥怎样的作用，这也是每位法律研究者必经的阶段。

理论认知与具体实践的差距

祁正陆*

受疫情影响，本应参与南浔区人民检察院的实习计划被迫在线上完成。我在线上实习期间，主要开展了以下工作：参与"罪错未成年人分级干预制度"的构建，进行调研数据的确定；参与"罪错分级干预制度下未成年人保护处分制度构建"课题论文的撰写；参与"附条件不起诉监督考察模式研究"课题论文的撰写。

南浔区人民检察院的未检部门誉享全国，没能亲身到现场切身地感受检察机关的工作，但是在章专委、沈主任、樊志美师姐以及人民检察院的其他检察官的关照下，本次线上实习也尽可能地让我们感受到线下实习的气氛。实习伊始，章专委就组织大家开了一次视频见面会，遥远的距离和陌生的头像因线上视频会议的方式而有了温度，团队的人文关怀体现在点滴。

线上实习难以参与检察机关日常案件的办理，写些文字和讨论问题更易进行。从开始的"罪错未成年人分级干预制度"课题到后来的"附条件不起诉监督考察模式研究"课题，工作的难度在不断地加深，从起初的构建框架到后来完成文章主题，无论是研究的过程还是写作的过程，都使我受益良多。

通过完成未检的各项工作，感悟到了理论认知与具体实践的差距，书本、课堂上的知识转化为实践的产出需要付出同样巨大的努力，并且，我深刻体会到了解决未成年人问题的紧迫性与特殊性，同时也感受到了检察官们的辛苦与不易。未成年人保护工作不仅仅是某一方面社会主体的责任与义务，而是我们全社会要共同努力发展的事业。

---

* 祁正陆，上海政法学院 2019 级硕士研究生，现为四川致高律师事务所律师。

躬行方才得真知

黄煜秦[*]

由于疫情影响，本次实习是在网络上完成的。从 3 月份开始我和其他两位同学进行网上远程实习。在实习伊始，我们接到的第一个任务是草拟未成年人罪错分级干预的前期调研数据表。这是我们第一次将理论运用于实践，数据表经讨论修改多次，也使我终于明白理论需要扎根于实践中不断修改、完善，仅仅从前人专著论文等学术成果中总结学习的理论终归只是纸上之物，躬行方才得真知。除此以外，在此次实习期间，我还参与了两个课题的报告撰写工作，从课题申报开始加入其中，撰写大纲、初稿、参与文稿写作。经历了多次修改，经过师姐和章专委的指导，才完成这些写作工作。

通过此次锻炼，使我明白了以后工作中的课题写作与学校中一直进行的论文写作在不同方面的差异性，课题一般更注重实践，需要深入一线进行工作调研，才能在此基础上形成一篇优秀的课题论文。但遗憾的是，本次实习由于疫情影响使我未能前往南浔区人民检察院进行实地实习，无法参与到案件的办理环节，未能深入了解人民检察院一线的工作情况，这是极其遗憾的事情。

---

[*] 黄煜秦，上海政法学院 2019 级刑法学硕士研究生，现为上海市黄浦区人民检察院检察官助理。

保持不断学习的状态

侯　珲*

在未成年人司法社会服务中心实习两个月后，我很感恩有机会来到全国未检创新基地——南浔未检——这一优秀而有爱的集体继续学习和感受，在未成年人罪错矫治、社会综合治理工作中完成从社会视角到司法视角的衔接和转变。在近距离接触到南浔区院罪错分级干预工作取得的一系列成果之后，我第一感受是非常感动，因为将学术理论转化为实践成果需要的不仅是实干的能力，更需要的是接受前沿事物的眼界、勇气和魄力。

对社会支持体系的兴趣最初支持着我来到南浔，当我结束实习尝试融合自己的学习与实习经历时，我发现这一兴趣的阀门其实从我本科阶段在刑执部门的实习起就已悄悄开启，也埋下了我更关注"人"本身的种子。来到南浔未检，我发现自己基本完成了对"司法"与"社会"这对未成年人保护工作中一体两面的事物的初步探索。从对未成年人犯罪强调轻缓化处理，转向分级干预、精准帮教、有效管束，到教育挽救涉罪未成年人，转向打击侵害未成年人犯罪、救助未成年被害人，再到围绕"人"开展犯罪预防，转向促进社会治理创新，南浔未检部门将分级干预的视角拓展到涉罪未成年人全领域的同时，也为社会综合治理创新贡献了浔检智慧。

我感受到，未检人必须保持不断学习的状态才能适应工作。虽然只有短短的两个月，但我在南浔未检的每一位领导和前辈身上都学到了许多宝贵的东西。在这里我收获的不仅是理论知识的增长、实践水平的提升，更有很多为人处世的细节。从中我也发现了自己在各个方面的不足，尤其是发现问题、提出问题并解决问题的能力有待提升。这次实习激励着我不断学习新知识，将实习中的所见所思静心打磨成章，同时也给了我职业生涯规划方面的启发。

---

* 侯珲，上海政法学院 2019 级刑法学硕士研究生。

架起学校到社会之间的桥梁

丁涵冰[*]

在实习中，我的课本知识得到了巩固，解决问题的能力也得到了提升。这对我走向社会起到了夯实基础的作用，架起了我从学校到社会之间的桥梁，是我人生中的一段重要经历，对将来走上社会，走上工作岗位也有着很大帮助。通过此次实习，我发现自身存在一些缺点和不足，今后我一定会努力改善。比如，社会经验少、社会阅历浅、对司法实务问题的认知不够深入。今后我将多尝试不同领域，了解不同职业群体的工作环境，增加自身社会经验；对经手的案件方面欠缺大局观和缜密度，容易轻易下定论，我将继续努力，培养自身专业素养，做到慎思笃行。

我在实习的过程中认识到扎实的专业基本功的重要性，知识不断更新、不断灵活运用的重要性，工作中具体操作技巧的形成和积累的必要性，以及与人相处适应社会的必要性。在工作中，我发现许多知识都是书本上没有学过的，这让我明白了我们的法学教育中理论和实践确有差距。法学是一门实践性很强的学科，法学需要理论的指导，但是法学的发展是在实践中完成的。

从具体工作来看，第一，要有认真负责的工作态度。无论是领导还是同事交办的任务我们都要认真对待，力求做到最佳。作为法律职业工作者必须要细心，法律是一门技术性较强的学科，由于法学理论与司法实践之间的差别要求我们在将法律运用于实践时必须要细心。第二，在工作中要注重沟通、协调。人要融入社会就务必与他人建立良好的人际关系，与他人之间的沟通与交流便是重要一步。合作伙伴之间不可能掌握所有知识，知识的不对称会导致工作的被动，降低工作质量。所以，人与人之间相互沟通协调，培养团队精神将有利于提高工作效率，促进工作顺利进展。第三，分清轻重缓急，有条理地做事。三个月的实习，在学到很多司法程序方面的知识以外，我还学会了如何做人，如何处理人与人之间的关系。社会是一个复杂的群体，各种利益的驱使会使人性变得扭曲，我们要以正确的态度对待每一天发生在身边的小事。

---

[*] 丁涵冰，上海政法学院 2020 级刑法学硕士研究生。

实习既是试金石也是磨刀石

孙 建[*]

2020 年 12 月 1 日至 2021 年 4 月 30 日，在姚建龙教授学术团队工作室与浙江省湖州市南浔区人民检察院的共同支持、配合与帮助之下，我在南浔区人民检察院体验了自己人生中第一次的检察院实习生活。初来乍到的我对检察院工作生活的一切都充满着好奇与期待，想了解一下检察院的工作情况以及应该如何适应人民检察院工作，为自己明年的毕业去向选择提供一个经验参考。本次实习虽然只是短暂体验，但依然学有所获。

一、实习活动

在实习期间，我参与过很多活动，包括参与提审讯问、讨论刑事案件案情、整理书证笔录、撰写审查报告、接触课题申报、参加街面暗访活动等。

这些活动有些是自己在参加实习之前从未接触过的，尤其是去看守所参与提审和参加街面暗访活动。

参与看守所提审过程。在这个过程中自己感觉既熟悉又陌生。感到非常熟悉是因为自己在学习刑法和刑事诉讼法等法律规范的过程中有时会接触到"看守所"这个词，因此对它的制度规定和工作要求有所了解。感到非常陌生是因为自己是第一次进看守所，对它的工作环境、提审程序、提审要求以及注意事项知之甚少。事后，在与导师的谈话中自己又学到了很多关于看守所提审的新知识。

参加街面暗访活动。如何伪装自己并巧妙地从被暗访者口中挖掘出自己想要的信息，感觉这个暗访取证的过程对不善言辞的我而言既有一种新鲜感又有一定的实践难度，同时也认为检察官这份工作吞酸茹险，不仅要阅读成堆的卷宗，撰写大量的法律文书，参与紧张的法庭庭审，还要忙于街面暗访等琐碎的社会活动，我从那段经历中体验到了检察官这份工作的停辛贮苦。

---

[*] 孙建，上海政法学院 2019 级刑法学硕士研究生。

二、实习收获

南浔实习生活是短暂的，而且自己所参与的实习活动仅仅是检察官日常工作的冰山一角，因此在区区几个月的实习经历中，无法对人民检察院这份工作产生全面而深入的了解。但也不是一无所获，依然有那么几点谈不上收获的"收获"是值得自己去记住的，或者说，去细品的。

在理论方面——加强法学理论学习，思考办案突破方向。作为法学生而言，有时候对法条的了解仅仅停留在"知晓"或者"熟记"的层面上，这对于检察机关办案人员而言是无法满足其工作需要和使命要求的，他们的工作需要他们在现有法律制度框架下加强理论学习，发挥创造性思维，去思考办案方式的突破方向和"最优解"，解决司法工作的现实难题。

在实践方面——加强人际沟通能力，提高社会活动能力。检察官的工作不是"纸面办公"，有时候是需要开展社会活动的，因此与人沟通的能力是非常重要的。以参与街面暗访活动为例，我在那次活动中并没有发挥出太大作用，这既是检察官"社会性"这一工作特点的体现，同时也反映出我在这方面的能力有待提升。

在人际方面——加强单位人际沟通，营造良好相处环境。检察官的办案工作是专人专责，同时会有严格的案件过问登记制度。虽然工作范围是限定的，但是工作环境是共同的，工作任务无法避免，但是工作环境可以营造，应该走出自己的"小天地"。同时，不管是职场新人还是实习生，都应该与单位其他同事多沟通，改善人际交往能力。

三、实习反思

在本次实习经历中，我认真遵守南浔区人民检察院的工作制度与工作规定，认真完成各位领导安排给我的每项任务。不过我也清楚，我的工作能力仍有欠缺，有些任务我虽然努力完成了，但可能还没有达到应有的工作标准与领导们的工作期望，这其中的原因既包括专业能力有限，也包括缺乏工作经验及工作方面沟通交流有限，其中的原因问题值得我日后继续反思与消化。

四、结语

未来的路还很长，实习经历既是一块试金石，也是一块磨刀石。在实习过程中，我们每个人都会接到各种各样的任务，完成任务的过程中会暴露出我们每个人的缺点与不足，这是一个行远自迩的过程，这是正常的，也是可喜的，因为这些问题的暴露可以提醒我们未来的改进方向，避免我们在正式入职后再犯同样的错误。同时实习过程中的那些任务也能提升我们的工作能力，帮助我们在经历一次次困难的磨砺后继续前行，为将来正式入职后的职业生涯积基树本。

立足当下现状。这段实习经历为我提供了一次很好的工作实践经验与社会接触机会，使我对人民检察院工作生活和司法工作现状多了一些了解。

展望未来发展。未来之路怎么走，对于临近毕业的我们而言都是未知数。不管未来发展如何，本次实习经历使我对人民检察院工作生活有了初步的了解，为我的未来发展道路提供了很好的经验参考。

最后，非常感谢姚建龙教授学术团队工作室与浙江省湖州市南浔区人民检察院为我提供的宝贵的实习机会、专业的技术指导与周到的生活保障。

以上就是我实习生活的全部总结与思考。

未检工作任重道远

朱冬卿[*]

在实习的这段时间里，我认识到了扎实的专业基本功和文字撰写能力的重要性，认识到了对法律法规以及法学知识灵活运用的重要性，认识到了在实际工作中实践能力的形成和积累的必要性，也认识到了与人相处、适应社会的必要性。

在工作的过程中，我严格要求自己做到最好，遵守实习单位的各项要求，尽我所能地帮助检察官办案，发挥我所掌握的包括社会学、法学、教育学等方面的专业知识。十分感谢沈勐儿主任对我的信任和悉心指导，正是在她的帮助下，我的适应能力和工作能力提升得很快，短时间内就能够独立完成各项工作；也很感谢南浔区人民检察院未检部其他同事对我的关心和照顾，让我感受到了和谐的工作氛围！

两个月短暂而又充实的实习，让我更加深刻地认识到未检工作的任重道远，让我明白未来无论我处在何种岗位上，我都会牢记未成年人保护的深意，这段实习经历都将使我终生难忘！

* 朱冬卿，上海市政法学院 2016 级法律硕士研究生，现为浙江扬理律师事务所实习律师。

未检人的热心肠感染着我

李姝瑶*

本次浔检实习使我受益匪浅。

书本中学到的理论知识只有在实践中才能得到最好的检验。在浔检实习期间，我完成了一篇与专门学校相关的论文，这也与我毕业论文选题相关，但是在实习期间我才真正得以了解专门学校的实际运行情况，其存在的问题以及未来发展的趋势才逐渐明晰。

实习期间，得益于各位老师的悉心指导，在审查案件的过程中，我逐渐明白办理未成年人案件的特殊性。也正基于此，我才逐渐理解少年司法的一些基本原则，如儿童利益最大化原则在实践中怎样具体体现等。不同于过去的实习，本次实习我得以参与办理案件的全过程，得以在检察官的指导下独立办理一起案件，这起案件也引起我对"情"与"法"关系的思考，我逐渐意识到办案不仅是运用法条，同时更应正视他人的人生，平日夯实法学理论基础非常重要，要对在办理案件过程中遇到的每一个人负责。

南浔未检部门的每一位工作者都十分负责，对未检事业有一颗炽热的心，这也是为何南浔未检工作成效在全国极为突出的重要原因之一。通过本次实习，我对未检部门有了更加深入的了解，未检人的热心肠也极大程度的感染着我，使我更加笃定未来为未成年人保护事业尽一份力的决心。

第五辑　记　录

大事记

2018 年 10 月 18 日，在浙江省湖州市南浔区举行了"未检专业化与社会支持体系建设研讨会暨姚建龙教授工作室挂牌仪式"。上海政法学院全国青少年犯罪与司法研究及服务中心同南浔区人民检察院进行了战略合作签约仪式，并为"姚建龙教授学术团队工作室"举行揭牌仪式。最高人民检察院公诉厅副厅长、未检办副主任史卫忠、浙江省人民检察院党组成员、副检察长黄生林、未成年人检察处处长余晓敏、副处长裘菊红、时任上海市法学会未成年人法研究会会长、上海政法学院副校长、全国青少年犯罪与司法研究及服务中心主任，教授、博士生导师姚建龙，上海政法学院刑事司法学院副书记徐海琨，华东政法大学研究生院院长、教授、博士生导师洪冬英，华东政法大学教授、博士生导师邱格屏等领导和专家学者参与了此次会议。

2018 年 10 月 19 日，姚建龙教授学术团队工作室田相夏博士为南浔区人民检察院全体干警作《未检专业化与社会支持体系基本理论》专题讲座。

2018 年 12 月，姚建龙教授学术团队工作室成员刘金晓作为首位工作室实习生进入南浔区人民检察院开始实习。此后，姚建龙教授学术团队工作室成员定期指派在校学生到南浔区人民检察院入驻实习。

2019 年 3 月 22 日，姚建龙教授学术团队工作室成员与南浔区人民检察院党组书记、检察长毕琳一起在南浔锦绣实验学校举行"法治进校园"活动，为学生们传道解惑。姚建龙教授学术团队工作室就《未成年人学校保护规定》中的惩戒权、休息权、隐私权等征求校方领导和学校师生的意见。

2019 年 6 月 28 日，姚建龙教授学术团队工作室成员李璟儒与南浔区人民检察院未检部合作撰写的《智慧未检体系构建的理论基础与实践开展——以南浔区人民检察院智慧未检工作探索为例》获 2019 年度最高人民检察院主办的未检理论征文优秀奖。

2019 年 8 月，姚建龙教授学术团队工作室专家滕洪昌副教授为南浔区人民检察院全体干警作《心理学在检察工作中的应用》专题讲座。

2019 年 9 月 30 日，浙江省人民检察院检察长贾宇对姚建龙教授学术团队工作室作出批示："在外省专家学者挂职检察机关工作出现新情况下，设立'教授工作室'是一

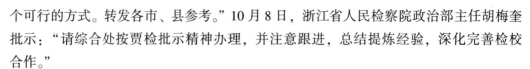

个可行的方式。转发各市、县参考。"10 月 8 日，浙江省人民检察院政治部主任胡梅奎批示："请综合处按贾检批示精神办理，并注意跟进，总结提炼经验，深化完善检校合作。"

2019 年 12 月，姚建龙教授学术团队工作室成员刘悦与南浔区人民检察院合作撰写的《以检察机关为主导的未成年人罪错行为分级干预体系的建立》一文获 2019 年浙江省未成年人刑事司法优秀研究成果一等奖。2020 年 7 月 7 日，被最高人民检察院检察应用理论研究课题立项，并于 2021 年 4 月 26 日结项。

2020 年 3 月 29 日，浙江省委政法委副书记朱恒毅莅临南浔区人民检察院视察指导，对检校合作机制下姚建龙教授学术团队工作室的成立和罪错未成年人分级干预体系的构建等工作作出肯定。

2020 年 4 月 9 日，姚建龙教授学术团队工作室与南浔区人民检察院召开 2020 年度检校合作交流会，上海社会科学院法学研究所所长姚建龙，湖州市检察院党组成员、副检察长戴立新，南浔区人民检察院党组书记、检察长毕琳等参加会议。

2020 年 4 月 30 日，《分级干预背景下的保护处分制度》被浙江省人民检察院确定为专题调研重点课题，10 月 30 日姚建龙教授学术团队工作室成员丁明洋、黄煜秦与南浔区人民检察院共同以《未成年人罪错行为保护处分制度构建研究——以南浔检察院的实践探索为基础》一文结项，并获 2020 年浙江省未成年人司法优秀研究成果一等奖。

2020 年 7 月 3 日，姚建龙教授学术团队工作室专家陈庆安研究员及孙大伟副研究员分别为南浔区人民检察院全院干警作《中国网络安全的刑法保障》和《民法典的创新及对检察工作的影响》专题讲座。

2020 年 8 月 3 日，姚建龙教授学术团队工作室专家、上海市预防青少年犯罪研究会副秘书长郗培植，为南浔辖区内 50 余名中学生讲解《民法典》中关于未成年人保护的知识。

2020 年 9 月 18 日，姚建龙教授学术团队工作室专家姚建龙教授在浙江省检察机关检校合作工作推进会上作《深化检校合作要有新思维》的主题发言。

2020 年 9 月 21 日，姚建龙教授学术团队工作室被评为"浙江省检察机关检校合作十大典型事例"。合作课题分获最高人民检察院资助课题、省重点立项课题，研究成果多次在综合性知名刊物上发表；合作创新成果获得最高人民检察院、浙江省人民检察院充分肯定，作专题交流 6 次，南浔区人民检察院先后被确立为少年司法罪错先议制度试点地区、中央文明委首批重点工作项目基层联系点等。上述战略合作模式具有形式灵活、引智务实、效益明显等特点，探索了"检校合作"新的路径与模式，具备推广价值和意义。

2020 年 9 月 24 日，中央文明委秘书局局长赵树杰、最高人民检察院第九检察厅厅长史卫忠等一行来南浔区人民检察院及工作室开展中央文明委重点工作项目基层联系点调研。

2020年12月14日，南浔区罪错分级干预区域治理专家论证会在南浔区人民检察院召开，姚建龙教授、田相夏、滕洪昌及姚建龙教授学术团队工作室成员参加会议，姚建龙教授对会议进行总结，并提出希望通过在南浔的实践探索为全国法制的完善以及全国的区域涉未治理提供"南浔经验"。

2020年12月14日，南浔区人民检察院举行"专家咨询委员会"委员聘任仪式，聘请上海社科院法学所8名专家作为南浔区人民检察院首届专家咨询委员会委员。姚建龙教授在会上表示，专家咨询团队将以此为契机，与南浔区人民检察院进一步深化合作关系，创新合作模式，推动法学教育与检察工作的共同创新发展，打造检校合作的"南浔模式"。

2021年5月8日，毕琳检察长带队赴江苏省昆山市人民检察院出席"姚建龙专家团队工作室揭牌暨性侵未成年人案件热点难点问题研讨会"，并在会上介绍了检校合作经验。

2021年7月16日，南浔区人民检察院副检察长沈澄带队赴上海社科院法学所，与姚建龙所长就工作室运行三年总结事宜进行专题研讨。

2021年8月，南浔区人民检察院微信公众号"三载童行·检校共说"专栏启动。

工作室这三年

樊志美[*]

2018 年至 2021 年，三年时光悄然而逝，这是"姚建龙教授学术团队工作室"（也称"工作室"）勤勤恳恳、奋力耕耘的三年，亦是默默无闻、坚守岗位的三年，更是经历忙碌后收获的三年。这三年，"工作室"认识了很多人，很多人也认识了"工作室"。这三年，检校合作模式更灵活，效益更明显。现在，"工作室"仍在有条不紊地运行着，并相信会走得更远！

创意的缘由

"工作室"与检察机关的相遇，一定不是无缘无故的。检察机关与高校的再次"牵手"，或许是缘分使然。

2016 年 5 月，南浔区人民检察院，举办了"第二届合适成年人聘任仪式"，为罪错少年寻找"临时家长"。还在上海政法学院任教、担任刑事司法学院院长的姚建龙教授为合适成年人培训授课，并就学校安全风险防控工作进行了谈话。这是姚教授首次与南浔区人民检察院的"春燕工作室"接触。

这个以"全国模范检察官"章春燕命名、专注于未检工作的工作室，集帮教救助、犯罪预防、社会支持等于一体，给姚建龙教授留下了深刻的印象。

2018 年，拜访贾宇检察长时，贾检对姚建龙教授提出了"检校合作出实效、合作方式有新意"的期待。如何出实效，有新意？如何有效避免传统检校合作易出现的形式化弊端？如何发挥检校合作的真正效用？这一次，姚建龙教授做了一件外人看来"冒险"的事：与一个规模不大的基层人民检察院合作，用自己多年积累的学术声誉作保证。2018 年 10 月，检校合作以来首个以专家个人名义命名的团队工作室——"姚建龙教授学术团队工作室"在南浔区人民检察院挂牌成立，入驻南浔区人民检察院"春燕工作室"。

---

* 樊志美，曾就职于浙江省湖州市南浔区人民检察院，担任"姚建龙教授学术团队工作室"检方协调员，现就职于浙江省金华市磐安县第二中学。

双方以合作协议的方式明确权利义务，并用项目化管理推进年度工作目标："工作室"致力于打造成为"学术研究的样本""未检改革的试验田"和"人才培养的基地"。

这是姚建龙教授在检察机关设立的第一家个人名义的工作室，是检校合作模式的新尝试，是谨慎的、"压力山大"的探索性尝试。以个人名字命名，意味着对承担合作风险毫不退缩，这源于一次参观的启发——在参观某地古城墙时，姚教授看到砖头上刻有工匠的名字。在器物上刻上工匠名字有利于保证制造质量，这是中国古人的智慧。基于谨慎的考虑，加了"团队"两个字。意味着如果做得好，不是一个人的功劳；如果做得不好，每个人都要负责任。也意味着"工作室"想要走得更远，因为"一个人可以走得很快，但一个团队才能走得很远"。

"工作室"建立后，聘任了一名已经毕业的硕士和一名有着多年项目管理经验的博士生担任协调人。姚建龙教授定期带队参与南浔区人民检察院实务难题专题研讨，同时以轮训模式，每月选派一两名硕博生常驻南浔开展实践研究。南浔区人民检察院为专家团队配备专门办公和住宿场所，并对交通、差旅等费用进行全面保障。

事实证明，方骖并路的合作模式选对了。姚建龙教授和南浔区人民检察院打造了检校合作的新模式，推进了未成年人司法理论与实践的新发展。正如南浔区人民检察院毕琳检察长所说："自2018年开展校检合作以来，'春燕工作室'推动南浔未检工作得到了极大的提升，也走出了全国'最美检察官'，这与检校合作有着密不可分的联系。"

工作的回顾

学术理论研究

"工作室"是上海政法学院、上海社科院硕士、博士研究生的实践基地。"工作室"成员充分发挥法学院理论研究和科研优势，在课题研究、论文写作、教育培训等方面为南浔区人民检察院提供"智力"支持。

三年来，在双方共同完成的研究课题中，获最高人民检察院检察应用理论经费资助课题1项，省重点课题立项1项，1篇论文获国家级理论征文优秀奖，1篇论文获省级理论研究一等奖，3篇论文分获湖州市理论研究一、二、三等奖，合作完成的多篇学术论文先后在《未成年人检察》《浙江检察》《青少年犯罪问题》等知名刊物上发表。

同时以"工作室"为牵引不定期邀请专家学者到人民检察院进行专题教育培训，为提升检察人员理论素养和业务水平不断"补钙""充电"。三年来围绕"中国安全网络的刑法保障""心理学在检察工作中的应用""民法典的创新及对检察工作的影响"等实用和热点问题，开设高校专家讲座、"浔溪论道"检察业务专题培训班、学术研讨等10余次。

除此之外，"工作室"将"检校共建"活动进一步延伸至辖区中小学，加大"春燕学堂·南浔检察体验之旅"系列活动力度，丰富未成年人法治教育内容，3次为辖区

300 余名中学生传道解惑，讲解未成年人保护的知识。

创新未检发展

2019 年是检察机关深化改革的一年。这一年，检察改革迈入系统性、整体性变革阶段，遇到很多掣肘新时代检察事业创新发展的瓶颈。瓶颈如何"破解"？基层创新如何被"看见"？"外脑"平台——"姚建龙教授学术团队工作室"的力量功不可没，借力校（院）方专业优势，为未检工作进行专业化的指导和提升，为南浔区未成年人的综合保护提供学术专业意见。

南浔区人民检察院借力"外脑"，助力检察工作不断创新发展。在专家团队的有力支持下，有效推动了"智慧未检"成为办案模式升级的新动能、"罪错分级干预"成为未检探索的新引领、"人格甄别"成为精细化办案的新模式；首次推出了《罪错未成年人分级处遇区域治理实施办法》，科学厘定四项分级标准，创新推行分级处遇专业化措施，实践案例获评 2020 年度浙江省检察机关未成年人司法保护精品案例；工作成果获得最高人民检察院、浙江省人民检察院充分肯定，做专题交流 6 次，并被确定为中央文明委首批重点工作项目基层联系点。

"检校合作"也是实现资源共享、优势互补、互助双赢的重要形式和载体。南浔区人民检察院未检工作的基础也为专家的科研活动搭建了良好的平台。三年来，南浔区人民检察院被确立为姚建龙教授推动的少年司法"罪错先议"制度的试点地区、司法部课题《少年收容教养制度》改革试点地区、教育部《未成年人学校保护规定》起草调研地区、《预防未成年人犯罪法》专家建议稿调研地区等，发挥了服务国家立法与司法改革的积极作用。

人才建设培养

"工作室"是法科学生实践学习锻炼的好平台。南浔区人民检察院以专人指导、以案促训等方式为"工作室"轮岗硕、博研究生提供实践指导，把生动的司法案例和最新经验为他们提高专业水平提供最佳素材和平台，也为他们后续选择工作岗位积攒重要经验。三年来，共有 17 名硕士、博士研究生在"工作室"完成实践学习，并有效推动了理论成果的转化。他们参与办理的公益诉讼典型案例——聚焦儿童"消字号"乱象，督导推动了未成年人综合保护；参与办理的青少年聚众斗殴案件，促成了南浔区检察院《罪错未成年人分级处遇区域治理实施办法》的出台；参与推广的南浔区人民检察院"智慧未检"App，推进了未成年人社会综合治理。以"智慧未检"为主题的论文：《智慧未检体系构建的理论基础与实践开展——以南浔区人民检察院智慧未检工作探索为例》，获最高人民检察院检察理论研究所 2019 年度未成年人检察理论征文优秀奖。

"工作室"是硕、博研究生寻找满意工作岗位的"好助手"。通过两至三个月，深入一线实务部门学习锻炼，他们了解了少年司法在国内尤其具有代表性的基层实务部门即南浔区人民检察院的前沿工作情况，更为自己未来的职业做了详细规划。"知己知彼方能百战不殆。"在已完成实习的 9 名"工作室"成员中，有的已考取北京师范大学博士研究生、有的已经取得硕士学位，进入北京市门头沟人民法院、北京市海淀区人民法院、上海市第二中级人民法院等单位工作。

"检校合作"不仅仅是法科学生培养的基地，也为南浔区人民检察院培养了专家型未检检察官。南浔区人民检察院借助上海社科院在法学专家人才、理论研究等方面的丰厚资源，不断增智慧，补短板。"专家咨询委员会"成立，是南浔区人民检察院与上海社科院法学研究所"检校合作"项目的又一"动作"，它为新时代检察工作创新发展提供了理论支撑和智力支持，增强了干警办理复杂疑难案件的能力；"浔溪论道"检察业务专题培训班的开设，是"检校合作"项目的进一步深化，是法学教育与检察实务的良性互动，是高层次素能培训班，不断更新干警知识结构，拓宽干警的视野，使他们及时了解法学研究的前沿动态，并指导办案实践。

三年来，越来越多"接地气"的实务经验，开始向"高大上"的理论成果转化。未检"创新实践基地""智慧未检"项目分别登上全国交流舞台；"网络+智慧+外脑"模式，推进未成年人社会综合治理项目获评 2019 年度浙江省检察创新成果；"姚建龙教授学术团队工作室"工作专报，获浙江省人民检察院贾宇检察长批示、肯定；获浙江省人民检察院政治部主任胡梅奎批示；1 件案例被中央电视台报道；章春燕荣获2020 年全国"守望正义——新时代最美检察官"称号；3 名检察官入选全省检察机关人才库，7 名干警被评为全省、全市优秀人才。

走向的思考

"检校合作"推动了法学理论、法治实践与法律人才培养关系走向正轨，实现了合作双方优势互补、共同发展、互利共赢的局面。"工作室"在南浔区人民检察院的设置，使得其办理疑难案件瓶颈问题被"破解"，基层探索创新被"看见"，并显著提高了其在全国检察机关特别是未检领域的声誉，意义重大。这是姚建龙教授个人的功劳，也是姚建龙教授学术团队的功劳。

2021 年 5 月，"姚建龙专家团队工作室"在江苏省昆山市人民检察院揭牌，意味着以法学专家个人名义在检察机关设置工作室的模式，已经在江浙地带推广。

问题是时代的声音。"检校合作"还存在一些问题和不足，离真正实现高校与人民检察院的"珠联璧合"还有非常大的差距。"工作室"将如何继续深入发展？双方合作将走向何方？这是值得思考的问题。

在南浔区人民检察院设置上海社科院法学研究所未成年人司法研究室是否能更加深入地推进检校合作？在上海社科院法学研究所设置"附属检察院"是否能更加深入地推进法学研究机构与司法实务部门的融合、共赢？如何充分发挥浙江"互联网+"优势，创建检校合作智慧平台，推动检校合作与现代信息技术的深度融合？这些都是未来值得探索的问题。

附录

表 1　主要研究成果一览

序号	论文题目	发表刊物	获奖情况	承担课题
1	智慧未检体系构建的理论基础与实践展开——以南浔区人民检察院智慧未检工作探索为例（李璟儒、沈勐儿）	"智慧未检体系构建的理论基础与实践展开——以南浔区人民检察院智慧未检工作探索为例"，载《青少年犯罪问题》2019 年第 5 期	2019 年度全国未成年人检察理论征文优秀奖	
2	先议权概念的演进与中国化适用（屈琳、沈勐儿）	"先议权概念的演进与中国化适用"，载《上海法学研究》2019 年第 18 卷		
3	未成年人罪错行为"先议权"与分级干预体系研究（章春燕、刘金晓）	"未成年人罪错行为'先议权'与分级干预体系研究"，载《未成年人检察》2019 年第 1 期	2019 年度湖州市检察机关优秀理论研究成果一等奖	湖州市人民检察院理论研究课题，2019 年 8 月 20 日立项，2019 年 11 月 30 日结项
4	以检察机关为主导的未成年人罪错行为分级干预体系的建立（毕琳、姚建龙、章春燕、刘悦）	"未成年人罪错行为干预主导部门的构建"，载《人民检察》2020 年第 19 期	2019 年浙江省未成年人刑事司法优秀研究成果一等奖	最高人民检察院检察应用理论研究课题，2020 年 7 月 7 日立项，2021 年 4 月 26 日结项
5	未成年人罪错行为保护处分制度构建研究——以南浔区人民检察院的实践探索为基础（姚建龙、毕琳、章春燕、丁明洋、黄煜秦）		2020 年浙江省未成年人司法优秀研究成果一等奖 2020 年度湖州市理论研究年会优秀理论研究成果一等奖	浙江省人民检察院专题调研重点课题，2020 年 4 月 30 日立项，2020 年 10 月 30 日结项；湖州市人民检察院理论研究课题，2020 年 5 月 28 日立项，2020 年 11 月 6 日结项
6	附条件不起诉量化动态监督考察模式研究——以浙江省湖州市南浔区人民检察院实践探索为例（祁正路、沈勐儿、陈胜男）		2020 年浙江省未成年人司法优秀研究成果三等奖	

续表

序号	论文题目	发表刊物	获奖情况	承担课题
7	未成年被害人"一站式"询问机制研究（陆佳丽、杨天宇、申长征）		2020 年度湖州市理论研究年会优秀理论研究成果二等奖	湖州市人民检察院理论研究课题，2020 年 5 月 28 日立项，2020 年 10 月 30 日结项
8	检察视角下少年司法人格甄别制度改革路径研究——以南浔区人格甄别前置探索为样本（尹琳、周思娟、侯珲、宋国华）			湖州市人民检察院、湖州市检察学会 2021 年度理论研究课题，2021 年 6 月 18 日立项
9	未成年人检察网络公益诉讼机制探索（毕琳、陈庆安、沈澄、陈胜男、陆越）			湖州市人民检察院、湖州市检察学会 2021 年度理论研究课题，2021 年 6 月 18 日立项

表 2　主要合作成果一览

项目内容	成果罗列	现有材料
学术研究样本	论文 8 篇（获市级荣誉 3 项、省级荣誉 3 项、国家级 1 项）（详见附表 1）	论文合集基础材料
未检改革试验田	前沿探索——未成年人罪错行为先议制度，全国率先试行	1. 论文成果：《以检察机关为主导的未成年人罪错行为分级干预体系的建立》《未成年人罪错行为保护处分制度构建研究——以南浔检察院的实践探索为基础》《未成年人罪错行为"先议权"与分级干预体系研究》《先议权概念的演进与中国化适用》； 2. 实践探索：谢某某等人分级处遇案；分级干预刑事程序先行探索； 3. 机制建设：《南浔区罪错未成年人分级处遇区域治理实施办法》； 4. 成果转化：省精品微课；相关经验做法多次跨省在国家级会议、培训上交流汇报、汇报分级干预的课程被中检网采纳录用
	智慧升级——革新人格甄别、智慧未检等办案模式	1. 论文成果：《智慧未检体系构建的理论基础与实践展开——以南浔区人民检察院智慧未检工作探索为例》《检察视角下少年司法人格甄别制度改革路径研究》（未结项）； 2. 实践探索："智慧未检"App 操作； 3. 机制建设：《开展涉罪未成年人人格甄别工作实施细则（2018）》； 4. 成果转化：省院年度创新成果申报材料——南浔区院"网格+智慧+外脑"模式推进未成年人社会综合治理

续表

项目内容	成果罗列	现有材料
强化监督——践行"一号检察建议"，履职融合式监督		1. 论文成果：《未成年被害人"一站式"询问机制研究》； 2. 实践探索：性侵预防类——与教育局开展性侵专项监督（数据材料）、一站式机制建设（附有一站式照片）、DWS智瞳系统建设、周某某等6人精品案件办理； 公益诉讼探索类——心语热线、网格配合治理机制；校园普法——春燕学堂、系列法治课程、春燕学堂工作站照片、法治副校长（姚建龙教授与毕检至锦绣学校普法课——附有微信公众号图文）； 3. 机制建设：一站式、DWS、心语热线、网格治理、春燕学堂等的制度文件； 4. 成果转化：2020年被中央文明办选定为基层联络点
人才培养基地	人才孵化——接收多名实习生至业务部门"浸入式"研习	1. 实务学习：每位实习生均在浔开展不少于2个月的实习（疫情期间线上实习等特殊情况除外）。实习期间，每位实习生均参与未成年人案件办理，配备1名带教检察员予以指导，参与院内实务培训、课题申报、课题调研、公文撰写、校园安全区综合执法等活动； 2. 学术成果：实习生在浔期间共撰写论文8篇，其中，1篇获国家级荣誉、3篇获省级荣誉、3篇获市级荣誉。（详见附表1）； 3. 课题参与情况： 4. 实习生后续发展：多名实习生毕业后进入高等院校继续深造或进入北京、上海等地政法系统工作。（详见附表2）； 5. 参与办理公益诉讼典型案件： （1）聚焦儿童"消字号"乱象，督导推动未成年人综合保护； （2）进口食品安全性督查整治
	交流培训——联合举办多次高层次素能培训班，以促检察人员综合能力	累计举办五次培训，附有相关图片文字材料： （1）未检专业化与社会支持体系基本理论——田相夏； （2）党史专题讲座——张秀莉； （3）心理学在检察工作中的应用——滕洪昌； （4）民法典培训——郗培植； （5）"浔溪论道"检察业务专题培训班——陈庆安、孙大伟
	长效机制——建立"专家咨询委员会"，保障交流合作	（1）聘任文件及聘任仪式的图片文字材料； （2）专家咨询委员会工作安排

"外脑"来了！南浔区人民检察院挂牌成立姚建龙教授工作室

　　2018年10月18日上午，未检专业化与社会支持体系建设研讨会暨姚建龙教授学术团队工作室挂牌仪式在南浔举行。最高人民检察院公诉厅副厅长、未检办副主任史卫忠，浙江省人民检察院时任党组成员、副检察长黄生林，上海市法学会未成年人法研究会会长、上海政法学院（时任）副校长、全国青少年犯罪与司法研究及服务中心主任，教授、博士生导师姚建龙等专家学者，以及浙江省市区人民检察院和相关部门负责人参加会议。

　　姚建龙，上海政法学院刑事司法学院院长（时任）教授、博士生导师。会上，上海政法学院全国青少年犯罪与司法研究及服务中心与南浔区人民检察院进行了战略合作签约仪式，并举行了"姚建龙教授学术团队工作室"的揭牌仪式，这是姚建龙教授在检察机关设立的第一家个人名义的工作室。

据了解，下一步合作中，姚建龙教授学术团队工作室将在深化检校互动中发挥桥梁作用，促进检校发挥各自优势，互相借力、整合资源，最大限度地提升未成年人司法保护的效果。借力工作室团队和校方的专业优势，湖州市检察机关将着力加强未检工作团队的队伍建设和专业化建设，进一步提升未检工作的专业化水平，提升未成年人保护水平，促进社会善治。

揭牌仪式结束后，来自上海政法学院、上海市未成年人研究会、华东政法大学的专家学者就未检专业化与社会支持体系的基本理论、未检专业化与众多未成年人合法权益保护、未检专业化与成年人分类观护机制的探索等主题问题进行交流研讨。会上还举行了"全国未成年人检察工作创新实践基地"的挂牌仪式。

2018年4月，南浔区人民检察院以"未成年犯罪嫌疑人'人格甄别'分类帮教"项目被最高人民检察院评为"全国未检工作创新实践基地"。获评后，南浔区人民检察院在"一个未检心理支持中心、一套公、检、法、司联动机制、一个立体观护平台"的原有工作基础上，联合区公安分局出台了《开展涉罪未成年人人格甄别实施细则》，探索"人格甄别向侦查环节前伸"，建设全新未检办案区，专设心语工作室，配置专业设备，为对未成年人开展心理支持工作提供专业保障。南浔区人民检察院还建立起了一支更加专业的涉未帮教队伍，打造智慧未检项目，通过搭建线上社会化支持体系、帮教考察模式匹配、法治教育定制推送等方式提升效果，促进未检社会支持体系完善。

（载 https://zj.zjol.com.cn/news/1055565.html，访问日期：2018年10月21日）

全国政法系统第一家！浙江这所人民检察院被
确定为首批中央文明委重点项目基层联系点

近日，湖州市南浔区人民检察院被确定为首批中央文明委重点项目基层联系点，这也是中央文明委在全国政法系统中第一家基层联系点。

中央精神文明建设指导委员会办公室

文明办函〔2020〕33 号

关于确定首批中央文明委重点工作
项目基层联系点的通知

最高人民检察院：

贵单位报送的"中央文明委重点工作项目基层联系点信息表"收悉。经认真研究并报领导同志批准同意，你们推荐"浙江省湖州市南浔区人民检察院"被确定为首批中央文明委重点工作项目基层联系点。希望按照已经印发的工作方案，认真抓好贯彻落实。

特此函复。

2020 年 7 月 24 日

为打通顶层设计与"最后一公里"的联系，直通基层、精准指导，培育典型、推广经验，发现问题、补齐短板，2020年，中央文明委首次建立重点工作项目15个基层联系点。南浔区人民检察院牢牢把握"以'一号检察建议'助推文明校园建设"这项重点工作，发挥智慧检务优势，突出加强"检校合作"，全方位促进文明校园建设，有效推动涉未区域社会治理。

近年来，南浔区人民检察院"春燕工作室"立足四大检察职能，积极落实最高人民检察院"一号检察建议"的工作要求，开展系列专项活动，并以"一号检察建议"为牵引，发挥智慧检务优势，突出加强"检校合作"，全方位促进文明校园建设，构筑起未成年人合法权益综合保护体系，有效推动了未检改革创新和涉未区域社会治理，获得社会各界的一致肯定。

创新成果先后获评"全国未检创新实践基地项目""全省检察机关年度创新成果"，获全国荣誉6项，省市级荣誉10余项，连续6年获评全省未成年人司法保护精品案（事）例，相关做法被央视、法制日报、浙江日报等多家媒体报道。

一、聚焦低龄犯罪问题 创新临界预防分级治理

（1）理论为先，数据为石。开展以罪错分级为主题的专题理论调研，拟定不良行为、违法行为、触法行为和犯罪行为四类罪错分级标准，依托教育局、公安等部门统计辖区内近5年罪错行为未成年人数，制定分级干预数据表，为实行专业化的分级处遇夯实基础。

（2）个案为例，实践分类处遇。在涉众型案例中率先试行分级治理，根据四类罪错分级标准，分别实行检察官训诫、强制性法治教育、固定时长公益服务、探索专门学校、收容教养等不同处遇措施。

在高中生谢某某等人聚众斗殴案中，区院按照刑事犯罪、触法、一般违法的标准对涉案未成年人进行分类，实行分级教育矫治后，2名触法未成年人都顺利完成矫治并实现就业；5名一般违法行为未成年人在附加保护处分措施的基础上有了一定程度的行为改变，现阶段都已经回归了正常校园生活，至今无违规违纪情况。

（3）机制为重，形成合力。会同区政法委探索未成年人罪错分级处遇区域治理配套工作机制，通过座谈会、信息通报等方式，与区政法委、区公安分局、区教育局等职能部门达成共识，拟定《南浔区罪错未成年人分级处遇区域治理实施办法》，形成全区工作合力，促进未成年人保护社会治理。

二、聚焦校园基础安全建设 探索融合式监督治理

（1）创设"心语热线"。将"心语热线"同步引入线上服务，在线接收全区范围内有关性侵害、校园欺凌、监护侵害以及校园及周边食品、环境等领域侵害未成年人合法权益的咨询、求助，以融合式监督引领和提升监督效能。

（2）实行网格配合治理机制。与区综治办联合出台《关于将未成年人全方位司法保护纳入网格化管理的实施办法》，一方面利用基层网格力量开展涉未治理专项行为，重点关注农村留守儿童、农村中小学校及周边环境、交通安全、食品安全等重点问题。另一方面全区398名网格员在日常工作中发现涉未问题线索的，亦可通过"智慧平台"及时在线提交。

2019年以来，接收在线留言咨询150余条，网格问题通报80余条，先后向公安、社保、文体、消防等部门发出检察建议23份，其中等外公益诉讼类12件，社会治理类11件，主要监督范围涵盖涉未交通、洗浴、劳动、娱乐、消防等领域。

（3）开展涉未性侵防范专项监督。督导各部门严格执行侵害未成年人案件强制报告制度，通过报告制度发现案件线索2起；会同区教育局等职能部门开展入职查询专项行动，对全区2633名中小学在编教师、285名在校保安、103名校车驾驶员（含随车照管人员）以及53家校外培训机构620名工作人员进行了专项排查，3名有严重精神疾病的保安人员已被派遣回其所属公司；联合区公安分局全面摸排性侵线索，通过排查举报线索，立案监督性侵类案件2件6人，其中1人法定刑期10年以上。

三、聚焦校园法制宣传质效 线上线下普法全覆盖

（1）创设普法基础载体"春燕学堂"。与区教育局联合签署了《关于建立南浔区中小学道德与法治教育第二课堂的实施办法》，规定"春燕学堂"作为区道德与法治教育第二课堂，使法治教育嵌入到学校日常教学，列入相关学科教学计划，同时将第二课堂的开设情况纳入对各校发展性目标考核之中，真正将"检察官说法"的春燕学堂打造成为中小学道德与法治课的现场教学基地，实现基地普法效能最大化。

（2）以"一号检察建议"重点内容为教育主线。南浔区院针对社会关注的未成年人性侵害问题和近期办理的涉未性侵案件，将防性侵教育作为学年的重点教学内容，面向学生开展为期一个月的"防性侵"主题宣讲。同时认真开展校园性侵害案件一案一分析，一案一报告，通过深入剖析成因，面向教育局和学校开展专题报告，督促加快完善安全防治机制。

（3）深化"云上春燕"法治教育品牌。依托"智慧未检"App，采用线上预约方式，实现"春燕学堂"有序开课。向辖区中小学生发放"法治学习之旅"护照，实行法治教育积分制，对每一名中小学生每一次参与法治活动以集印章的方式进行积分，将法治教育真正融入义务教育中。结合"云上春燕"项目，拍摄法治教育课程，在"春燕学堂"进行集中播放学习，在"智慧未检"App上部署云端点播，实现"春燕学堂"法治教育阵地线上线下全面覆盖。

四、聚焦治理平台建设 高质推动涉未综合治理

（1）开发"智慧未检"App，打造线上链接平台。一方面，通过线上连接教育局、

公安、团区委、妇联等职能部门，建立信息互通、沟通配合工作平台，为日常联络、开展联合督导等工作提供便捷条件，并借此推动未成年人保护的法规制度不折不扣落实；另一方面，通过线上搭建儿童专家、司法社工、帮教企业、法治巡讲团、公益组织等多类平台，实现治理需求平台发布、专业资源及时匹配响应、考察观护动态适时掌握，为区域涉未综合治理提供便捷、高效的基础保障。

目前线上已凝聚涉及100余人的9支专业帮教队伍，其中已线上响应的团队成员达91%。通过精准匹配，涉案未成年人线上对接帮教达95%，其中87%的人员线上定制了考察帮教方案，帮教活动的及时到位率从之前的60%上升至目前的93%。

（2）专家团队入驻模式，打造"检校合作"平台。姚建龙教授学术团队入驻南浔区人民检察院"春燕工作室"，致力于把工作室打造成为"未检改革的试验田""学术研究的样本"和"人才培养的基地"，在未检改革创新发展上成效明显。在专家团队的有力支持下，有效推动了"智慧未检"成为办案模式升级的新动能，"罪错分级干预"成为未检探索新引领。在服务国家立法与司法改革上成效明显，在姚建龙教授的推动下，南浔区被确定为教育部《未成年人学校保护规定》起草调研地区，《预防未成年人犯罪法》专家建议稿调研地区等。双方合作完成多篇学术论文先后在《未成年人检察》《浙江检察》《青少年犯罪问题》等期刊发表。

接下来，南浔区人民检察院将全力以赴做好联系点工作，使之成为中央文明委重点工作项目的调研点、观测点和示范点。

（载 https://zj. zjol. com. cn/red_ boat. html？id＝100897473，
访问日期：2020 年 8 月 12 日）

附 录 姚建龙教授学术团队工作室运行规则

第一章 总 则

第一条 根据与浙江省湖州市南浔区人民检察院合作协议，设置姚建龙教授学术团队工作室（以下简称"工作室"）。

第二条 工作室致力于促进青少年法学理论研究与司法实践的良性互动，深化法学教育与检察工作的科学发展，运用少年司法的理论研究推动未成年人司法保护工作发展，总结和提炼未成年人司法保护的经验，最大限度地提升未成年人司法保护的效果。

第三条 工作室设置于南浔区人民检察院。

第二章 工作内容

第四条 工作室的工作内容：

（一）提炼未成年人检察南浔范本，开展"未成年人罪错先议制度"研究与试验，进行少年司法制度创新；

（二）派遣博士、硕士研究生驻室工作、轮训；

（三）指导、协调和提供团队专家参与南浔区人民检察院实务课题研究和理论培训；

（四）召开年度工作室团队内部总结会，对工作室年度工作目标内容和达成情况进行总结回顾；

（五）召开年度工作研讨会，对本年度相关少年司法制度研究进行研讨；

（六）每年在核心或者知名期刊发表一至二篇相关学术论文；

（七）三年合作期满后出版一本相关学术专著；

（八）承担法律、法规授权，政府委托以及章程规定的其他职责。

第三章 工作室人员构成及各利益方工作职责

第五条 工作室设主任一名，副主任若干名，设协调员一名，常驻工作室研究生原则上不少于两名。主任和协调员由工作室负责人任命。工作室主任和协调员的补贴由工作室工作预算规定。

第六条 工作室的负责人的工作职责：

（一）主持工作室年度内部总结会并研究确定年度研究主题；

（二）召集和主持工作室年度研讨会议；

（三）组建工作室专家团队，邀请相关领域专家进行业务指导；

（四）检查工作室日常工作和学术科研进展情况；

（五）梳理未成年人检察办案程序和未成年人检察制度的首创探索，提炼未成年人检察南浔工作经验、模式和未成年人检察基层实践范本；

（六）负责每年在核心或者知名期刊发表一至二篇学术论文和三年合作期满后著作科研及出版；

（七）代表本工作室签署重要文件。

第七条 工作室主任的工作职责：

（一）安排和协调研究生进驻工作室的日程；

（二）收集和检查研究生提交的调研课题或论文；

（三）组织和协调工作室举办学术会议；

（四）整理总结团队研究数据，协助相关期刊著作的撰写；

（五）管理工作室经费使用并每季度向负责人汇报；

第八条 工作室的协调员的工作职责：

（一）与南浔区人民检察院各个部门科室对接，协调安排研究生到南浔区人民检察院各个部门科室轮训；

（二）与南浔区人民检察院未检部门进行日常沟通，并向主任报告；

（三）收集团队研究数据，协助相关期刊著作的撰写；

（四）监督研究生轮训情况；

（五）处理工作室其他日常事务。

第九条 轮训研究生的职责：

（一）提前向工作室主任报告实习时间，原则是应保障轮训一个月以上；

（二）实习前向工作室主任提交课题研究方案或者论文方向；

（三）在南浔区人民检察院各个部门进行轮训，包括公诉、未检、刑侦、案管等部门，了解人民检察院工作；

（四）实习结束后一个月内向工作室主任提交调研课题或者论文。

第十条 浙江省湖州市南浔区人民检察院的职责和权利：

（一）为工作室团队提供办公场所和必要的办公设备；

（二）向工作室主任、协调员和研究生提供免费食宿；

（三）为学术团队问卷发放收集数据、实地调研访谈等研究活动提供必要的支持和帮助；

（四）全面深度参与轮训研究生的课题调研，并形成研究成果。

第四章　资金管理和使用原则

第十一条　工作室的工作经费来源于浙江省湖州市南浔区人民检察院合作经费等；本工作室的工作经费日常管理应当做到账目清楚，使用规范、合理；工作经费的支出情况定期向工作室负责人汇报。

第十二条　本工作室的工作经费使用和报销详见工作室工作预算表。

第五章　终止程序及附则

第十三条　工作室完成宗旨或自行解散或由于分离、合并等原因需要终止的，由工作室负责人提出终止动议后即为终止。

第十四条　本运营规定自××××年××月××日核准之日起生效。

第十五条　本运营规定的解释权属本工作室。

后　记

　　和南浔区人民检察院的合作已快满三年了，双方合意做一点小结，重点是总结检校合作的心得和体会。小结的方式包括南浔区人民检察院微信公众号推送"三载童行·检校共说"专栏、召开一次专题研讨总结会，以及这本成果汇编《南浔试验：检校合作与未检制度的探索和创新》。

　　2016 年，我带课题组在浙江南浔闭关冲刺完成教育部委托的一个研究项目，期间被"劫持"到南浔区人民检察院考察学习并做了一个讲座，因此对南浔区人民检察院印象深刻，这也为后来检校合作选择南浔埋下了伏笔。当年具体负责安排课题闭关的学生为什么会选在南浔，已无迹可寻，可能只是因为那个课题的经费紧张而正好南浔离上海近而且宾馆打折幅度大吧。

　　"无心而用心"，这是我对三年与南浔区人民检察院合作的总体感受。所谓"无心"，一表现在双方合作的结缘上——纯粹偶然；二表现在双方合作的产出上——并无确定的产出预期；三表现在双方合作的影响上——并未想过要产生多大的影响。所谓"用心"，一表现在双方合作的形式上——大胆采用了专家团队工作室的形式；二表现在双方参与的成员上——每一位都是认真、投入而尽责的；三表现在每一个具体合作项目上——都是用心对待、精心完成。

　　现在，专家团队工作室这样一种可能是在法律界首创的合作方式，已经在浙江全省和江苏等外省市推广，我们还是多少有些欣慰的。其实，与南浔区人民检察院合作的这三年并不仅仅创新了检校合作这样一种新形式。在我看来，更值得欣慰的是双方都培养了一批专业而有情怀的少年司法人才、产生了一批有影响力的研究成果，以及一系列在南浔先行先试的未检改革经验。工作室是我的学术团队尤其是硕士、博士生成长的重要平台，这一平台也让我有机会更加深入地了解我国基层司法并与一批既专业又有情怀的检察官结下了深厚的友谊。

　　工作室的设置与运行得到了最高人民检察院第九检察厅，尤其是原厅长史卫忠博士的支持。卫忠厅长不仅亲自出席了工作室的揭牌仪式，还在工作室的具体运作、未检改革创新、人才脱颖而出以及南浔区人民检察院入选中央文明委基层联系点等方面都给予了具体的关注和支持。浙江省人民检察院常务副检察长黄生林、副检察长孔璋、政治部主任胡梅奎等领导以及余晓敏、裘菊红等职能部门负责同志，湖州市人民检察院原检察长孙颖、常务副检察长戴立新等，也都给予了工作室的运行以诸多支持。

我还要特别感谢浙江省人民检察院贾宇检察长，他不仅邀请和支持我的学术团队参与浙江省检校合作这样一项十分有意义的工作，始终关注工作室的试点与运行，还亲自拨冗为本书作序。

在本书的编辑过程中，沈勐儿、朱冬卿、朱奕颖等协助良多，特此致谢。

姚建龙

2021 年 8 月 1 日